©Bart Nagel

作者｜大衛·薛夫 DAVID SHEFF

畢業於美國加州大學柏克萊分校。薛夫擔任記者時曾訪問過約翰·藍儂、史帝夫·賈伯斯等名人。薛夫豐富的文章與訪問記錄散見於《紐約時報雜誌》、《滾石》雜誌、《花花公子》、《有線》（*Wired*）雜誌、《財星》雜誌等。著作包括：《遊戲結束》（*Game Over*）、《中國黎明》（*China Dawn*）、《我們所說的：約翰·藍儂與小野洋子的最後主要訪談》（*All We Are Saying: The Last Major Interview with John Lennon and Yoko Ono*）、（*Clean: Overcoming Addiction and Ending America's Greatest Tragedy*）。他在《紐約時報雜誌》發表的〈我的嗑藥兒子〉（My Addicted Son）贏得美國心理學協會的「增進上癮症了解之傑出貢獻獎」。薛夫於2009年獲選為《時代》雜誌百大最具影響力人物(The 2009 Time 100)，與希拉蕊、歐巴馬、湯姆·漢克等人並列。

譯者｜李淑珺

台大外文系畢業，輔仁大學翻譯研究所碩士，英國劍橋大學及蘇格蘭聖安德魯大學進修。曾任新聞翻譯，於實踐大學教授翻譯課程。譯作涵蓋文學、心理學、建築、藝術、大腦神經科學、法律等範疇，累積達六十餘種，包括《黑水燈塔船》、《與切·格瓦拉的短暫相遇》、《貓桌上的水手》、《分離》、《波特貝羅女巫》、《滅頂與生還》等。

美麗男孩

大衛・薛夫

李淑珺 譯

beautiful boy

by

DAVID SHEFF

國際好評

這是一個精彩動人，卻讓人心痛又心碎的故事，充滿美麗的片刻和得來不易的智慧。這本書將會拯救許多性命，幫助許多顆心痊癒。我自己一開始讀就欲罷不能了。

——安・拉莫特，《關於寫作：一隻鳥接著一隻鳥》作者

薛夫的故事誠實，自省，感人至深。悲哀的是，這個故事與我們所處的紛擾時代息息相關。當有人說出真相，便讓我們較容易打開心胸，坦誠面對自己和別人的痛苦。這就是《美麗男孩》最終所要傳達的：真相與療傷。

——瑪麗・派佛，《拯救奧菲莉亞》作者

深愛一個上癮者——或本身就是上癮者——的我們都會發現《美麗男孩》帶來重大的啟示。大衛・薛夫很清楚必須藉助信念承受的一切，而他這本傑出的書對這一切的描述，也比我讀過的任何文字都更深入。雖然《美麗男孩》坦白到令人心痛，但同時也樂觀而充滿力量。

——馬丁・辛，演員

關於痛苦、毅力，與希望的不凡故事。

——威廉・莫耶，《破碎》作者

這裡有著愛與哀傷、恐懼與信念、力量與屈服的奧祕。這是危險與救贖的文字：寫給每一個父親、每一個父母、每一個曾經在堅持與放手之間掙扎的人。

——湯瑪斯・林區，《死亡見證》作者

這篇父愛的故事是記述與感受的傑作。薛夫描繪了毒癮和它帶來的混亂，讓讀者感到切身而心碎，也獲得充分的資訊。他追求療癒的歷程，是一個動人心弦的故事，對所有曾經與毒癮打交道，或曾經養育孩子的人，都會帶來啟發與動力。

——蘇珊・契佛，《我叫比爾》作者

多數人面對身邊人有藥癮時，多半選擇痛苦的沉默，大衛・薛夫卻決定打開自己的傷口，強調它是一種病，且將面對的方式說出來。更重要的是，他所訴說的這一段路程，將提供給同樣處境的人或者更多其它人一項不可失去的能力：希望。

——戴夫・卡藍儂，AMAZON

目錄

謹以此書獻給在戒毒中心、醫院、研究機構、清醒之家和中途之家裡，奉獻心力於了解和對抗毒癮的男男女女，和致力於教育大眾了解毒品濫用的各個組織，以及所有無名氏——那些每天每夜，在世界各地無數十二步驟聚會中，不斷回來的勇者。我把此書獻給他們與他們的家人：他們了解我們家的故事，因為他們經歷過這一切，也仍在經歷這一切。他們是上癮者的家人——上癮者的子女、兄弟姊妹、朋友、伴侶、丈夫妻子，和跟我一樣的父母。史考特·費茲傑羅寫道：「問題是，你無法幫助他們。這讓人氣餒不已。」但事實上，你確實可以幫助他們，也可以互相幫助。你們就幫助了我。除了上述所有人之外，這本書也要獻給我的妻子，凱倫·包柏和我的孩子們，尼克、傑斯柏，和黛西。

當你過街時，
牽住我的手。

——約翰·藍儂，〈美麗男孩〉

序

我多麼心痛自己無法拯救他、保護他、避免他受傷。身為人父，若做不到這些，還有什麼用處？

——湯瑪斯・林區，〈我們的樣子〉

「哈囉，爸，天哪，我好想念你們。迫不及待想看到你們。只要再過一天!!!呀呼！」

尼克在回家過暑假的前一天從大學裡寄來電子郵件。傑斯柏跟黛西，我們八歲和五歲的兩個孩子，正在廚房餐桌上剪剪貼貼，塗塗寫寫，製作歡迎他回家的海報。他們已經半年沒見到大哥了。

第二天早上，到了該出發去機場的時候，我到外頭去把他們趕進來。濕答答又沾了一身泥巴的黛西正坐在一棵楓樹高處的樹枝上。傑斯柏站在她下方。「還給我，不然你走著瞧！」他警告她。

「不要。」她回答。「這是我的。」她流露著頑強抵抗的眼神，但是當他開始爬上樹時，她立刻把他要的甘道夫玩偶丟下來。

「我們要去接尼克了。」我一說完，他們很快地衝過我身邊，衝進屋子裡，一邊喊著：「尼克，尼克，尼克。」

我們開了一個半小時的車到機場。一到機場大樓，傑斯柏便大喊：「尼克在那裡。」他用手指著。「那裡！」

尼克肩上背著一個軍綠色帆布袋，正靠著聯合航空行李提領處外，人行道邊緣的一個「禁止停車」標誌。身材瘦長的他穿著褪色的紅色T恤，他女朋友的前開扣毛衣，鬆垮的牛仔褲褲腰遠在他骨頭突出的臀部下方，腳上則是紅色的Converse All-Stars帆布鞋。他一看到我們，臉上就亮了起來，對著我們招手。

兩個小鬼都想坐他旁邊，所以他把行李丟後面之後，就爬過傑斯柏，擠在他們兩個中間。他輪流用雙手捧著他們的頭，親吻他們的臉頰。「好高興看到你們。」他說。「我好想念你們兩個小搗蛋。快想瘋了。」對在前面的我們，他又加了一句：「爸媽，你們也是。」

我駛離機場時，尼克開始描述他這趟飛行。「真的倒楣透了。」他說。「我旁邊那個太太話說個不停。她銀白色的頭髮有一撮撮的突起，就像檸檬蛋白派上面的一個個尖塔。她還像一〇一忠狗裡那個壞女人庫伊拉一樣，戴著牛角框眼鏡，嘴唇像曬乾的梅子，臉上撲了好厚一層粉紅色的粉。」

「庫伊拉？」傑斯柏問，眼睛睜得大大的。

尼克點頭。「就像她一樣。她的眼睫毛又長又假——是紫色的，還擦著臭死人牌香水。」他捏起鼻子。「好噁。」兩個小鬼聽得入迷。

我們開過金門大橋。籠罩著濃霧的河水在我們下方滔滔流過，將馬林岬地區包圍起來。傑斯柏問：「尼克，你會來晉級典禮嗎？」他指的是他跟黛西即將參加的升級典禮。這兩個孩子分別將從二年級升上三年級，以及從幼稚園升上一年級。

「就算拿全中國的茶來交換，我也不會錯過。」尼克回答。

黛西問：「尼克，你記得那個女生丹妮耶拉嗎？她從攀爬架上掉下來，摔斷了一根腳趾頭。」

「那一定很痛。」

「她打了石膏。」傑斯柏補充。

「在腳趾頭上？」尼克問。「那一定很小一個。」

傑斯柏很嚴肅地報告：「他們會用鋼鋸把它鋸掉。」

「鋸掉她的腳趾頭？」

他們全都咯咯笑起來。

過了一會，尼克告訴他們：「我幫你們兩個小鬼帶了東西，在我的行李箱裡。」

「禮物！」

「等回到家再拿。」他說。

他們哀求他透露是什麼東西，但他搖搖頭。「不行，小傑。那是驚喜。」

我可以在後照鏡裡看到他們三個。傑斯柏和黛西的膚色是柔潤的橄欖色，尼克以前也是，但現在卻是顯得憔悴的黃褐色。兩個小鬼的眼睛是清澈的褐色，而他的眼睛則是兩個灰暗的球體。兩個小鬼的頭髮是深棕色，而尼克小時候的金色長髮現在褪了色，猶如夏末的田野，還有一塊塊像砸碎的黃褐土的顏色，跟一團團黏結在一起的黃色──他女朋友試圖用高樂士漂白水幫他漂回原先髮色的失敗結果。

「尼克，你跟我們講睡衣烏龍偵探的故事好不好？」傑斯柏央求他。過去許多年來，尼克經常講他自創的一個英國偵探，「睡衣烏龍偵探」的冒險故事，給這兩個孩子聽。

「遵命，先生，我保證晚一點講。」

我們在高速公路上往北開，然後下了交流道往西，穿過一連串小鎮，一個森林茂密的州立公園，然後是丘陵起伏的牧場。我們在雷斯岬站小鎮停下來拿信件。既然到了鎮上，就不免會碰到十幾個朋友，而他們全都很高興見到尼克，連珠砲似地問他學校的情形和暑假計畫。最後我們終於離開鎮上，沿著造紙廠溪旁的路來到我們該左轉的地方，然後爬上山坡，駛進我們家的車道。

「尼克，我們也有驚喜給你。」黛西說。

傑斯柏嚴厲地看著她。「不准你告訴他！」

「是海報，我們自己做的。」

「黛西……」

尼克拖著行李，跟著孩子們走進屋子。家裡的狗都往他撲上去，不停吠叫。在樓梯頂端，迎接尼克的是孩子們的標語和圖畫，包括傑斯柏畫的一隻刺蝟，旁邊的標題寫著：「嗚嗚！我想念尼克！」尼克讚美他們畫得很漂亮，然後疲憊地走進臥室去打開行李。尼克的房間，在屋子最角落的灰紅色臥室，在他離家上大學之後就成了第二間遊戲室，展示著傑斯柏用樂高積木做出的作品，包括一棟印度國王城堡，還有裝了機械動力的《星際大戰》機器人R2-D2。為了迎接尼克回家，凱倫清掉了黛西的絨毛動物大集合，並且用新的棉被和乾淨枕頭，幫他鋪好了床。

尼克再度出現時，手上抱了滿滿的禮物。給黛西的是「美國女孩洋娃娃」喬瑟芬娜和柯斯婷，是他女朋友以前的玩具。她們分別穿著繡花的鄉村風上衣加彩色披毯，以及綠色絲絨連身裙，打扮得漂漂亮亮的。傑斯柏拿到的則是兩隻大砲尺寸的超大水槍。

「晚餐以後，」尼克警告傑斯柏，「你會濕到要游泳回來。」

「你會濕到要坐船。」

「你會比湯麵還要濕。」

「你會濕到一整年都不用洗澡。」

尼克大笑。「那正好，」他說：「可以節省我很多時間。」

我們吃過飯後，兩個男孩子就把兩隻水槍灌滿，迫不及待地跑到傍晚風大的戶外，往相反的方向跑開。凱倫跟我在客廳裡往外看。兩個男孩子互相跟蹤，埋伏在義大利柏樹和橡樹之間，躲在花園家具後面，在籬笆後頭偷偷前進。一旦找到機會，就互相用細長的水柱對射。黛西躲在幾株繡球花盆栽後面，在屋子旁邊觀戰。當兩個男孩子從她旁邊跑過去時，她一手扭開緊握著的水龍頭，另一手拿著水管對準目標開火。她把他們兩個噴得全身濕透。

我在兩個男孩子快抓到她之前，阻止了他們。「你不應該被救。」我對她說。「可是上床時間到了。」

傑斯柏和黛西洗了澡，換上睡衣，然後央求尼克唸故事書給他們聽。

他坐在他們兩張單人床中間的一張迷你沙發上，長腿伸展在地板上。他唸羅德．達爾的《巫婆》。我們在隔壁房間聽到他的聲音——各種聲音：故事敘述者，事事都感到驚奇又認真的男孩子；壞脾氣聲音沙啞的奶奶；還有尖聲怪笑，壞心眼的大巫婆。

「小孩子卑鄙又可惡！……小孩子又髒又臭！……小孩子的味道像狗大便！……比狗大便還難聞！跟小孩子比起來，狗大便的味道就像紫蘿蘭跟櫻草花！」

尼克的表演令人無法抗拒，而兩個孩子一如往常，都被他深深吸引。

到了午夜，之前慢慢聚積的暴風雨終於來襲。滂沱大雨落下，間歇的冰雹像機關槍一樣敲打包銅的屋瓦。這裡很少有雷電交加的暴風雨，但是今晚天空不斷出現閃光，像爆開的電燈泡。

在雷聲之間，我聽到樹枝折斷的聲響。我也聽到尼克輕聲走過走廊，在廚房裡泡茶，安靜地撥弄他的吉他，放碧玉、寶萊塢電影原聲帶，跟湯姆．威茲的聲音，唱著明智的忠告：「死的時候千萬別開車。」我很擔心尼克失眠，但仍決定驅走我的懷疑。我提醒自己，他上個學年從柏克萊大學休學之後，到現在為止，他已經有了很大的進步。這一次他換到東岸去唸書，也完成了第一年的學業。在經歷這麼多事之後，這簡直像是奇蹟。根據我的計算，他遠離甲基安非他命的時間即將屆滿一百五十天。

到了早上，暴風雨已經過去，陽光在潮濕的楓葉上閃閃發亮。我換好衣服，到廚房去找凱倫跟兩個小孩子。尼克踱步進來，穿著法蘭絨睡褲，磨損的舊毛衣，戴著所謂有紅外線功能的誇張眼鏡。他在流理台旁盤旋，搞摩卡壺搞了半天，裝了水跟咖啡進去，放到爐火上，才坐下來跟傑斯柏和黛西一起吃麥片。

「黛西，」他說：「你的水龍頭攻擊很厲害，但是我一定會報仇。注意你背後。」

她扭過脖子。「我看不到。」

尼克說：「我愛你，你這個怪東西。」

黛西和傑斯柏出門上學後不久，六個女士來到家裡幫忙凱倫，為大家都很敬愛的一個老師做臨別禮物。她們用貝殼、磨亮的石頭，跟（學生做的）手工瓷磚，裝飾一個放在花園裡給小鳥洗澡的水泥盤。她們一邊工作，一邊喝茶聊天。

我躲在我的工作室裡。

午餐時，女士們在開放式廚房休息。其中一位母親帶來中式雞肉沙拉。之前回去睡回籠覺的尼克從臥室裡出來，擺脫慵懶睡意，跟女士們打招呼。他禮貌地回答她們的問題——同樣是關於他的學校生活和暑假計畫——然後說他要出門去面試一個工作，向她們告退。

他離開之後，我聽到這些母親談論他。

「好可愛的男孩子。」

「真討人喜歡。」

其中一個人稱讚他很有禮貌。「你真幸運。」她對凱倫說。「我們家十幾歲的兒子如果開口，頂多是發牢騷。除此之外根本懶得理我們。」

尼克幾個小時後回來時，家裡已經變得很安靜——做馬賽克美工的母親們都回去了。他得到工作了。明天他就要開始去一家義大利餐廳接受服務生訓練。雖然他很受不了餐廳要求的制服，包括堅硬的黑色皮鞋和暗紅色的背心，但他們說他可以賺到大筆的小費。

第二天下午，在受訓之後，尼克利用我們練習，還借用了他倒背如流的迪士尼影片《小姐與流氓》中，服務生的角色。我們坐下來吃晚餐。尼克一手舉在空中，端著他想像的餐盤入場，同時用快活的義大利口音唱著：「喔，就在今晚，這是美麗的夜晚，我們叫做bella notte。」

晚餐後，尼克問他能不能借用車子去參加「匿名戒酒者」聚會。在好幾次錯過門禁時間和違反各式各樣的規定，包括撞壞我們的兩輛車（很有效率地在一次意外中完成，因為他開著其中一輛去撞另一輛）之後，他從去年夏天開始喪失開車的特權。但是這次的要求似乎很合理——「匿名戒酒者」聚會是他持續復健的過程中，很重要的一項元素——因此我們同意了。他開著仍有上次事故凹痕的旅行車出門。之後他遵守規矩，在聚會結束後回來，告訴我們，他已經請新認識的一個人當他在鎮上期間的戒癮支持人。

第二天他又要求用車，這次是要去跟支持人共進午餐。我當然答應了。我對他如此認真復健，並遵守我們訂下的規矩，感到很欣慰。他讓我們知道他要去哪裡、什麼時候會回來。他也在答應回家的時間準時到家。這次他同樣只出去了幾個小時。

第二天黃昏時，我們在客廳的壁爐裡生了火。凱倫、尼克，跟我坐在成對的沙發上看書，而傑斯柏和黛西則在旁邊褪色的地毯上玩著樂高積木的小玩偶。黛西本來玩著一個小精靈，忽然抬起頭來，跟尼克說有一個「很壞的馬鈴薯頭男生」推她的朋友愛蓮娜。尼克說他會去學校，讓他變成「很壞的馬鈴薯泥」。

一會兒之後，我很意外聽到尼克輕聲打呼起來，但是六點四十五分時，他突然驚醒過來。他看了一下錶，整個人跳起來，說：「我差點要錯過聚會了。」再度問他能不能借車。

我很高興他雖然很累，一定很想晚上待在家裡睡覺，卻對復健工作認真到願意清醒過來，到浴室洗把臉，用手撥去眼睛前的頭髮，套上乾淨的T恤，衝出家門，希望準時趕上聚會。

時間已經過了十一點，而尼克還沒到家。我本來很累了，現在卻完全清醒地躺在床上，越來越不安。有一百萬個無害的理由可以解釋他的晚歸。「匿名戒酒者」聚會的人經常會在結束後一起去喝杯咖啡。或者他也可能在跟他的新支持人聊天。我同時跟兩個互相矛盾的獨白爭辯，一方安慰我，說我太多疑太自尋煩惱，另一方則肯定出了什麼很嚴重的事。到現在，我已經明白憂慮是無用的，但只要輕輕一扣扳機，憂慮就會穿透我，讓我全身動彈不得。我不想假定發生了最糟的情況，但是過去幾次尼克違反門禁後，都發生了大災難。

我盯著黑暗，焦慮不斷升高。這是我再熟悉不過的可悲狀態。我已經等候尼克回家等了許多年。晚上，在他的門禁時間過後，我會等候車子開上車道的刺耳引擎聲和之後的寂靜。最後——尼克的聲音。關上車門聲、腳步聲，和前門打開的喀擦聲。儘管尼克試圖溜進來，但布魯特斯，我們的巧克力色拉布拉多犬，通常會敷衍地吠一聲。又或者我會等電話響，永遠不確定電話那頭會是他（「嘿，爸，你好嗎？」），還是警察（「薛夫先生，你兒子在我們這裡。」）每次他晚歸或是沒打電話，我總是假定最可怕的結果。他死了。我永遠假定他死了。

但是之後尼克總會回來，手滑過欄杆，悄悄爬上門廊的樓梯。或者電話總會響起。「抱歉，爸，我在理察家。我睡著了。我想我還是在這裡窩一晚，不要這時候開車回家了。明天見，愛你。」我會同時憤怒又如釋重負，因為我已經在心裡埋葬了他。

這天更晚時，仍舊沒有他的蹤影，我終於陷入輾轉反側的半睡半醒中。剛過一點時，凱倫把我叫醒。她聽到他溜進來。一盞裝了移動偵測器的自動戶外燈亮起來，白色的強光照在後院裡。我披上睡衣，套上鞋子，從後面出去抓他。

夜晚的空氣冰涼。我聽到樹枝折斷的嘎吱聲響。

我轉過轉角，面對面遇上一隻龐大的公鹿。牠受到驚嚇，大步跑向花園，毫不費力地跳過阻擋野鹿的圍欄。

我回到床上，凱倫跟我都完全清醒了。

時間是一點半。現在兩點了。我再度去他的房間察看。

兩點半了。

終於，車子的聲音。

我在廚房裡質問尼克，他隨便說了個藉口。我說不准他再用車了。

「隨便你。」

「你嗑藥了嗎？告訴我。」

「拜託。沒有。」

「尼克，我們說好的。你去了哪裡？」

「你幹什麼？」他看著地上。「我們聚會的一群人回去一個女生的家聊天，然後一起看了錄影帶。」

「那裡沒有電話嗎？」

「我知道。」他說，怒火上升。「我說了抱歉。」

我吼回去：「我們早上再討論這件事。」他同時躲進去他的房間，關上門，上了鎖。

早餐時，我緊盯著尼克。他的身體洩漏了真相，他像引擎空轉的車子似的全身顫動。他的下巴顫抖，眼神亂飄。他跟傑斯柏和黛西計畫放學後要做什麼，還溫柔地擁抱他們，但他的口氣中帶著刺。

凱倫和孩子們離開後，我說：「尼克，我們得談一談。」

他警戒地瞄我一眼。「談什麼？」

「我知道你又在嗑藥了，我看得出來。」

他對我發火。「你在說什麼？我沒有。」他的眼睛緊盯著地板。

「那你就不介意驗尿。」

「隨便。沒問題。」

「好，我希望現在就做。」

「**好啊！**」

「去換衣服。」

「我知道我應該打電話的。我沒有嗑藥！」他幾乎在咆哮。

「走吧。」

他衝進房間，關上門。他再出來時，穿著一件「音速青春」樂團的T恤和黑色牛仔褲，一隻手插在口袋裡，低著頭，背包甩在一邊的肩膀上。他的另一隻手握著電吉他的脖子。「你說的沒錯。」他說。他衝撞著穿過我身邊。「我回家之後就一直在嗑藥。我整個學期都在嗑藥。」他走出屋子，用力甩上門。

我跑出屋外，在他身後喊他，但他已經不見了。我驚愕地站在原地幾分鐘後，回到屋裡，進入他的臥室，坐在他沒有整理的床上。我從他書桌底下撿起一張揉皺的紙。尼克寫著：

我好消瘦虛弱，
不在乎，只想再吸一口。

那天下午，傑斯柏和黛西衝進家門，從一個房間衝進另一個房間，最後終於停下來，看著我，問：「尼克呢？」

我盡了一切努力，想阻止我兒子陷入甲基安非他命毒癮中。如果他吸食海洛英或古柯鹼上癮，絕對不會讓我好過一點，但是每個甲基安非他命上癮者的父母都會發現，這種藥物有種獨特的、恐怖的特質。心靈矇蔽樂團[1]的主唱史帝芬．詹金在一次訪談中曾說，甲基安非他命會讓你覺得「開朗又快活」。但是甲基安非他命也會讓你疑神疑鬼，產生幻覺，具破壞性，而且自我傷害。之後你就會做出違背良知的事，只為了再度感到開朗快活。尼克曾經是個敏感、伶俐，比一般孩子更聰明開心的小孩，但是服用甲基安非他命之後，他卻判若兩人。

尼克一向走在流行風潮的尖端——他成長年代中的流行事物包括了系列卡片上的問候熊、彩虹小馬卡通、變形金剛、忍者龜、星際大戰、任天堂、槍與玫瑰合唱團、油漬搖滾樂派、搖滾明星貝克，等等不勝枚舉。他也是甲基安非他命的開路先鋒，早在政治人物譴責這種藥物是即將危害全國的最嚴重毒品之前，他就已經上癮了。在美國，至少有一千兩百萬人嘗試過甲基安非他命，而估計有超過一百五十萬人上癮。

1 舊金山另類搖滾樂團。

在全世界，甲基安非他命上癮人數更超過三千五百萬。這是全球最多人吸食成癮的毒品，比海洛英和古柯鹼吸食者的人數加起來還多。尼克宣稱他這輩子都在尋找甲基安非他命。「我第一次嘗試時，」他說：「就知道我找到了。」

我們家的故事當然是我們特有的，但同時也是許多人共有的，因為所有關於上癮的故事都有許多共同點。我第一次去參加「戒酒者家人」聚會時，才知道我們有多麼相似。有很長一段時間，我都抗拒著不肯去參加，但後來這些聚會雖然常讓我哭泣，卻給了我力量，也減輕了我的孤立感。我因此比較覺得不那麼坐困愁城，無計可施。除此之外，其他人的故事也讓我有心理準備面對本來可能突襲我的挑戰。這些聚會並非萬靈丹，但只要得到一點喘息或任何指引，我都非常感激。

我瘋狂地想幫助尼克，想拯救我的兒子，阻止他繼續陷落。這樣的企圖，加上我的歉疚和憂慮，占據了我所有的心力。我是個作家，因此毫不意外地，我嘗試以寫作來了解發生在我和尼克身上的事，也嘗試藉此找出解決之道，找到我始終無法掌握的挽救的方法。我偏執地研究這種藥物、上癮過程，和治療方法。許多作家都曾跟我一樣，把這份工作當成一根大棒子，想藉此打擊可怕的敵人；或把寫作當成一種洗滌，想在災難中抓住一點（任何一點）可以理解的東西；或者在這折磨人的過程中，組織和控制幾乎將大腦淹沒的經驗和情緒。但是到頭來，我的努力並不能挽救尼克。寫作也不能讓我痊癒，雖然確實有幫助。

其他作者的作品也有幫助。每次我把湯瑪斯．林區的書，《活在一個愛恨剛剛好的世界：一個殯葬業者的人生思索》從書架上抽下來，書就會自動打開到第九十五頁，〈我們原來的樣子〉這一篇。這篇文章我讀過十幾次，每次都忍不住掉下眼淚。身兼殯葬業者、詩人與散文家的林區，以哀傷但清明的屈服態度，看著自己親愛的兒子在沙發上昏過去，或被逮捕，或酩酊大醉，或住進醫院。他寫道：「我想記得他以前的樣子，照片裡那個神采飛揚，笑容滿面，有著藍眼珠和雀斑的孩子，在他爺爺的碼頭上斜眼看人，或在他姊姊的小學畢業典禮上生平第一次穿西裝，或一邊在廚房桌上畫畫，一邊吸著大拇指，或彈著他的第一把吉他，或他第一天上學時，跟他街頭巷尾的兄弟們一起玩。」

為什麼閱讀別人的故事會有幫助？並不是因為悲慘的人喜歡互相取暖，因為（我已經學到）悲慘會將人吞噬，而不會想要別人陪伴。但是當我在情緒中掙扎時，別人的經驗確實有幫助。閱讀讓我比較不那麼瘋狂。而且別人寫出的經驗，就像我在「戒酒者家人」聚會中聽到的故事一樣，可以作為未知水域中的指引。湯瑪斯．林區讓我知道，一個人還是可能去愛一個已經消失的，甚至可能永遠消失的孩子。

我的寫作最後成為我投稿到《紐約時報雜誌》的，一篇關於我們家經驗的文章。我很害怕邀請別人進入我們的夢魘，卻又不得不這麼做。我覺得如果我能幫助到任何人，像林區和其他作家幫助我一樣，那麼說出我們的故事就很值得。我跟尼克及其他家人討論過這件事，但即使得到他們的鼓勵，我對於把我們的家暴露在大眾的審視和評斷之下，還是感到非常緊張。然而讀者對這篇文章的回應讓我備受激勵，而根據尼克所說，也讓他獲得許多勇氣。一位編輯跟他連絡，問他有沒有興趣寫他自己的回憶錄，可能因此鼓舞其他與毒癮掙扎的年輕人。尼克渴望說出自己的故事。更重要的是，他說，他走進「匿名戒酒者」聚會，或碰到朋友——甚至陌生人——而對方知道他就是那篇文章裡的那個男孩子時，總是會給他溫暖的擁抱，告訴他，他們以他為傲。他說這對他辛苦的復健工作，是一大肯定。

我得到的回應來自上癮者和他們的家人——他們的兄弟姊妹、子女、其他親人，以及為數最多的，他們的父母——總共有數百人。有幾位回應者對我嚴加批評。其中一位指控我為了自己的利益利用尼克。還有一位對我描述尼克有一段很短的時間把衣服前後反過來穿，感到十分憤怒，他攻擊道：「你讓他把衣服前後反過來穿？難怪他會變成吸毒者。」但是絕大多數的信件還是熱切誠摯的同情、安慰、建議，和共同的哀傷。許多人似乎覺得終於有人了解他們真正的感受。這才是悲慘的人喜歡互相取暖的真正意思：許多人終於如釋重負，知道自己不是唯一飽受折磨的人，知道自己的痛苦屬於某種更大的事物，而在這個例子裡，這件事就是侵襲社會——侵襲孩子和家庭——的一種瘟疫。不管原因為何，但陌生人的故事似乎就能讓他們敢於說出自己的故事。他們覺得我會了解，而我確實了解。

「我坐在這裡哭泣，哭到雙手顫抖。」一個男人寫道。「昨天，在跟一群父親每週一次的早餐聚會中，有人把你的文章拿給我看。這個聚會中的父親都失去了自己的孩子。把文章交給我的那個人在三年前，因毒品失去了自己的兒子。」

「我們的故事就是你的故事。」另一位父親寫道。「不同的毒品、不同的城市、不同的戒毒中心，但是同樣的故事。」

還有一封是：「一開始，我根本嚇了一大跳，很驚訝有人居然不經我的允許，把關於我孩子的故事寫出來。當我閱讀這些讓人情緒激動的文字，看著非常熟悉的事件和明顯的結論，讀到一半時，才意識到某些重大事件的日期是錯誤的，也因此不得不認定，其他父母可能也正經歷著我經歷過的，同樣難以想像的悲劇和喪失……」

「超過四分之一個世紀裡得到的覺悟，迫使我重寫最後這一段：我的兒子最近一次從戒毒中心逃出來後，嗑藥過量而差點死亡。他被送去在另一個城市的一個非常特別的計畫後，幾乎清醒了兩年，但接著又開始失蹤，有時候失蹤好幾個月，有時候好幾年。他曾經是全國排名最前面的高中裡，最優秀的學生之一，但後來他花了二十年，才從一所中等的大學畢業。而我幾乎也花了一樣久的時間，才終於拋棄我最後一線希望，承認我兒子不能或不願意停止嗑藥。他現在四十歲了，靠社會福利津貼生活，住在成年上癮者的庇護所。」

其他還有更多、更多這樣難以置信的悲慘結局。「但是我的故事結尾與你不同。我的兒子去年因嗑藥過量而死。他才十七歲。」還有一封：「我漂亮的女兒過世了。她嗑藥過量時才十五歲。」還有一封：

「我的女兒死了。」又一封：「我的兒子死了。」這類信件和電子郵件現在仍會打斷我的日常生活，陰魂不散地提醒我毒癮的恐怖後果。每一封信都讓我的心重新撕裂一次。

我持續寫作，並在痛苦的過程中，多少學會以不同的方式看待我們的經驗，讓整件事顯得有點道理——儘管毒癮幾乎毫無道理可言。當我把散漫而生澀的單字串連成句子，把句子整理成段落，把段落編排成文章時，原來只有混亂和瘋狂的地方，就出現了看似有些規則和理智的外貌。就像《紐約時報雜誌》上的那篇文章一樣，我也很害怕出版這本書。但在故事主角的鼓勵下，我還是義無反顧地出版了。坊間不乏非常讓人動容的上癮者的回憶錄，而其中最好的一些會讓愛他們的人有所啟發。然而，除了少數例外，例如林區的散文以外，我們鮮少聽到愛他們的人的聲音。任何曾親身經歷，或正在親身經歷的人，都知道關心一個上癮者，就像毒癮本身一樣複雜、危險，令人身心俱疲。在我最糟糕的時候，我甚至憎恨尼克，因為上癮者，至少在亢奮時，能夠短暫地脫離自己的痛苦，但他們的父母、子女、丈夫、妻子，或其他愛他們的人，卻沒有類似的喘息空間。

尼克斷斷續續地嗑藥已經超過十年，而在這段時間，我想我已經感覺、思考，和做過幾乎任何毒癮者的父母所能感覺、思考，和實際去做的任何事。即使是現在，我也知道，對上癮者的家人而言，這件事並沒有任何單一的標準答案，甚至沒有一張清楚的地圖。但我希望我們的故事可以提供一些安慰，一些指引，或者即使都沒有，至少能有一些陪伴。我也希望，在你所愛的人經歷吸毒者許多看似毫無希望的階段時，你也能從中看到一絲希望的微光。許多人都曾引用尼采的一句話：「殺不死你的，會讓你更強壯。」

這絕對適用於上癮者的家人。我不但還屹立著，我現在所知道、所感覺的，甚至比我以前認為的更多。

在敘述我們的故事時，我始終忍著不去預告之後的發展，因為暗示你可以預料事情將如何演變並不真實——也會傷害到正經歷這一切的人。我自己從來不知道第二天會發生什麼事。

我試著誠實囊括所有影響尼克和我們家庭的重大事件——好事和恐怖的事。其中許多讓我感到驚愕。我很訝異自己做了許多事，也訝異自己沒有做許多事。即使所有專家都好心地告訴上癮者的父母，毒癮「不是你的錯，」但我仍無法放過自己。我經常覺得是自己徹底辜負了兒子。我承認這點，並不是想尋求同情或赦免，而是在陳述經歷過這些事的父母，都能理解的一件事實。

聽到我們故事的某個人曾對尼克染上毒癮表示不解，他說：「但你們家不像是失能家庭啊。」我們家確實功能不全——就跟我所知的任何一個家庭一樣。有時候不健全的程度比較嚴重，有時候比較輕微。事實上，如果所謂「功能健全」是指一個家庭不會經歷任何困難的時刻、家庭成員也不會有各式各樣的問題，那麼我根本不確定我是否認識任何一個「功能健全」的家庭。就像上癮者本身一樣，上癮者的家庭，有你想像得到的，也有你想像不到的。上癮者來自破碎的家庭，也來自完整的家庭。上癮者有始終一事無成的人，也有卓越成功的人。我們經常在演講或在「匿名戒酒者」與「戒酒者家人」的聚會裡，聽到頭腦聰明，充滿魅力的男女，讓身邊的人都不解他們為什麼會淪落到這個地步。在費茲傑羅的一篇短篇小說裡，一位醫生對一個酗酒者說：「像你這麼好的人，怎麼可能這樣對待自己？」許多認識尼克的人都表達過類似的感覺。其中一個人說過：「我完全沒有想到他會發生這種事。尼克怎麼可能會這樣？他太堅強，太聰明了。」

我也知道，父母在回憶時經常會避重就輕，過濾掉某些事件，以免違背我們細心編輯過的回憶——無可厚非地想藉此逃避罪責。相反地，子女們經常會牢記著難以抹滅的痛苦記憶，因為它們留下的印象比較深刻。我希望我不是陷溺在為人父母者的自我催眠中，因為我覺得，儘管我與尼克的母親離婚，儘管我們做了遠距離共同監護的不得已安排，也儘管我有許多缺點和錯誤，尼克小時候的許多時光仍舊非常快樂。尼克也確認了這點，但或許他只是太善良。

換湯不換藥地一再試圖對沒有道理的事，整理出一點道理來，是上癮者的家人經常做的事，但我們不只做這件事。我們否認家人問題的嚴重程度，不是因為我們太過天真，而是因為我們無法確知。即使是那些與我不同、從未吸毒過的人，也無法否認事實上許多孩子——超過一半的孩子——都會嘗試毒品。對其中某些人而言，嘗試毒品不會對他們的人生造成嚴重的負面影響，但對其他人而言，後果卻不堪設想。為人父母的我們用盡一切方法，諮詢所有專家，但有時候這仍不足夠。只有在事實發生後，我們才會知道我們是否做得不夠，或我們做的是否都錯了。上癮者會否認問題，他們的家人也是，因為真相經常讓人無法想像，太過痛苦，或太過恐怖。然而，儘管否認是普遍的反應，卻很危險。我真希望有人曾經大力搖撼我，說：「趁還來得及的時候，趕快介入。」或許結果也不會有太大差別，但我不知道。當時並沒有人搖著我的肩膀這麼說過。就算有，我恐怕也聽不進去。或許我就是得吃過苦頭才學得到教訓。

跟許多陷於相同困境的人一樣，我也對孩子的毒癮變得執迷。當我陷溺其中時，即使犧牲我對妻子和其他孩子的責任，我還是為此找藉口。我想，為人父母，怎麼可能不為孩子的生死掙扎日夜煩憂？但是我終於學會，我對尼克的過度擔憂對他不但沒有幫助，還可能害了他。又或許這點對他毫無影響。但無論如何，這確實傷害了我其他的家人——和我自己。除此以外，我還學到另一個撼動我靈魂的教訓：不論有沒有我們，我們的孩子都會活下去或死去。不論我們做什麼，不論我們如何痛苦或執迷，我們都不能替孩子選擇生或死。這個領悟帶來很大的打擊，但也讓人自由。我終於選擇過自己的人生。我選擇了冒險的，但必要的道路，接受尼克將會自己決定他要如何——以及是否——活下去。

如我所說，我並不寬恕自己，在此同時，我也還在掙扎我能夠寬恕尼克多少。他在沒有嗑藥的時候，是一個聰明、善良、具有領袖魅力、關心別人的人。但是就跟我聽過的任何一個上癮者一樣，他嗑藥時就會變成一個陌生人，冷漠疏離、愚蠢、自我毀滅、支離破碎，而且危險。我一直很難把這兩個人聯想在一起。不論原因是什麼——是遺傳上的體質、我的離婚、我自己吸毒的紀錄、我對他過度保護、我對他不夠保護、我的寬容、我的嚴厲、我的不成熟，還是以上全部——尼克的毒癮似乎有它自己的生命。我試著揭露毒癮如何狡猾地鑽進一個家庭，然後占地為王。過去十年來，我曾經因為無知、希望，或恐懼，而犯了多少錯。我試著照原有的樣子，記錄下這些錯誤的時候，希望讀者因此能在踏上錯誤的路徑前，及時止步。如果他們沒能做到，那麼我希望至少他們無法責怪自己踏上了這條路。

我的孩子出生時，我根本不可能想像他後來會像尼克這樣受苦。父母都希望孩子只會遇到好事。我也是一個典型的父母，認為這種事不可能發生在我們身上——不可能發生在我兒子身上。然而即使尼克是獨一無二的，他同時也是一個普通的孩子。他也可能是你的孩子。

此外希望讀者了解，我在書中更改了一些人名和細節，以便隱匿部分人士的身分。我從尼克出生時開始寫起。就算不是所有家庭都是如此，但一個孩子的誕生，對許多家庭而言，都是充滿欣喜和樂觀的，改變一切的時刻。對我們也是。

第一部 熬夜

我的女兒總讓我想到我過去的樣子，
充滿愛與喜悅，親吻她遇到的每個人，
因為每個人都很好，都不會傷害她。
這讓我害怕到幾乎無法生活。

科特．柯本，摘自他的自殺遺書

1

我跟我妻子維琪住在柏克萊，一間一九二〇年代建造，牆板漆著白漆的小屋裡。小屋隱藏在街道後方，一片紫竹林後。那是一九八二年，一個等待的夏季。其他的一切——工作、社交活動——都被擱在一旁。我們的寶寶將在七月出生。

一張超音波圖片確認了胎兒將是個男寶寶。我們準備迎接他的到來。我們粉刷裝飾了一間育嬰室，擺上白色的嬰兒床、淺藍的櫃子、堆滿莫里斯・桑達克和蘇斯博士的童書，而在門口兩邊站衛兵的，則是一對巨大的貓熊絨毛娃娃，是一個朋友提早送給小朋友的禮物。另一個朋友則借給我們一個傳家寶，一個半月形的奶油黃色搖籃。搖籃用一條鏈子掛在客廳的一角，彷彿浮在窗外遠處閃著點點燈火的舊金山上方。

維琪七月二十日凌晨開始陣痛。我們照著在拉梅茲呼吸課上學到的方法，計算陣痛的間隔。時間到了，我們開車到醫院去。

尼克在黎明時出生——我們美麗的小男孩。

我們沉浸在孩子帶來的喜悅中。我們樂意放棄睡眠，在他哭泣時安撫他，唱搖籃曲給他聽。我們陷入一種懶洋洋的異常狀態中，一種做夢般的滿足狀態。如果我們的任何一個朋友變成這樣，一定會讓我們大驚失色。（事實上，我們的許多朋友確實大驚失色。）生活中環繞著民歌手彼得・西格的專輯、民歌樂團「舞台焦點」、和加拿大音樂家拉斐的幼兒音樂專輯。這些歌曲一遍又一遍又一遍又一遍地重複播放，足以在其他刑求方式失敗後，讓任何罪犯招供。有時候我們只是目不轉睛地盯著寶寶握著拳頭的小手，和明亮清澈、活力飽滿的眼睛。

我們屬於第一代有自覺的父母。在我們之前的父母是生兒育女，而我們則是學習成為父母。我們會為孩子找尋一切最好的──《消費者報導》推薦的最好的手推車和最好的車用嬰兒座椅──並且在每次決定他們的玩具、尿布、衣服、食物、藥物、幫助磨牙的手環、預防接種，跟其他所有事情時，都反覆考慮，煩惱不已。

不久嬰兒床就被一張鋪著斑馬床單的單人床取代。我們推著手推車或背著嬰兒背帶去散步，到柏克萊的公園和兒童育樂館玩，造訪舊金山動物園。尼克的書氾濫成災。《晚安月亮》、《拍拍小兔子》、《野獸國》、《洞是要挖的》等等。我經常讀給他聽，讀到自己都會背了。

「牛奶，牛奶，早晨蛋糕的牛奶。」

「從這裡到那裡，從那裡到這裡，好玩的東西到處看得到。」

「狗是要親人的。雪是給人滾的。鈕扣是讓人暖和的。」

三歲的時候，尼克每個星期有幾天早上會去一間離家走路不遠，塗滿粉嫩色彩的幼稚園上學。他在學校的生活包括了圓圈圈時間；抓鬼遊戲之類的遊戲；畫畫跟玩黏土；還有唱歌。「拔雜草，撿石頭，」尼克唱道：「我們是蘿跟骨頭做的。」此外還有玩攀爬架跟盪鞦韆的戶外時間。他勇敢地開始所謂的玩耍約會，也就是以前我們說的，去別的孩子家裡玩。有時候我們會跟其他家庭在某個公園碰面。那裡有一座水泥的溜滑梯，在橡樹樹蔭下，順著一片山坡往下。尼克還會坐上一座旋轉木馬，轉上一圈又一圈。

尼克是天生的建築師，他會建造出四處蔓延擴展的積木、幼兒積木、樂高小機器人。他愛極了「寶貝熊」、「可愛小狗」，和那對雙胞胎貓熊。他踩著大輪子的三輪車在屋子裡到處飛馳，或在鋪著紅磚的前院裡，踩著穿著高筒球鞋的雙腳，推著我父母送的天藍色塑膠敞篷車，如推動原始人的車子前進。

我們到鄰近索諾瑪鎮的「火車城」玩。尼克引導著一輛蒸汽火車頭走過迷你穀倉和風車。我們也到優勝美地國家公園玩——在野花盛開的春天，我們喜歡健行到各個瀑布；在冬天，我們則在半圓頂山下的山谷裡玩雪。我們還會去蒙特利灣海洋水族館。發出螢光色的水母和來回巡游的鯊魚都讓尼克深深著迷。

我們會演布偶劇，玩紙上遊戲，一邊敲打鈴鼓一邊唱歌。尼克還會穿上和服浴衣跟法蘭絨睡褲，拿著一把塑膠吉他，扯開喉嚨唱：

叮叮噹噹，我的小驢子趕快跑，
叮叮噹噹，我的小驢子趕快跑，
我的驢子會走路，我的驢子會說話，
我的驢子會用刀和叉，
我的驢子會走路，我的驢子會說話，
我的驢子會用刀和叉。

然後他脫下和服，穿上小丑睡衣上衣，上面有檸檬綠、天空藍，和櫻桃紅的大圓點。他還穿上有一圈圈螢光藍、綠、粉紅色漩渦的雨鞋。

我們走在人行道上，他拖著太大的雨鞋，我的大手包住他的小手，他的塑膠吉他掛在肩上。他用力踩踏每一個水坑。

他的眼神若有所思，那古銅色有時候會融化成綠色，像海洋一樣充滿生命。

他一邊走路，一邊跳著好笑的舞，把一支黃色雨傘高舉在頭上。

「哎呀呀，好像要下雨了。」

這樣看似悠閒愜意的生活讓我們無視逐漸逼近的暴風雨。尼克出生後的頭三年，身為新手父母的維琪跟我經常睡眠不足，覺得疲憊但幸福，但當我們終於醒來時，卻發現自己面對著婚姻搖搖欲墜的刺眼光線和刺骨寒風。我用很「成熟」的方式處理我們的歧異：跟我們家的一個朋友墜入愛河。她的兒子是尼克的玩伴。

維琪跟我同樣深愛尼克，但我完全沒有能力處理我們日漸升高的問題。我們去見婚姻諮商師時，我宣布說已經太遲了。我們的婚姻結束了。維琪被冷不防地突襲。這不是我第一次毀掉一段親密關係，但現在還牽涉到一個孩子。

尼克。

在家裡，當他母親跟我爭吵時，他會躲到那兩隻大貓熊的懷裡。

像我們這樣充滿憎恨和野蠻的離婚過程，對任何孩子都不會有好處。就像輻射污染炸彈散發出的輻射塵一樣，連帶的傷害是既廣泛又長久的。尼克深受其害。

我們平分我們的瓷器、藝術品，和我們幼小的兒子。共同監護似乎顯然是最好的方法；維琪跟我都想跟他在一起，也沒有理由懷疑普遍認同的想法：繼續由兩方父母共同扶養，對他是最好的。很快地，尼克有兩個家。我送他去他母親家的時候，我們就在白色圍籬旁擁抱，然後我跟他說再見，看著他走進屋裡。

維琪搬去洛杉磯，因為她再婚了。我們仍舊都想跟尼克在一起，但現在我們之間隔了五百英里，非正式的、彈性變動的共同監護安排已經行不通了。我們兩個都真心，但也心懷報復地，相信尼克跟「我們」在一起，而「不是」跟對方在一起，對他才是最有利的，因此我們聘請了離婚律師。

有的律師可以成功地協調出和解的方法，但許多共同監護的戰爭最後還是要到法院裡解決。這通常會帶來很大的創傷，也非常昂貴。我們的律師每小時收費兩百美元，另外還要收五千到一萬美元的委託費。當我們得知法官通常會遵循法院指定的兒童心理師做過完整評估後所給予的建議時，我們自我中比較明智的部分，和已經見底的銀行帳戶終於勝出。從我們分居之後，尼克就一直在看一位治療師，因此我們請她進行評估，也同意遵循她的決定。

這位醫師於是展開長達三個月，感覺像是宗教審查的調查。她訪談了我們、我們的朋友和家人，拜訪我們分別位於舊金山和洛杉磯的家，還在辦公室裡跟尼克進行長時間的療程，跟他下棋、玩牌、堆積木。他稱呼她是愛擔心醫生。有一天，他在她辦公室裡玩一間娃娃屋時，他告訴她房子的一邊是媽媽的房間，另一邊是爸爸的房間。她問他那小男孩的房間在哪裡，他回答：「他不知道他會睡在哪裡。」

我們齊聚在她的辦公室，在玩具、現代感的家具，和戈特利布跟羅斯科[2]的裱框複製畫圍繞下，聽她宣布判決。維琪跟我坐在成對的扶手椅上，面對醫生。她是一個態度威嚴的女人，穿著印花洋裝，留著黑褐色的鬈髮，厚眼鏡後是一雙會看穿人的眼睛。她雙手交疊在膝上，開口說話。

「你們兩位都是很慈愛的父母，都希望給孩子最好的。在過去這段評估期間，我了解了關於尼克的幾件事。不用我說，你們也知道他是個很特別的孩子。他頭腦靈活，情感纖細，表達力強，而且非常聰明。我想你們也知道，他因為你們離婚，和對自己的未來無法確定，而過得很辛苦。我在做這個困難的決定時，努力地衡量了所有的因素，希望想出對尼克而言最好的安排——雖然在這種情況下，不可能有任何理想的選擇。我們只能希望把尼克生活中的壓力減到最低，讓一切盡可能穩定不變。」

她輪流看著我們，然後快速翻閱一捆文件。她沉重地吐氣，然後說尼克學年中時，將跟我待在舊金山，而在暑假跟假期時，跟維琪待在南加州。

我試著理解她到底說了什麼。我贏了。不，我輸了。維琪也是。在學年中的日常生活裡，他會在我身邊，但是沒有他的聖誕節會是什麼樣子？還有感恩節？還有暑假？醫師交給我們文件的影印本，裡面詳列了她的決定。我們在她的書桌上簽了文件。難以置信地，在我用筆畫過粗糙紙張的這一刻，等於簽名讓出了我兒子一半的童年。

這種安排對我和維琪都很難受，但尼克比我們更難受。在準備交班時，他得把他的玩具和衣服放進一只凱蒂貓的行李箱裡，箱子上有假的鎖跟鑰匙。我會開車載他去機場。他會說他的肚子不舒服，不是因為他不想見他母親跟他繼父——他想——而是因為他不想離開。

一開始我們一定會有一個人陪他飛，但是五歲之後，他就開始自己旅行了。他不再用那個小行李箱，而開始用一只帆布背包，裝滿各式各樣隨著年齡不斷變化的必要家當（書跟雜誌，《星艦迷航記》的小玩具，塑膠的吸血鬼牙齒，ＣＤ隨身聽跟ＣＤ，還有一隻螃蟹絨毛玩具。）一位空服員會帶他上飛機。我們會互相說：「全部的全部。」我們用這句話表示我愛你，我會很想你，我很抱歉——他回來和離開時各種混雜的感覺。

往返舊金山和洛杉磯的航程是父母唯一不能統治他的時間，因此他會點可口可樂，家裡的違禁品；空服員不會在乎他的蛀牙。但這樣的好處，比起他對墜機的恐懼，實在是微不足道。

2 阿道夫・戈特利布（Adolph Gottlieb, 1903-1974）和馬克・羅斯科（Mark Rothko, 1903-1970）兩人都是美國抽象表現主義畫家。

五歲時，尼克開始上幼稚園。這是舊金山一家理念先進的學校，位於用百年紅木做牆板的建築裡。這個地方如何特別，例如當你在點心時間過來，可能會看到家長跟孩子一起在烤墨西哥烤餅。這所學校還有石頭做的階梯，跟猶如穀倉門的古老大門，通往用切碎的回收輪胎作成、很有彈性的橡膠鋪面遊戲場。孩子可以在這裡玩繩球、爬紅木做的攀爬架，或打籃球。這裡的老師都相信「全人式」的教育，因此將幼稚園的三個主要教育元素：讀書、寫字，跟算術，融合到令人佩服的音樂教學計畫、孩子自己寫的戲劇（尼克後來許多次參與一年一度的戲劇演出，而在他初次粉墨登場，飾演一隻蚊子時，卻在舞台上睡著了）、美術、紅綠燈、軟式曲棍球等非競爭性的運動、創意拼字，以及各種世俗和宗教節日的慶祝活動，包括聖誕節、猶太教光明節、中國新年，和慶祝非洲文化的寬扎文化節。這個地方似乎是最適合尼克的，因為他從幼稚園開始，就在黏土、手指畫，和獨一無二的衣著上，展現很大的創造力。他典型的打扮包括戴著一頂壓得低低的，超大變形的牛仔帽，只能從帽簷看到他貓頭鷹般睜得大大的眼睛，穿著印有塗鴉大師凱斯・哈林作品的T恤，外面套著有流蘇的皮背心，一條內褲，內褲下穿著藍色緊身襪，以及一雙球鞋，鞋上有形狀像大象耳朵的魔鬼氈。當其他小朋友笑他——「女生才穿緊身襪，」——尼克回答：「才不，超人就穿緊身襪。」

我對他的自信和獨特引以為傲。

尼克有一群各不相同的朋友。他經常跟一個希望當特務的男孩子在金門公園玩。他們會趴在地上鬼鬼祟祟前進，冷不防地讓在長椅上聊八卦的家長嚇一跳。他們也經常在迷宮般的遊戲架裡玩捉迷藏，裡頭包括一連串互相連結的走道和圓頂小屋。但是尼克跟另一個親近的朋友，深色頭髮像雞冠一樣聳立，一雙銳利琥珀色眼睛的男孩子，則一起建造樂高城市和木頭積木軌道，在上面行駛火柴盒小汽車來比賽。

尼克很愛電影。一位在一本區域性雜誌擔任編輯的朋友，很欣賞尼克的電影品味，也覺得很有趣，因此請他寫一篇名為「尼克挑片」的文章。尼克口述他的評論。「有時候小孩子得選一片錄影帶，但是沒辦法決定要選哪片，可是又必須趕快做決定，因為大人十分鐘內要去理髮廳。」這是他的開頭。他評論了《小姐與流氓》和《小熊維尼》。「《小飛象》很好看，歌很好聽。」他說。至於英文原意為「永不結束的故事」的《大魔域》，他則說：「這故事還是有結束的。」

我滿六歲時，我母親烤了一個長頸鹿形狀的糖霜椰子蛋糕，然後我跟我的朋友玩「幫驢子畫尾巴」的遊戲。而尼克則是去參加在馬廄、在「大美國」主題公園、在「白浪滔滔」水上樂園、和可以動手操作的科學博物館「探索館」舉辦的生日派對，吃夾燻鮭魚和大黃瓜的法國麵包三明治、不去渣的蘋果汁，和無麵粉的杯子蛋糕。

一天下午，尼克宣布他想捐玩具給學校發起的「聖誕節送禮物」計畫，然後他就到臥室裡，挖出他大部分的絨毛動物、和「彩虹天地」、「滑坡與階梯」等紙板遊戲，還有他的小矮人，跟在他心中已經過氣的動作英雄。書架上的繪本也幾乎被橫掃一空，空出來放《納尼亞傳奇》、奇幻小說《紅牆》系列，和E.B.懷特的書。尼克努力地想長大，但還是有所堅持。他留下了那兩隻貓熊，和賽巴斯汀——電影《小美人魚》裡那隻螃蟹的絨毛玩具。

尼克能比大多數孩子更早察覺到即將來臨的新一波流行文化，從《彩虹小馬》到《太空超人》。迪士尼——《一〇一忠狗》和《歡樂滿人間》——之後是《星際大戰》。尼克跟他的朋友發現了任天堂遊戲機，然後開始說著（對成人而言）高深莫測的語言，包括miniboss遊戲、扭曲時空區、神祕階級，和可以讓你往上跳一級的南瓜。有一次萬聖節時，尼克扮成突變形成的青少年忍者龜（米開朗基羅，而他朋友則扮成唐納泰羅）。還有一次他則是印第安納．瓊斯。

尼克也惹過幾次小麻煩。他在一個朋友家過夜時，被抓到學他們在《辛普森家族》裡看到的，打惡作劇電話。他們打到列在電話簿黃頁上的幾家酒吧。

「哈囉，可以幫我找一個卡荷力克先生嗎，名字是艾爾。」

「沒問題。」對著人群：「有一個『艾爾．卡荷力克』[3]嗎？」

他們接下來又隨便撥了電話簿上的一個號碼。

「這裡有一位約翰嗎？」

過一會後：「沒有嗎？那你們去哪裡上廁所？」[4]

但大致上尼克都很守規矩。有一次一位老師在成績單評語欄上寫到尼克似乎有些憂鬱。我把這件事告訴尼克每星期去看一次的新治療師。但這位老師又繼續寫道：「不過他會自己振作起來，又變得活力充沛、積極參與、開心有趣——是班上的領袖人物。」其他老師的評語則都是對他的創造力、幽默感、同理心、參與團體活動，和傑出的課業表現大加讚美。

我有個盒子專門用來收藏他的藝術作品和作業，例如有一份作業是問他是否認為一個人應該永遠都要盡力而為，我就收藏了他的回答。「我覺得一個人不是永遠都應該盡力而為。」他寫道，「因為，例如說有一個吸毒的人拜託你給他毒品，你就不應該盡力而為地幫他找到毒品。」

另外一份被我收藏起來的作業是他寫給我的一封很有說服力的信。老師要求他們在信中支持或反對自己選擇的任何主題。他的信的結論是：「所以，總結來說，我認為我應該被准許多吃一點零食。」

尼克偶爾會做噩夢。其中一個噩夢是他到了學校後，他跟同學都必須接受吸血鬼檢查。這種檢查跟他們在大傳染期間接受的頭蝨檢查很像。在進行頭蝨檢查時，老師會戴上保護用的外科手術手套，手指伸入每個學生的頭髮中，像母猴對小猴一樣，找尋可能的小濾泡。如果發現一個頭蝨卵，被檢查到的學生就會被送回家，用特殊洗髮精去頭蝨，並且用齒很細的梳子仔細耙過一遍頭皮。這會讓孩子痛得尖叫，甚至可能讓好心的鄰居打電話到兒童保護專線。

在尼克的夢裡，他跟朋友排隊接受早上的吸血鬼檢查。戴著手套的老師把他們的嘴唇翻起來，看看他們的犬齒是否變成了獠牙。變成吸血鬼的孩子立刻被用棍子刺進心臟，當場處死。尼克有一天早上在車上講述這個夢，說這對吸血鬼很不公平，因為他們自己也無能為力。

我不知道是因為大人始終保持警覺，還是因為牛奶盒上印著失蹤兒童的照片，或者是因為他們聽說過一些恐怖的故事，但無論如何，尼克和他朋友似乎恐懼到有點超出常情。我們的公寓後面有一個小院子，但除非我一起去，否則他們就不肯去外面玩。我也聽到其他家長煩惱孩子怕黑、半夜哭鬧、不肯一個人睡，或不敢去朋友家過夜。尼克聽完一個故事後，準備睡覺前，都會叫我每十五分鐘就去看他一次。

我唱歌給他聽。

閉上眼睛，
不要害怕。
怪獸走了，
牠逃之夭夭了，而爸爸在這裡。

---

3 Al Kaholic，音同酒鬼。

4「約翰」（John）亦作廁所的一個委婉說法。

2

醒來！

醒來！醒來！醒來！

快醒來！快醒來，快醒來！

這裡是你親愛的老爹先生。

你選擇的聲音。全世界唯一十二小時的大紅牌。

這裡是「我們愛你」電台，一〇八ＦＭ。

你收音機刻度的最後一個，你心裡的頭一個。

事實就是如此，露絲。

清爽的秋日早晨，從尼克朗誦他最愛的電影之一《為所應為》的開場獨白，揭開序幕。我們換好衣服，到金門大橋公園去散步。「你看那些柳橙，」尼克在我們走過花房溫室時說道，「好漂亮喔，綠色、紅色，還有金黃色！好像昨天晚上大巨人用手指幫全世界塗了顏色。」回家之後，尼克幫忙做鬆餅糊。他包辦了所有工作，除了打蛋以外——他不喜歡手上沾到黏答答的東西。他說這些鬆餅應該做成「巴克叔叔」的那種大小。在這部名為《巴克叔叔》的電影裡，鬆餅大到巴克叔叔得用雪鏟代替抹刀。

我們的公寓完全是小孩子的天下，不論我如何努力要把尼克的影響侷限在他的房間裡。整間公寓可能前一天才整理過，但小孩子的衣服還是會散落得到處都是。客廳當中會有紙板遊戲（昨晚他剛在陸軍棋遊戲Stratego中痛宰我一頓）、電腦遊戲（我們已經玩到「薩爾達傳說」的倒數第二關），還有色彩繽紛的樂高積木海洋。事實上，樂高積木到處都是——放銀製餐具的抽屜裡、沙發軟墊下，還藏在盆栽植物的根底下。有一次，我的印表機故障，結果修理人員確認問題是一個樂高小玩偶卡在菊輪後面。

尼克坐在早餐桌旁等著吃鬆餅，頭頂的牆上貼著一排他的畫作。他同時用一枝粗短的紅色鉛筆在一張畫線紙上寫東西。「我們昨天在學校自己做披薩。」他說。「我們可以選巧達乳酪或別種乳酪。嘿，你知道怎麼拼『吼』這個字嗎？他們說傑克親了艾蓮娜，然後所有小朋友都說『吼——』。你知道貓頭鷹的頭可以轉一整圈嗎？」

我把令人失望的普通尺寸的鬆餅放到他面前。他把楓糖漿倒上去，一邊做音效——「咿呀！熱岩漿來了！」——同時我忙著幫他帶午餐，包括一個花生醬三明治、一個果醬三明治、紅蘿蔔條、一個蘋果、一塊餅乾，還有一盒果汁。

他換好上學的衣服。在綁鞋帶時，他哼著〈小小一隻蜘蛛〉的兒歌。我們快遲到了，所以我催他快點，於是他很快坐到車子的後座，對著他的爸爸熊玩偶吐口水。

「你在幹什麼？」

「他掉到泥坑裡去了。你搔我的膝蓋好不好？」

我伸手到後頭，用手指搔他的膝蓋窩，讓他歇斯底里地笑起來。

「好了，好了，不要搔了。我只是想記起來被搔癢的感覺！」

尼克改變話題，問他在學校裡可不可以不要學西班牙文，改學克林貢語。

「為什麼要學克林貢語？」

「這樣我才不用看《星艦迷航記》的字幕。」

當我把車停在學校前時，距離鐘聲響起還有幾分鐘。我每天最大的成就是準時送他到學校，但是今天有點不對勁。其他的車子呢？成群結隊紛紛抵達學校的孩子們，和迎接他們的老師們呢？我忽然醒悟過來。今天是星期六。

∞

我不相信前世因果的想法，但我後來逐漸相信約翰．藍儂在他的歌〈現世報應〉所說的，這輩子的因果報應。它基本上是指我們會在「這」一世就嚐到自己種下的果——也解釋了我應得的懲罰，讓我女朋友做出我對我妻子做過的事（但她其實不像我那麼活該受譴責；當她跑到南美洲去時，是跟一個幾乎可稱為陌生人的人。）我當然備受打擊，而尼克不只要忍受我的絕望，還要忍受我在可悲的許多個月後終於恢復正常時，所交往的某些方面很有天分、卻不適合擔任母親的女朋友。就像《艾迪父親的求愛》那部電影的內容，只是艾迪從來不曾在進廚房吃早餐時，遇到一個穿著和服的女士在吃他的「幸運符穀片」。

「你是誰？」尼克問。他拖著腳步走進光線明亮到刺眼，地上鋪著黑白格子油布氈的廚房。他穿著他的睡衣和芝麻街玩偶奧斯卡拖鞋。他問問題的對象是一個滿頭鬈髮如火山爆發的女人。她是一個藝術家，最近的一次展覽包括用手工染色處理，她自己身體私處的影印圖片。

她自我介紹，然後說：「我知道你是誰。你是尼克。我聽了好多關於你的事情。」

「我沒有聽過關於你的事情。」尼克回答。

一天晚上，尼克跟我在契斯納街的一家義大利餐廳跟另一個女人一起吃晚飯。這個女人有一頭金色鬈髮和一雙深綠色的眼睛。我們到目前為止的約會內容，包括了跟尼克在「濱海綠地」玩飛盤，還有一次星期天在舊金山看巨人隊的比賽，而尼克在比賽中還搶到一個界外球。吃完晚餐回到公寓後，我們三個一起看了老音樂劇電影《T博士的五千根手指》。我在尼克的臥室裡讀故事書給他聽，直到他入睡。她則在客廳裡翻閱雜誌。

通常我都會注意把臥室的門鎖上，但這次我忘了。早上時，尼克爬到我床上。他發現了那個女人，與剛清醒的她四目相接，他問道：「你為什麼在這裡？」

她很聰明地回答：「我在這裡過夜。」

「喔。」尼克說。

「就像你到朋友家過夜一樣。」

「喔。」尼克又說。

我把尼克送回房間去換衣服。

之後我試著對他解釋，但我知道我犯了很嚴重的錯。

之後沒有多久，我就明白了我的單身漢兼父親的生活方式對尼克而言恐怕不太好，因此我決定暫停約會。我決心不再重蹈覆轍，再犯那些導致我離婚和其他關係破裂，令人無地自容又極度痛苦的錯誤，並從此進入單身、反省，和治療的時期。

我們的生活也變得比較平靜。

週末的時候，我們會在安巴卡德羅區附近散步，或爬上電報山的科特塔；搭纜車到中國城去吃廣式點心和玩鞭炮；跟我們的鄰居，尼克非正式的教父們，去卡斯楚戲院看電影，在電影開演前看一個琴師用鍍金的老風琴演奏〈邊工作邊吹口哨〉和〈舊金山〉等有名的曲子。我們也會搭郊區火車到柏克萊，走過電報大街，注意一些常見的場景，例如那個衣服上別了好幾片土司的女人，和那個一覽無遺的裸體男人若無其事地走過面前。

平常日的晚上，尼克做完功課之後，我們會一起玩遊戲。我們經常一起煮飯和看書。尼克很愛書：《時間的皺紋》、柯南．道爾的偵探小說，《邊緣人》、《哈比人》。一天晚上，在尼克的許多個「非生日派對」上——自從我們讀了《愛麗絲夢遊仙境》和《愛麗絲鏡中奇緣》之後，非生日派對就大受歡迎——我們把餐桌布置得很正式，把絨毛動物玩具放在座位上。我們跟這些玩具一起用餐，像蘇丹一樣盤坐在枕頭上。

一九八九年某個夏日夜晚，我在一個朋友的晚餐宴會上，看到對面坐著一位來自曼哈頓的女士。她來馬林郡看她爸媽。一頭深棕色頭髮，穿著簡單黑色洋裝的凱倫是個畫家。她也寫童書，幫童書畫插畫。凱倫說她明天就要飛回紐約，我提到我下星期要去那裡做一場訪談。我們之間出現尷尬的沉默。坐在我附近的朋友遞給我一張紙和一枝筆，在我耳邊低聲說：「跟她要電話。」

我要了。

第二天我打電話到她父母家去。我聽到她要她母親說她不在家，但她母親不理，把電話遞給她。

好，她說，她會在我到紐約時，跟我見面。

我們第一次謹慎的約會是在一個朋友在上城東區的派對上。派對上播放著英國樂團「年輕善良食人族」的音樂，服務生端著香檳和小點心的大盤子，穿梭在賓客間。派對之後，雖然那天晚上天氣悶熱，我卻陪她走過整個曼哈頓，回她在市中心的家。這段路走了好幾個小時，中間我們從沒有停止交談。每次我們遇到一間整夜營業的小雜貨店，就買冰棒來吃。我們在她家門口道別時，天空已經破曉。

凱倫跟我以電話和信件保持連絡。我們在她來探望她父母，或我到紐約出差時見面。大約過了六個月之後，有一次她來舊金山時，我把她介紹給尼克認識。她拿她畫的書給他看，然後他們一起畫漫畫畫了好幾個小時。他們連續好幾天在長長的防水紙上畫畫，描繪出細緻漂亮的公園場景，裡頭有身材圓滾滾，坐在長椅上吃鮪魚三明治的發牢騷先生；瘦巴巴的麵條先生和他的麵條寶寶；假髮先生；沒身體先生跟太太（他們沒有身體）。

在鄰近世貿中心，沒有電梯的五樓公寓住了六年之後，凱倫決定搬來舊金山，跟我們住在一起。或許因為她現在顯然會長久地留下來了，所以尼克只是想討好他生命中的這個新勢力，但無論如何，他寫了一篇關於她的報告交給老師，在裡面說明說：「她住在一間很大的公寓裡，在一家叫做火腿天堂的餐廳上面。她的公寓很酷，你可以在屋頂上放鞭炮……她決定回來舊金山，跟她新的家人在一起，就是我爸爸、我，跟她。」

不久之後，為了有個後院，我們在金門大橋對面的蘇沙利多租了一棟房子。我們的房子被譽為鎮上最古老的房子之一。這間搖搖欲墜、會漏水的維多利亞式房子裡頭比外頭溫暖，但差別不大。為了彌補這點，壁爐裡的火總是燒得很旺，我們則整夜都窩在厚重的棉被裡。我們三個還會裹著羽絨外套到岸邊看退潮時留下的水窪，或搭渡輪過海灣，經過阿爾卡茲島，到舊金山去。我們跟另一家人輪流開車送孩子到城裡去上學。現在已經上四年級的尼克在地方上的小聯盟球隊打球。凱倫跟我經常去幫他加油。他穿著綠色的勇士隊棒球裝，戴著棒球帽，是個全神貫注、鎮定沉穩的二壘手。其他男孩子會嘻鬧，但尼克則一本正經。他的教練告訴我們，尼克是個領袖人物，其他孩子會聽他的話。

父母親通常都會對自己的孩子讚不絕口，但是認識尼克的人都會說他充滿幽默感、創造力，會讓身邊的人都感染到生活的樂趣。尼克經常在無意間成為眾人注意的焦點，不論是在學校的話劇裡或晚餐派對上。有一天，一位選角導演到他的學校，觀察在遊戲場上玩的小孩子們，然後訪問了他們其中一些人。那天晚上，她打電話來家裡，問我是否願意考慮讓尼克參與一個電視廣告演出。我跟尼克討論後，他說聽起來很有趣，所以我同意了。他可以花掉一百元報酬中的十美元，但剩餘部分我們用他的名字開了一個大學學費帳戶。

這支為一家車廠拍攝的廣告，一開場是一群孩子圍成半圓，坐在一個幼稚園教室的地板上。他們的老師坐在一張小朋友的椅子上，讀故事書給他們聽，然後闔上書，放在腿上。

「那麼，小朋友，」她說，「『迪克和珍妮』的故事告訴我們什麼？」

一個綁著辮子，大大藍眼睛的小女孩說：「房子就是媽媽。」

在一連串類似的評語之後，一個深色頭髮，神情嚴肅的男孩子問：「那史巴特呢？」

尼克舉手，老師叫了他。

「尼可拉斯？」

「史巴特是本我，是動物本能，要尋求解放。」

一個棕色大眼睛，綁著蓬鬆馬尾的女孩翻起眼珠，聳聳肩說：「尼可拉斯最愛說佛洛依德。」她一隻手撐著下巴，一臉不悅。

最後一幕是孩子們放學時。他們衝出建築物，跑向父母在門口排成一列的車子。尼克跳進一輛喜美車的後座，而他母親問：「尼可拉斯，今天在學校有什麼事嗎？」

他回答：「喔，沒什麼特別的。」

這則廣告開始播放一個月或兩個月後，我們去看電影。一個穿著皮夾克皮褲和黑色摩托車皮靴，衣褲上釘著飾釘的男人認出了尼克。「喔，天哪。」他指著他尖叫。「你是尼可拉斯！」

五月時，凱倫跟我在她父母家的陽台上，玫瑰和九重葛的花叢下結婚了。現在已經九歲的尼克，細瘦的手臂和脖子從短袖牛津襯衫中伸出來，顯得相當緊張，儘管我們一直安撫他。但第二天早上，他似乎如釋重負。「所有東西都一樣。」他說著，看看我，看看凱倫，看了一下房子各處，然後又看向我。「真是奇怪。」

「艾美小姐，她是個卑鄙的老巫婆。繼母都一樣。」美國劇作家楚門．卡波提總結了大多數人對繼母的觀點。這不是什麼新鮮的看法。古希臘作家尤里庇底斯就寫道：「寧當僕役，不當後母。」但是凱倫和尼克越來越親近。是我選擇性地睜一隻眼閉一隻眼嗎？我希望不是；我也認為不是。他們仍然一起畫畫。他們總是「合作畫畫」，也就是一個人加點東西，然後另一個人再加點東西，輪流進行。他們會一起看藝術作品集，討論藝術家。凱倫帶他去美術館，讓他坐在地板上，把畫板放在腿上畫畫。在畢卡索、二次戰後美國抽象畫家艾莫．畢謝夫，和德國藝術家西格瑪．波克的作品啟發下，他狂熱地做了許多筆記，還有畫素描。

她教他法文——在他們一起在車上時，拷問他的法文字彙——而他們討論共同喜愛的書、他班上的同學、電影，尤其是有彼得．謝勒和萊斯里．尼爾森的電影、有探長克魯梭角色的頑皮豹系列電影、《空前絕後滿天飛》、《站在子彈上的男人》及其續集時，內容總是讓人忍俊不住。不知道為什麼，他們連續四天晚上想看完《波莉安娜》，但每次都因為太睏而把電視關掉。到第五天晚上，他們終於看完了。從此以後，這部電影就成為他們共通的語言。尼克會模仿劇中飾演波莉安娜朋友的艾格妮絲．摩海德說：「凱倫，你有個塞住的小鼻子。」

尼克一直要我玩一個叫做「街頭戰士」的電動玩具，但是我很快就厭倦了那些打人、撞頭、咬人的動作。可是凱倫卻很喜歡玩，而且很厲害，還會打敗尼克。她也很喜歡尼克的音樂，而且從來不會跟我一樣，叫他把音量轉小一點。

凱倫跟尼克會互相逗弄對方。毫不留情。有時候她會逗得太凶，逗到他生氣。我們出去吃飯時，他們一定會點奶昔。他會慢慢享用他的奶昔，凱倫卻會很快喝完自己的，然後想偷喝尼克的。

他們會玩一種文字遊戲，然後笑到樂不可支。

凱倫說：「大衛……」

尼克說：「有……」

凱倫說：「一個……」

尼克：「猴子……」

凱倫：「屁股。」

我從雜誌裡抬起頭來。「很好笑。」我說。

尼克說：「對不起。那裡……」

凱倫：「有……」

尼克：「一個……」

凱倫：「男人……」

尼克：「他……」

凱倫：「剛……」

尼克：「說……」

凱倫：「大衛……」

尼克：「有……」

凱倫：「一個……」

尼克：「猴子……」

凱倫：「屁股……」

他們會一直玩這個遊戲，跟同樣遊戲的不同版本。我只能吹鬍子瞪眼睛。

凱倫工作很重，也抗拒做母親的職務，但是她開始會偶爾開車送孩子上學，有一天晚上還做了烤肉塊當作晚餐。但味道很可怕，尼克根本不肯吃。凱倫也開始叫尼克把餐巾放在腿上，讓他很生氣。她叫他幫忙做家事，還雇用他殺花園裡的蛞蝓。每殺一隻蛞蝓，他可以拿到十分錢。尼克把蛞蝓鏟到鏟子上，然後把牠們丟到森林裡。

尼克用西班牙文的媽媽或小媽媽叫凱倫，或用她的姓名縮寫叫她ＫＢ（她則用蘇聯衛星的名字叫他「史普尼克」）。但是凱倫承認這對她而言不是自然而然的關係。有一次，她跟尼克，還有她母親南希在車子裡，尼克又累又不開心，雖然沒有什麼明確的理由，還是哭了起來。凱倫很驚訝，問南希說：「他怎麼了？」她回答：「他是小孩子，小孩子本來就會哭。」還有一天晚上，他們一起在她父母家，凱倫注意到，他們圍著看電視時，南希把尼克拉靠近她，搓揉他的背。他似乎非常開心滿足。凱倫告訴我這件事，似乎覺得這是很重大的啟示。她說剛開始尼克對她而言，感覺很陌生，因為她從自己長大之後，就再也沒有跟小孩子在一起過。「我從來沒預料到這一切。」她說。「我完全沒概念。我以前不知道我錯過了什麼。」

但她並非永遠都有這種感覺。有時候尼克很沒禮貌——對我也是——但是更大的問題是伴隨著繼母的身分而來，無法排除的困難。有時候凱倫會說她真希望自己是尼克的親生母親，但她很清楚事實上並不是。尼克有自己的母親，他愛她，全心忠於她。凱倫經常被提醒繼母還是不同於母親。她有許多母親的責任，卻沒有母親的權威。有時候她責罵尼克把手肘放在餐桌上時，我會保持沉默，但是雖然我總是鼓勵她儘管說出自己的想法，我還是經常拯救他。「他的禮貌沒問題。」我會堅持，但隨即發現我又否定了她。對尼克而言，最難受的可能是他會有罪惡感，覺得不該跟不是自己母親的人有這麼親密的關係。根據凱倫放在床頭的許多本如何當繼父母的書，這種問題似乎是很常見的。

有時候我們所有人都會強烈意識到少了維琪的缺憾。當尼克想念她時，打電話會有幫助，雖然聽到她的聲音之後，他可能會更難過。我們鼓勵他盡可能多去找她，並且只要他想，隨時都可以打電話給她。我們也試著讓他多談關於這件事的感覺。這是我們唯一能做的。

我感覺到尼克正在經歷一陣陣斷續的蛻變，彷彿他心底正在進行一場拉鋸戰。他還是抱著他的螃蟹跟貓熊絨毛玩具，但也在牆上貼了一張「超脫樂團」的海報。雖然他仍經常違抗大多數人的習慣和品味，但也越來越屈服於同儕壓力。他開始嘗試前青春期神祕兮兮的行徑，也經常穿著破爛鬆垮的大毛衣，以及鏗噹作響的馬丁大夫鞋拖著腳走路。他的瀏海像科特．柯本一樣蓋在眼睛上方，還開始自己染頭髮。我容許這一切，但其實擔心自己做得對不對。同時我也會強迫他剪頭髮，雖然他會因此對我很憤怒。我會衡量各種因素的相對輕重，選擇哪些領域值得奮戰。尼克偶爾會心情不穩定，但並不比我們認識的其他孩子更嚴重。他有幾次受到學校輕微的懲戒——例如因為在筆記本上寫「蘇菲亞是爛人」（蘇菲亞是他們班上一個任性頑固的女孩子）而受罰。還有一次他必須為了擾亂西班牙文課的秩序而寫一封道歉信。一位老師還曾在他的成績單上寫到他「快速萌發的和善與慷慨性情」，並且在結論中說：「我期待看到他肯定會帶給這個世界的許多禮物。」

3

現在位於雷斯岬半島上，金門大橋北邊一小時車程的茵莫尼斯鎮，幾百萬年前其實是位於南加州。這片箭形的陸地仍然不疾不徐地持續以每年約一英寸的速度，悄悄往北前進。茵莫尼斯和它周圍的山脊、丘陵、谷地，與綿延數英里的牧場和海岸線，再過一百萬年，就會變成漂在華盛頓州海岸旁的一座島嶼。

茵莫尼斯跟大陸之間，間隔著十二英里長的托瑪尼斯海灣，在聖安德里亞斷層正上方的海中，切出一道曲折的線條。或許是因為海岸被淹沒在海水中，這裡隱約透露著一種透明與脆弱的感覺——還有一種與世隔絕的優雅。

雷斯岬位在大陸這一邊。鎮上有一間雜貨店、一間汽車修理廠、兩間書店，和擅長料理當地特色食材的餐廳——有機的、放養的，和吃自然牧草的食物來源。在牧羊女乳品店裡，圓筒狀的乳酪都是用鄰近的史特勞斯家族酪農場的牛奶所製造。托比美食穀倉則匯集了當地的特產：乾草、薰衣草浴鹽、鮮榨橄欖油、給狗吃的豬耳朵點心、史特勞斯家的法式鮮奶油，和小狗的驅蟲劑。街底還有一家理髮店、一家熟食店、房地產仲介辦公室、一間五金店，跟一間郵局。

這裡的人口組成很多元，包括許多從拉丁美洲和墨西哥大舉遷來的第一代和第二代移民家庭；逃離好萊塢的人；優秀的工匠、建築工人、櫥櫃木匠、泥水石匠；漁夫跟牡蠣養殖業者；跟老去的嬉皮（這個鎮上還有一間染布衣飾店）。這裡的居民還有前高科技業主管、老師、藝術家、牧場主人、農場工人、夏天度假遊客、週末度假遊客、騎馬的人、按摩師、各種派別的治療師、環保人士，跟一間不拒收任何病人的診所。有少數幾個難相處的老人家，和新一代的麻煩人物。事實上，有些當地人雖然樂意擁抱多元文化，但如果你帶棒球場裡的熱狗——不是豆腐熱狗——去參加社區聚餐，就可能從此迴避你。但另一方面，這裡也有極為活躍的社會良知運動——會有婦女做和平的脫衣抗議。另一方面，如果你不小心闖入一些當地人宣稱是他擁有的藍莓園，就可能遭到言語辱罵。但大致而言，雷斯岬站還是瀰漫著慷慨寬大的人情味。

凱倫在茵莫尼斯有一間位於花園中的小屋，離鎮上不遠。那時候，我們都會盡量待在那裡。而我們待得越久，就越欣賞這個社區彷彿停在過去的感覺，以及周圍大自然驚人的美景。我們經常拖著老獨木舟來到造紙廠溪。這條河像一條銀色的緞帶，披掛在牧草地上。我們划著獨木舟經過河流中的水獺，在漲潮時候，划到海灣旁一個隱蔽的河流入海口，在這裡上岸野餐，在石灘上尋找米瓦克印第安人留下的箭頭。我們在國家海岸公園和州立公園裡，交錯縱橫的小徑上健行，看到億萬花朵在春天盛開。草地在盛夏時被烤成金黃色，黑莓也在此時成熟，綻放的藍色鳶尾花美得令人屏息。到了冬天，我們則會裹上厚重外套，冒著雨在州立公園健行，或到北灘或南灘，看太平洋高達二十呎的海浪，還有遷移到南方的灰鯨。

事實上，這座半島的三面都被最原始、最壯麗的海岸線圍繞。在此之前，尼克很少願意去海邊——他不喜歡弄得全身都是沙子——但很快地，他變成一有時間就跑到海邊或海裡去。我們會開車到麥克克魯爾海灘，途經大片大片的黃色芥菜花田，去玩微小的浪。我們沿著海邊走到露出的岩石上，在濕滑的石頭上保持平衡，看著海浪碎裂，同時在潮水留下的水窪裡尋找淡菜、海星、海葵跟章魚。尼克看著凱倫在里曼圖爾海灘，潛入十二月中冰冷的海水裡。他也跟著跳進去。他們抓著一把海草互相揮舞。他出來的時候，全身都抖個不停。托瑪尼斯海灣則比較溫暖。凱倫跟尼克一起游泳時，會跟他玩一個遊戲，用背把他頂起來，摔到水裡面去。在德瑞克、史汀森，和波利納的沙灘，尼克則會玩從沙灘上直接入水的滑板。他也試過趴板，接著就是衝浪板。他在板子上看起來就像天生好手。他衝得越好，就越喜歡去。我們在海裡度過了許多最棒的時光。我們會仔細注意浮標位置和氣象報告，只要一漲潮，海岸附近起風時，就會往海邊去。尼克在海灘上幫板子上蠟，皮膚被陽光曬成古銅色，身材纖瘦又健壯。他脖子上戴著橘色的珠鍊，四肢瘦長柔軟，雙手曬成棕色，指甲髒污，同樣曬成棕色的雙腳顯得細瘦。他淺色的眼珠上蓋著濃密的黑色睫毛。他一穿上黑色的潛水衣，就像一隻海豹一樣。

在西馬林郡的誘惑下，我們在茵莫尼斯山腰花園裡蓋了一間房子和一間繪畫工作室，並在秋天來臨前搬進去。尼克將在此時轉進新學校讀六年級——他很驚慌恐懼。

他第一天上學後，我們圍坐在一張方形紫色餐桌旁的高背餐椅上。尼克說他覺得他最後還是會喜歡這間學校。「我們老師問說：『哪些人討厭數學？』」尼克說，「幾乎所有人都舉手了，我也舉手。她說：『我也討厭數學。』然後她露出一個微笑，說：『等我教完你們，你們就不會再討厭數學了。』」

他接著說很多同學好像都很好。他說，我們送他進學校之後，他走在走廊上，忽然聽到有一個男孩子叫他：「尼克！」

他抬頭看。

「我好興奮，但是我馬上就想到他可能是在叫別人，我卻像個白癡一樣對他揮手。可是結果沒錯，他是在叫我。他在我去參觀學校時看過我。」

第二天放學後，尼克報告說，又有另一個男孩子說他是他的朋友。「這個紅頭髮的男生在體育館拿了一支曲棍球桿給我，可是另一個同學說：『那支是我的，我先看到的。』結果這個紅頭髮男生說：『這是給我朋友尼克的。』」

這段時間，尼克經常穿著褲腰落在臀部的褲子，和主教合唱團或超脫樂團的T恤，看起來很酷，並常常一副青少年駝背沒精神的姿勢，頭髮則帶著紅橘色。但基本上他只有一個野心，就是每天回家時可以說：「爸，我今天又交了兩個新朋友。」

某個星期五，一些孩子來家裡參加派對。我們開車到史汀森海灘去，他們就在那裡玩畫沙子和踢式壘球，尼克還教他們玩水上滑板。他們的前青春期彆扭很快消失，而像幼小的孩子一樣自在地大笑，在沙灘上翻滾扭打。天黑前，我們開車回家，他們就在家裡玩扭扭樂跟「真心話大冒險」，問一些大膽的問題，例如，「你覺得絲凱可愛嗎？」（尼克確實覺得她可愛：她是個大眼睛的棕髮女孩，他一提到她的名字就會臉紅。他常在晚上跟她講電話，有時候一講就是一小時以上。）還有「在蝙蝠俠跟綠巨人決一死戰時，誰會贏？」大冒險則包括咬一口超辣墨西哥辣椒，和親吻一個芭比娃娃。他們吃披薩和爆米花當晚餐，他們的父母十點來接他們回家。

凱倫跟我會去參觀學校的美術展覽和戲劇表演。尼克在《第十二夜》中飾演女主角薇娥拉，還在《我們的小鎮》飾演主角喬治．吉柏。家長也應邀來聽學生對其他國家的口頭報告。尼克被分配到玻利維亞。他在自製的展示地圖板上指出這個國家的位置，描述了它的歷史、地形、農業，和國內生產毛額後，表演了他自己寫的一首歌。「利維亞，喔，利維亞。」他唱著，「南方的首都拉巴斯，玻利維亞。我的利維亞。」他用吉他幫自己伴奏。

他畫了一系列漫畫，主角的名字是復仇者超牛，內容是傳達關於營養的知識。他為了一項自然科學的作業，在我們的浴缸和淋浴間裝上了水桶和尺，測量泡澡和淋浴用的水量。（淋浴環保多了。）在另一項科學實驗計畫中，他用浸滿了油的羽毛測試家用清潔劑和溶劑的效果，以便知道在發生漏油事件時，什麼東西最能清潔海鳥的羽毛。最後勝出的是多芬洗碗精。他還用烤箱烤蘋果，隔著烤箱玻璃記錄蘋果分解的過程，然後從蘋果的觀點寫了一篇報告。「我正在脫水。我嘆息：『哈囉？有人在外面嗎？有人聽到我的聲音嗎？這裡面變得好熱……』」

我們和鄰居輪流開車，每天早上和下午在學校和波特萊爾站之間接送孩子。輪到我開車時，我有時候會教育尼克和其他孩子認識范．莫里森和英國流行樂團「奇想樂團」的作品，以及傑曼．考柯南[5]、吉米．佩吉[6]、傑夫．貝克[7]、羅賓．特勞爾、杜恩．歐曼和朗尼．范．贊特的吉他獨奏。（我鼓勵他們假裝跟著彈。）尼克也經常跟朋友玩凱倫發明的抱怨遊戲。尼克會模仿《新婚遊戲》裡的主持人鮑柏．歐班克，詳細說明規則。參賽者會根據他們吐露的心事，被給予一到十分的分數。這些孩子通常都是抱怨自己討厭的兄弟姊妹、學校裡的壞蛋、沒同情心的老師，和跟惡魔一樣的父母。平淡的抱怨只會得到中間的分數。承認你看了一部恐怖電影，裡面有青少女被刀子刺死，還有一個男人被活埋，之後就一直做噩夢，則得到八分的高分。一個女孩子講到有一次她被父親綁架，結果獲得鼓掌喝采，得到十分。還有一個男孩子也因為憤怒譴責他母親強迫他跟著連續四任繼父，搬到八個城市，而得到十分。一連聽了好幾個月這樣的故事之後，一個女孩子在輪到她時抱怨：「我太普通了。我爸媽都沒有離婚過，我一直住在同一間房子裡。」其他孩子給了她同情的十分。

凱倫去人道救援協會尋找小狗時，愛上了一隻渾身臭味，眼神悲傷，餓得皮包骨的獵犬。牠腳掌交叉地趴在狗舍的水泥地上。她把取名叫「月光狗」的這隻獵犬帶回來，同時也帶回一隻巧克力色拉布拉多小

5 傑佛森飛船的吉他手。
6 齊柏林飛船吉他手。
7 藍調傳奇搖滾吉他手。

狗，被我們命名為布魯特斯。月光狗從來不曾住在人的家裡，因此會在地板上撒尿，咬木頭家具。牠在家裡到處破壞，每次有車子經過或有人來到門口，就大聲吠叫。牠還會對吸塵器高聲嚎叫。布魯特斯則像隻兔子似的，在草叢裡跳躍。

每個星期三，我們都會帶著狗到凱倫父母家吃晚餐。南希和唐恩住在一間用木板和木條建造的，穀倉般的屋子裡。他們家位於森林蓊鬱的峽谷邊上，距離茵莫尼斯半小時車程。主廳非常空曠通風，有一扇二十四呎高的單片玻璃門可以推開。兩邊牆上從地板到天花板的書架堆滿了關於貝殼、石頭、樹木，和鳥類的書。牆上也掛了他們三個孩子的肖像畫（五歲左右的凱倫有大大的棕色眼睛，和用髮夾夾起來的深色頭髮）、大型海膽標本、白蠟裝飾盤子，和畫著一隻土撥鼠的一幅畫。

唐恩是退休醫生。凱倫小時候常在車子裡等他的到府看診結束。唐恩在階梯狀的花圃裡種番茄和南瓜，但他大部分時間都待在二樓的辦公室做他現在的工作，審閱新藥物效果的研究報告。

跟他結縭超過五十年的南希每天都在花園裡忙碌。她有一雙灰色的眼睛，留著及肩的銀白色頭髮。她充滿活力，體態健美，溫柔又有威嚴。

南希和唐恩的孩子住得最遠的也不過在舊金山，而且不論是哪天下午，都有可能看到他們其中一人或更多人坐在廚房桌子旁，喝著重新熱過的咖啡，吃著一大盤餅乾，跟他們的母親聊天。

每週一次的週三晚餐都是熱鬧吵雜，令人難忘的夜晚。在場的除了南希、唐恩、他們的三個孩子和孩子的家人，偶爾還有其他客人，以及在我們旁邊團團轉的一群沒禮貌的狗兒，占據著最舒服的沙發，趁人不備時偷走餐桌上的食物。

在這些晚餐時間，南希經常轉述她在報紙上或電視新聞上看到的各種恐怖新聞，包括有毒的床墊；小孩子受到性騷擾；青少年自殺；下毒事件；超市購物車把手充滿細菌；鯊魚攻擊人；車禍；有人觸電死亡等——但絕大多數還是各式各樣兒童不幸死亡的故事。她告訴我們一個女孩子在游泳時憋氣太久而溺死。她說米爾谷有一棵樹倒下來，不偏不倚地砸爛了一個男人的車子，讓他當場死亡。她還講到根據新聞報導，兒童憂鬱症、飲食失常，以及吸毒的比例都在急遽上升。「一個女孩子因為頭髮被捲進浴缸排水孔，而在浴缸裡淹死。」她有一天說。「我只是想告訴你們，你們才會小心一點。」

這些警告是想讓我們提高警覺，但你根本不可能對任何可能的災難作好準備。安全至上是一回事，但恐慌毫無用處，而太過謹慎可能讓人窒息。無論如何，壞消息還是跟餐桌上的迷迭香醬汁一樣源源不絕。

一九九三年十月的某一次週三晚餐時，懷孕七個月的凱倫跟我，還有她的父母跟兄姊，一起坐在廚房桌子旁。尼克在外面跟布魯特斯一起玩。這時候南希轉述了最新的可怕消息。發生地點是在茵莫尼斯以東，車程半小時的佩他魯曼。一個十二歲的女孩子從臥室中被綁走。她那時正找了朋友來家裡開睡衣派對，她母親也在家。

一天之內，留著棕色長髮，眼神溫柔的波麗．柯拉斯的照片已經貼在鎮上每一間商店的櫥窗，和每一根電線桿上。一個精神異常的嫌犯很快被逮捕。他帶警方找到波麗的屍體。我認識的所有家長都對波麗的死感到難過，也都把自己的小孩看得更緊。

跟尼克共乘車子的孩子們熱烈討論這件謀殺案。一個女孩子說她一定會尖叫跑掉。另一個女孩說她絕對叫不出來。「那個人是巨人，他有七呎高。」尼克沉默了一會，然後說：「你一定要尖叫，一定要跑。你一定要努力逃走。」一個男孩子說還有一個共犯。「那個人綁架她，是要把她賣給兒童賣淫集團。」然後都沒有人說話，直到尼克問說，那個人是不是真的有七呎高。那女孩說：「七呎八吋。」

我們做家長的談論孩子晚上做噩夢，翻來覆去，而孩子們則用他們在學校聽到的笑話來回應。但他們在車上轉述的笑話，不一定都跟波麗．柯拉斯有關。

「傑佛瑞・戴莫的媽媽說：『傑佛瑞，我真的不喜歡你的朋友，』於是他跟她說：『沒關係。你把蔬菜吃掉就好了。』」

尼克從來不看報紙，也不看新聞，但是你不可能過濾掉這些令人不安的事件，因為孩子們——在共乘的車裡，在遊戲場上——都在討論這些事。

∞

傑斯柏在十二月初誕生。

南希和唐恩帶尼克到醫院來看剛出生幾小時的小寶寶。傑斯柏當時眼睛很腫，因為他們在他眼睛裡點了某種藥水。尼克坐在凱倫床邊，一張粉紅色坐墊的椅子上，抱著用毯子包得像墨西哥捲餅的小寶寶。他盯著小嬰兒看了許久。

我們很容易忘記小嬰兒剛出生時有多麼幼小，多麼脆弱。回到茵莫尼斯的家裡之後，當傑斯柏在睡覺時，我們總會去察看他有沒有在呼吸。他的存在似乎只是暫時的，我們擔心他可能瞬間消失。

我們盡全力讓尼克容易接受這個轉變。他似乎很喜歡跟傑斯柏玩，似乎對他很著迷。是我在粉飾太平嗎？或許吧。但我確實知道這對他而言很複雜。即使在最好的情況下，對於之前婚姻的孩子而言，第二個家庭總是有點可怕。我們設法讓尼克安心，但他一定會懷疑這個新來的寶寶，會怎麼樣改變我們的生活。

我跟凱倫變得更累。傑斯柏很抗拒睡覺，但在車上就會昏睡過去，因此我們經常載著他在附近繞來繞去，讓他睡著。但除此之外家裡並沒有太多改變。尼克跟我，通常還有他的朋友，一有時間就會一起去衝浪。我們也會一起彈吉他，聽音樂。一九九三年的新年除夕，當我想盡辦法弄到超脫樂團在奧克蘭大體育館的演唱會門票時，我安排了讓尼克從洛杉磯飛回來。那是一個令人難忘的夜晚。科特・柯本的表演真是著魔一般的精湛絕倫。他唱道：

我跟他們不一樣，
但我可以假裝。
太陽已經落下，
但我還有燈光。
白日已經結束，
但我正在狂歡。
我的心破碎了，
但我還有膠水。
幫助我吸氣，
跟你一起修補。
我們會飄浮四方，
凌駕雲霧之上。
然後我們墜落，
宿醉理所當然。

三個月後，尼克、凱倫，跟我坐在客廳，天藍色的壁紙被框在浸油處理過的紅木牆板邊框中。客廳裡家具很少，只有成對的兩張沙發，披上凱倫在舊貨店找到的中國製長條絲綢布料，還有花色不一致的靠枕。我們看著在小被子上的傑斯柏。他翻身，面朝上，想要爬，但根本動不了。最後他終於翻到正確的姿勢，四肢著地，然後他氣呼呼地噴氣，前後搖晃，接著大哭起來。等他終於開始爬行時，是像螃蟹一樣橫向移動。

第二天早上，尼克像平常一樣去上課。但是他放學回來時，我從他的表情就知道他很難過。他把背包丟到地上，抬頭看著我，告訴我，科特．柯本對著自己的腦袋開槍自殺。我聽到尼克房間傳出柯本的聲音。

我覺得很難，很難找到。
喔，算了，隨便，誰管它。

暑假後，尼克升上七年級。安．拉莫特（Anne Lamott）在《幽默與勇氣：一個單親媽媽的育兒日記》中寫道：「七年級和八年級，對我，還有我認識過的每一個善良有趣的人而言，都是聖經作者在寫『地獄深處』這個辭彙時，所指的意思。任何一點覺得自己基本上還不錯的微小感覺，在此時都會蕩然無存。你不可能不錯。每個人突然都會成為攝影師黛安．阿巴斯鏡頭下的邊緣人。這個時期是《希特勒的春天》，而且是希特勒還在德國時。」父母在這時候除了擔心典型的前青春期尷尬和無情以外，還有其他更多事情要操心。我認識的一位中學校長告訴我，她不知道是怎麼回事，但她的學生狀況確實會比以前更糟。「我簡直不敢相信他們對自己和對彼此所做的事。」她說。在一項一九四〇年對公立學校老師所做的調查中，名列前茅的管教問題包括頂嘴、嚼口香糖、在走廊上跑步、違反服裝儀容規定，和亂丟垃圾。但在五十多年後的現在，問題已經變成藥物和酒精濫用、懷孕、自殺、強暴、搶劫，和暴力攻擊。

尼克到了七年級時，似乎都還很喜歡跟傑斯柏玩。傑斯柏說的第一個字是「鴨鴨」，接下來則是「上面」、「香蕉」、「狗狗」跟「尼克」。同時尼克也發現了家裡有個小寶寶的好處。一堆跟他同年級的女生會被傑斯柏吸引過來。他們會來家裡跟他玩——抱著他到處走，幫他穿衣服打扮。尼克很滿意自己一副妻妾成群的樣子。

但是尼克對於同車上下學的孩子越來越沒興趣，空閒時間反而更常跟一群理平頭、溜滑板，成天談論女孩子但不採取任何行動的男孩子在一起，聽音樂：槍與玫瑰、金屬製品合唱團、主教合唱團，和吉他手吉米．罕醉克斯。一如往常，尼克的品味折衷又流行，而且反覆無常。他對於某些發現似乎永遠不會厭倦——碧玉、湯姆．威茲、大衛．鮑伊等——但除此之外，他則喜歡最流行的音樂，但隨即又喜新厭舊。等一個樂團——從威瑟合唱團、布萊恩．梅倫、後裔合唱團、到年輕歲月合唱團，在他們出了一張暢銷專輯時，他就已經揚棄不聽，轉而欣賞懷舊的、晦澀的、超現代，或者就是莫名詭異的音樂，名單包括了一九二〇年代的爵士薩克斯風樂手約翰．柯川、波卡舞曲選輯、老電影《秋水伊人》的電影配樂，前衛爵士音樂家約翰．佐恩、法國饒舌樂手索勒、法國創作歌手賈克．布萊爾，或者像最近這段時間，他會跟著跳恰恰的森巴音樂。他發現了珍珠果醬合唱團。他們名為〈傑若米〉的那首歌，是講德州一個青少年男孩子在英文課上舉槍自盡的事。傑若米的老師叫他去辦公室拿遲到假單。他從辦公室回來，對她說：「老師，我事實上拿了這個。」然後把槍對著自己。不過尼克聽最多的還是超脫樂團。他們的音樂像砲火似的從他的房間轟炸出來。

我覺得愚蠢又有傳染病，
我們在這裡娛樂自己。

五月初的某一天，我在尼克放學後接他去南希和唐恩家吃晚餐。他爬進車時，我聞到菸味。一開始他否認抽菸。他說他只是跟幾個抽菸的孩子混在一起。我進一步追問時，他才承認他在體育館後面，跟一群抽菸的男孩子一起抽了幾口。我說了他一頓，他答應以後不再抽。

接下來那個週五，他要去一個朋友家過夜。他們正在茵莫尼斯的院子裡丟足球。我幫他打包晚上過夜的袋子，因此想從他的背包裡找一件毛衣。我沒有找到毛衣，卻發現一小袋大麻。

4

我小時候，我們家住在麻州萊辛頓鎮，靠近華登湖。我們家就在一個農場旁邊，農場裡種了蘋果樹、玉米和番茄，還有一排疊起來的蜂箱。我父親是個化學工程師。他看到一則電視廣告說，亞利桑那讓你鼻腔通暢。他有花粉熱的毛病，因此便決定搬到那兒。他在鳳凰城的一家半導體公司找到工作。我們開著青綠色的都鐸貝克往西，沿路在六號連鎖汽車旅館過夜，在廉價連鎖餐廳吃飯。

我們在史考特谷安頓下來，一開始先住在汽車旅館，直到我們那個社區外表千篇一律的房子蓋好為止。我父親在摩托羅拉的新工作是幫電晶體和微處理器開發、切割，和蝕刻矽薄片。我母親則幫《史考特進步日報》寫專欄，報導我們學校和鄰里的活動——科學展覽的得獎人和小聯盟的比賽結果等。

我和朋友經常懷念跟現在大不相同的童年時光。那是一個遠比現在安全而純真的世界。我經常和哥哥、姊姊，跟附近的小孩子在街上玩到黃昏，直到我們的母親出來叫人回家吃飯為止。我們玩亂按別人家的電鈴、官兵捉強盜、男生追女生等遊戲。我們一邊吃著放在折疊桌上的電視晚餐——炸雞、鋪上一團奶油的馬鈴薯泥、蘋果派，這些東西全部各自獨立擺在分隔裡——一邊看著古老的西部影集、《迪士尼世界》，和《聯合司法網探員》。我們是男幼童軍和女幼童軍。我們一起烤肉，玩火柴盒小汽車，用我姊姊的玩具烤箱烤餅乾，乘著輪胎內胎漂下索特河跟維爾德河。

但我不確定我們對過往時光的這些美好回憶是否屬實。附近鄰里的消息都經由我們母親壓低的聲音傳遞。末日異教教派首腦查理・曼森、對折大拍賣，和最新流行減肥法等，都是人行道上、保鮮盒直銷派對上，和打麻將時最受歡迎的話題。她們也竊竊私語住在我們附近的一個十歲孩子上吊自殺的消息。還有住在我們隔壁兩間房子的一個女孩子在車禍意外中喪生，而開車的人則是比她稍長一點的男孩子，當時正因吸毒而亢奮。

由於鄰近墨西哥，這裡到處都找得到毒品，價格又便宜。但地理因素可能沒有太大影響。從一九六〇年代中期開始，過去沒聽過也拿不到的各種毒品，就開始流傳到我們的社區裡，也流傳到全美各地。

大麻可能是最普遍的。許多孩子放學後流連在腳踏車棚，販賣一根五十美分的大麻菸，和一袋十美元，一盎司包裝的大麻菸草。他們會在高中的浴室裡，或走路上學或回家路上，讓人試吸兩口。我的一個朋友去找來吸吸看，並在吸過之後跟我們一群人分享經驗。他說他跟我們都知道是毒蟲的一個男孩子要了大麻，然後在他父母房子家的後院吸了這根大麻菸，結果咳嗽了半天，沒有什麼感覺，然後進屋裡去，吃了一整盒的巧克力餅乾。他從此每天都吸。

大約一年之後，我們那條街的一個男孩子問我想不想抽大麻菸。那是一九六八年時，我剛上高中一年級。我抽了之後不覺得不舒服，但也沒有因此產生幻覺，或想要從我們家的屋頂飛出去，像老牌電視節目主持人亞特・林克萊特的女兒第一次嘗試ＬＳＤ之後據說有的感覺。也就是說，這對我似乎無害，因此當我有一次去另一個男孩子家，而他哥哥遞給我一根用鱷魚鉗夾著的、點燃的大麻菸捲時，我也毫不猶豫地再試了一次。

當然沒有人這樣明白說出來，但是大麻這種非法藥物，卻是進入一個定義鬆散的社交圈子的萬能鑰匙。在孤單而彆扭的初中生活之後，能打入這個圈子讓我得到解放。我在嗑藥的——也就是比較不敏銳的——觀眾面前，比較容易笑，也覺得自己比較好笑。這個方法舒緩了嚴重的不安全感。我對各種事物——音樂、大自然——的感受都比以前強烈許多，高昂許多，在女孩子面前也比較不那麼害羞，這對於一個十四、五歲的男孩子而言，是不容忽視的好處。世界似乎同時變得模糊又生動。但即使如此，這都可能不是我繼續抽大麻的主要原因。持續的同儕壓力和那亢奮的感覺、點燃大麻菸時的叛逆感、那種同聲一氣的同志感覺、大麻有助於舒緩我的尷尬彆扭和不安全感等等……除了這一切之外，我抽大麻最主要的原因是，大麻幫助我，在我覺得幾乎毫無感覺時有點感覺，也幫我在感覺太強烈時阻擋一些感覺。大麻會讓事物變得模糊，同時又變得生動，也因此讓我能感覺得更多或更少。

許多我這個年齡的人現今都會宣稱以前的毒品不一樣——以前的大麻藥性比較弱，迷幻藥成分也比較單純。事實確實如此。研究人員對大麻的測試顯示，現在平均一支大麻菸或一根大麻菸斗裡，含有的THC，也就是有效成分，是十年前大麻菸的兩倍，而十年前的大麻菸又已經比一九六〇年代和七〇年代的藥效更強。現在也經常有報導宣稱幻覺劑和迷幻藥被摻入甲基安非他命、其他毒品，或某些混雜物，甚至以其他藥物混充，雖然過去我們也聽說過年輕孩子吸食通水管的藥劑取代古柯鹼。但有一件事是無可否認地與過去不同了。一大堆的研究已經證據確鑿地證實毒品，包括大麻在內，都會引起各式各樣生理與心理的傷害。而我們過去卻以為這些毒品是安全的。事實並非如此。我知道有些人會感嘆過去可以吸食「無害」毒品的美好時光。他們或許毫髮無傷地倖存下來，可是許多人並不是。毒品在過去就曾引發意外、自殺，和吸毒過量。我到現在還會碰到在街頭遊蕩的，有些甚至無家可歸的，為數驚人的一九六〇年代和七〇年代毒品受害者。有些人會咆哮說受到陰謀壓迫。顯然這是吸毒者和酗酒者共有的常見特徵。「每次他的酒開始生效，他幾乎肯定會開始找政府出氣。」《哈克歷險記》中的哈克這樣描述他的酒鬼父親。

所以在尼克成長的過程中，從他七歲或八歲開始，我就一直跟他談論毒品的問題。我們照無毒美國聯盟指示的方法，「及早並經常」談論毒品。我告訴他許多人因此受傷或死去。我告訴他我過去犯的錯。我注意青少年酗酒和吸毒的任何早期徵兆。（某家機構列表中的第十五項是：「你的孩子是否突然自願在雞尾酒會後幫你清理場地，卻忘記做他其他的家事？」）

我小時候，我父母懇求我遠離毒品。我不以為然，因為他們根本不知道自己在說什麼。他們是絕對禁絕者。但我卻對毒品有親身經驗。所以當我警告尼克時，我以為我至少比較有可信度。

許多毒品諮商師會叫我們這一代的父母對孩子隱瞞自己吸毒的過往。理由就像知名的運動員出現在學校集會上或電視上以親身經驗宣導戒毒，反而可能有反效果一樣。他們告訴孩子：「各位，別做這種蠢事，我自己就差點死掉。」同時卻站在孩子面前，家財萬貫，年薪數百萬，肖像還印在穀片盒上。他們說的是：「我差點活不下去。」但他們傳達的訊息卻是：「我不但活下來，還活得好好的，你也可以。」孩子們也看到他們的父母儘管吸過毒，現在也都好好的。所以或許我應該對尼克隱瞞我吸過毒的事，但我沒有。他知道真相。此外，因為我們關係親密，我也確信如果他碰過毒品，我一定會知道。我天真地相信如果尼克受到誘惑，嘗試了吸毒，他一定會告訴我。我錯了。

在這個涼快而多霧的五月午後，冬天的腳步似乎還沒有完全遠去，木柴燃燒的氣味還飄在空氣中——午後生火的餘味。每年的這個時候，太陽仍舊很早就落到山脊和白楊木後，因此雖然時間才四點半，但院子已經完全籠罩在陰影中。這兩個男孩子來回丟著橄欖球，霧氣就在他們腳下旋轉。他們玩得漫不經心，似乎更專注於聊天，內容可能是關於女孩子或樂團，或昨天一個農場主人在雷斯岬站上射殺了一隻染上狂犬病的狗。

跟尼克在一起的那個男孩子肌肉很發達。他是個舉重選手，繃緊的T恤炫耀著他的突出的胸肌和二頭肌。尼克則穿著一件太大的灰色開扣毛衣——我的毛衣。他的髮絲黏在一起，露出一副厭世的表情，懶洋洋的樣子，任何人都會因此猜測他很可能在抽大麻，至少是大麻。但即便他這樣穿著打扮，即便他心情陰晴不定——即便他越來越常百無聊賴，彎腰駝背，脾氣陰沉——在我眼中，尼克仍舊是青春洋溢，充滿活力，愛玩又天真。還是個孩子。所以我對於手中這緊緊繞在一起的大麻綠芽，完全不知所措。

凱倫坐在客廳沙發上，彎著腰在她的筆記本上用墨汁畫畫。傑斯柏在沙發上，在她的旁邊睡著了。他仰躺著，雙手握成小小的拳頭。

我走近凱倫，她抬起頭。

我把大麻拿給她看。

「這是什麼東西？你從哪裡……？」然後是：「什麼？這是尼克的？」這其實已經不用問了。她也知道。

我一如平常，藉著先壓制她的恐慌，來面對我的恐慌。「沒事的。這種事遲早都會發生。我們可以處理的。」

我站在門廊上，叫兩個男孩子過來。他們過來我面前，尼克摸著球，氣喘吁吁。

「我有話要跟你們說。」

他們看著我伸出的手，手上拿著大麻。

「喔。」尼克說。他有點僵硬，溫順地等著。月光狗走到尼克旁邊，用鼻子摩擦他的腿。尼克向來不會在證據確鑿時還強辯。他猶豫地抬頭看著我，害怕的眼睛睜得大大的，試著評估他遇到了多大的麻煩。

「進來吧。」

凱倫跟我站著面對這兩個孩子。我望著她，探詢該怎麼辦，但她跟我一樣不確定。我對於尼克居然在吸大麻感到震撼，但更震撼的是，我居然完全沒想到。

「你吸這個東西多久了？」

被抓到的兩個男孩子面面相覷。「這是我們第一次買。」尼克說。「以前我們試過一次。」

我想：我相信他嗎？這也是一個讓人極為驚慌的立場，我以前從來沒想過這件事。我當然相信他。他不會對我說謊的。他會嗎？我認識一些父母，他們的孩子在學校和家裡都經常出問題。最令他們不安的部分就是欺騙。

「告訴我，這到底是怎麼回事？」

我看著他的朋友，他到現在一個字都沒說，只盯著地上。尼克替兩個人發言：「每個人都在吸。」

「每個人？」

「幾乎是每個人。」

尼克的眼神盯著他攤開在桌上的孩子氣的手和修長的手指。他闔起手，把拳頭塞進口袋裡。

「你們從哪裡拿到的？」

「某個人。某個同學。」

「誰？」

「那不重要。」

「很重要。」

他們告訴我，那個孩子的名字。「我們只是想知道那是什麼感覺而已。」尼克說。

「結果呢？」

「沒什麼了不起的。」

尼克的朋友問我會不會打電話給他爸媽。我說會時，他哀求我不要。「很抱歉，但他們需要知道這件事。我會打電話給他們，然後送你回家。」

尼克問：「那我還可以去過夜嗎？」

我瞪他。「我們送他回家，然後你跟我要好好談一談。」

他還是盯著地上。

我打電話給這個男孩子的父親時，他謝謝我通知他。他說他確實擔心，但不完全意外。「我們比較大的孩子也經歷過這件事。」他說。「我想可能每個孩子都要走過這一段。我們會跟他好好談談。」他無可奈何地補充說：「我們實在太忙了，沒辦法一直看著他。」

我打給賣他們大麻的男孩子的母親，結果她很憤怒，堅稱這件事跟她兒子沒關係。她指控尼克跟另一個男孩子想害她兒子惹上麻煩。

等到只剩我跟尼克時，他顯得很後悔。我告訴他，我跟凱倫決定將他禁足時，他點了點頭。「嗯，我了解。」

我們的想法是，我們不希望反應過度，但更重要的是，我們不希望反應太少。我們對他加以處罰，是希望顯示我們很認真看待違反規矩，以及破壞我們彼此關係的行為。一個人要為自己的行為負責，而我們希望這些後果與他的行為成正比。除此之外，我也擔心他的這群新朋友。我知道我不能為他選擇朋友，而且禁止他跟某些朋友來往，恐怕只會讓這些朋友更有吸引力，但至少我可以盡量減少他跟這些人在一起的時間。還有一個部分其實純粹只是我想看著他。我想看著他，想了解到底發生了什麼事。

「我被禁足多久？」

「我們看接下來兩個星期的狀況而定。」

我們在面對面的沙發上坐下來。尼克似乎真的很懊悔了。「你為什麼想抽大麻看看？不久以前，你還討厭人家抽東西，包括抽香菸，更不用說抽大麻。你跟湯瑪斯，」——我提到他在城裡的一個朋友——「以前經常因為丟掉他媽媽的香菸，而惹上麻煩。」

「我不知道。」

他用放在茶几上的一枝紅筆，開始在今天的報紙上畫出密密的平行線。

「我想我只是好奇而已。」不到一分鐘，他又說：「反正我也不喜歡。我會覺得——我也不知道——怪怪的。」接著他又補充：「你不用擔心，我再也不會試了。」

「其他毒品呢？你試過其他毒品嗎？」

他不可置信的表情讓我相信他說的是實話。「我知道這很蠢，」他說：「但我沒那麼蠢。」

「那酒呢？你喝過酒嗎？」

他等了一會才回答。「我們喝醉過。一次而已。我跟菲利普。是去滑雪的時候。」

「滑雪的時候？在太浩湖？」

他點頭。

我回想起傑斯柏出生前，隆冬時的那次長週末假期，我們在阿爾卑斯坡租了一間小木屋。我們讓尼克帶菲利普一起來。我們很喜歡他這個朋友，講話輕聲細語，很好相處。他個子矮小，額前留著瀏海。我們跟他父母也是朋友。

我們在晚上抵達山區，就在暴風雪封閉道路之前。到了早上，松樹上都落滿了白雪。尼克以前滑過雪，但這次他跟菲利普決定嘗試滑雪板。尼克會衝浪，所以他覺得應該很容易舉一反三。「只是從切過水面，變成切過積雪而已。」他說。或許是如此，但他整個假期大部分時間都花在滾下山坡，到最後才終於學會。

現在我問他：「你們怎麼會有機會喝酒？你們從哪裡拿到酒？」

他的身體在沙發上前後搖晃。「有一天晚上，你跟凱倫提早上床。」他說。「我們在火爐旁看電視。後來我們覺得無聊，想玩牌，可是我找不到撲克牌。我找來找去，結果找到酒櫃。我們拿了杯子，把每種酒都倒了一點進去──只倒一點點，這樣就不會被發現。蘭姆酒、波本酒、琴酒、清酒、龍舌蘭、苦艾酒、威士忌，還有一些奇怪的綠色的鬼東西，還有寫法文，叫什麼烈酒的。」他暫停一下，然後說：「我們全都喝了。味道好噁心，可是我們想知道喝醉是什麼感覺。」

我記得那天晚上。我跟凱倫被他們兩個嘔吐的聲音吵醒。他們兩個同時在樓下的兩間浴室嘔吐。我們下樓去察看，結果他們整晚都很不舒服。我們還以為他們感冒了。

第二天早上，我們打電話給菲利普的媽媽。「是啊，最近感冒正在流行。」她也認為是這樣。那天我們開著車，沿著漫長曲折的山路下山時，這兩個孩子一路都想吐。有一次我們來不及在路肩停下來，結果菲利普對著窗外吐出來。

「那是唯一一次。後來我就沒有再碰過任何東西了。每次我一想到就覺得想吐。」

他的講理讓人卸下心防，但是這件事像是一拳打在我肚子上，他曾經喝醉，以及他曾經欺騙我們，都讓我覺得天旋地轉。但同時我也欣賞他的坦誠。我心想，至少他坦白自首。

然後他說：「也許你聽了會安慰一點，我其實很討厭這一切。我不是在找藉口，只是，」──他頓了一會──「真的很難。」

「什麼很難？」

「真的很難，我也不知道。大家都在喝酒。大家都在抽菸。」我想到他摯愛的作家沙林傑透過法蘭妮這個角色說的話：「我好厭惡自己沒有勇氣做個徹底的無名小卒。」

∞

星期一時，我打電話給他的老師，告訴他發生了什麼事。他安排了在放學後跟我和凱倫會面。我們在學生都已經離開的教室裡見面，三個人都坐在學生的課桌椅上。

這位老師給我們看尼克的許多作業——數學、地理、英國文學。尼克在其中一頁紙上用原子筆畫滿了塗鴉，包括一個胸部豐滿的大眼睛女孩、一個眼睛空洞的男人，還有粗體的縮寫字母。這些圖畫的內容和風格，都跟教室前方貼滿整個綠色黑板上方的，用蠟筆畫的取自中世紀圖畫的一幅場景，截然不同。學生的自畫像釘在另一面牆上。我很容易就找到了尼克的：畫得很粗糙，比較像是漫畫，畫中的男孩笑得很誇張，眼睛睜得大大的。

他的老師長得很像電影《斷頭谷》中的驗屍官伊卡布．克萊恩，一頭輕飄飄的紅褐色頭髮漸禿，鼻子是鷹勾鼻。他坐在狹小的椅子上，身體前傾地翻著面前的尼克的檔案夾。「他在學校的表現不錯。」他說。「其實他的在校表現相當好。我相信你們也知道。他是班上的領袖人物，可以讓其他孩子——有些孩子不一定很投入學校課業——可是他會讓他們很興奮，在課堂討論中發表意見。」

「但是關於大麻呢？」凱倫問。

這位老師彎腰坐在對他而言太小的學生座椅上，不太舒服地身體前傾，手肘枕在桌上。「我也注意到尼克被一些其他孩子覺得很酷的孩子吸引。」他說。「他們會偷抽菸，而且——這只是我的猜測——可能還會吸大麻。他們可能確實這麼做。不過我覺得你們不必太過憂慮。這情況很普遍，大多數孩子都會嘗試。」

「但是，」我說：「尼克才十二歲。」

「沒錯。」這位老師嘆了口氣。「大部分孩子都是這個年紀時嘗試。我們能做的很有限。外面有另一股力量。這些孩子遲早都得自己面對。但通常是很早的時候。」

我們請教他的建議，他說：「多跟他談這件事。我也會跟他談。如果你們覺得可以的話，我們也會在班上談這件事，但不會提到任何人的名字。」不論是因為歉疚，還是因為無奈，他再度說：「我們能做的也很有限。如果我們互相合作——學校和家庭兩方面——那麼或許有用。」

「你可以禁止他跟……一起玩嗎？」我講了幾個男孩子的名字。「他們似乎對他有不好的影響。」

這位老師思索這個問題時，窗外一棵樹的葉子在午後的陽光中擺動。「我會鼓勵比較健康的友誼，這沒問題。」他說：「但我不確定禁止他做什麼，會有多大效果。從我過去的經驗來看，當你禁止孩子做什麼事時，他們通常只會偷偷來。引導他們轉向，會比禁止他們有效。你可以試試看。」

他推薦我們看一本有關青少年的書，也承諾保持緊密聯繫。

外面微風和煦。校園裡空無一人，只有尼克在等我們。他坐在幼稚園遊戲場中的一個迷你鞦韆上，長腿彎了起來。

等到只剩我跟凱倫單獨在臥室裡，我們徹底討論了這件事，釐清我們的困惑和憂慮。我擔心什麼？我知道吸食大麻可能會變成習慣，而尼克也可能因此荒廢學業。我也擔心他會再去嘗試別種毒品。我警告尼克大麻多麼危險。「大麻可能——而且也經常會——導致你去吸食會生理成癮的毒品。」我說。他可能並不相信我，就像我年輕時不相信這樣跟我說的成人一樣。但是大麻確實是入門毒品，儘管我的這一代，也就是開始集體濫用藥物的這一代，普遍誤以為並非如此。幾乎我認識的，所有在高中曾抽大麻的人，都嘗試過其他毒品。反過來說，我從來沒遇過任何吸毒成癮的人，不是從吸食大麻開始的。

我開始懷疑起自己過去的每一個決定，包括搬到鄉下來。我從來不曾幻想任何一個美國郊區社區、高級住宅區、或不論多偏僻的鄉下小鎮，能夠不受污染，遠離經常與市中心相關的各種危險，但我確實以為像茵莫尼斯這樣的小鎮會比舊金山擁擠的市中心安全。但現在我不確定了。我懷疑我們是不是根本不應該搬離舊金山。但搬家或許根本無關緊要；不管我們住在哪裡，這種事都一定會發生。

我責怪自己的虛偽。我不得不感到退縮，我有什麼資格叫他不要嗑藥？「聽我的話，不要學我。」我告訴他我希望自己不曾嗑藥。我告訴他我哪些朋友的人生被毒品毀掉。而在此同時，在我心底，我跟以往一樣，責怪自己離婚。我告訴自己，許多父母離婚的孩子都過得好好的，而許多家庭完整的孩子卻不是。但無論如何，我都無法挽回我所知的，尼克人生中最創傷的事件。

接下來幾天，我繼續跟尼克討論毒品，討論同儕壓力，以及何謂真正的酷。「或許看起來不像，但其實認真讀書，比吸毒要酷太多了。」我說。「我現在回想起來，覺得最酷的其實是從來不碰毒品的那些同學。」

我知道自己聽起來有多遜，也知道我在尼克這個年齡時會怎麼回答：「才怪。」但即便如此，我還是試圖說服他，我知道自己在說什麼，我了解來自周圍的吸毒的壓力，了解毒品有多誘人。

尼克似乎聽得很認真，但我不確定他是否真的聽進去，或有什麼想法。事實上，我覺得我跟尼克親密的關係已經改變了。現在我偶爾會成為他發洩怒氣的目標。我們也會為了他沒做完家事而爭執，但這似乎都還在可接受的、可預期的青少年叛逆的範圍內，因此他會吸食大麻這件事還是很令人困惑。

三個星期後，我開車載尼克去診所接受健康檢查。我把錄音帶的聲音轉小，又開始跟他講話。我知道一天到晚對他說教沒有用，但是我想涵蓋所有角度。在過去持續幾星期的對話中，我的口氣從警告到懇求都有。今天我的語調比較沒那麼緊繃。我告訴他，凱倫跟我決定解除他的禁足了。他點頭，說：「謝謝。」

我又持續盯著他好幾個星期。他陰沉的情緒似乎減輕許多。於是我把大麻事件歸類為一時的犯規而已，或許甚至是好事一樁，因為這給了他一個很好的教訓。

我認為確實如此。尼克升上了八年級，情況似乎好多了。

他幾乎已經不再跟（我認為）對他有最不良影響的那個男孩子在一起——也就是據尼克所說，賣給他大麻的那個男孩子（關於這點，我相信尼克，而非那孩子的母親）。相反的，他大部分的閒暇時間都跟他西馬林郡的朋友一起衝浪。我們一起衝浪，開車沿著海岸，從聖塔克魯茲到雅瑞納岬角追逐大浪。在這些外出的時候，我們就有機會可以聊天，而尼克的態度似乎都很開放樂觀。他在學校裡也很認真。他希望表現得很好，一部分原因是希望可以進當地的私立高中之一。

尼克繼續狼吞虎嚥地看書。他把《法蘭妮與卓依》和《麥田捕手》讀了一遍又一遍。在看完《梅崗城故事》後，他交出的心得報告是書中主角阿提克斯．芬奇答錄機中的一捲錄音帶，裡面有迪爾給絲考特和傑姆的留言，以及匿名人士打給阿提克斯．芬奇，威脅他不應該幫湯姆．羅賓森辯護的電話。他看了《慾望街車》，然後假裝錄了採訪女主角白蘭琪．德波伊的廣播訪問。而在《推銷員之死》的讀後心得中，他畫了一幅漫畫，感嘆書中羅曼這家人的家庭觀。在接下來的傳記作業中，尼克則戴上白假髮、白鬍子，穿上白西裝，走上講台，用輕快的南方腔調，朗誦山繆．克萊門斯的生平故事。「我的筆名是馬克吐溫。請坐下來，讓我告訴你我的故事。」之後再也沒有任何跡象顯示他在吸食任何東西——不論是大麻或香菸。

事實上，他似乎比以前更快樂，也慎重地期待即將來臨的八年級畢業典禮。

那是一個溫暖無風的週末。尼克十三歲。在家附近安靜地待了一天後，加上南邊海岸即將漲潮，我跟他決定把衝浪板綁上旅行車的車頂，開上曲折的道路，前往雷斯岬以南的一片沙灘。我們徒步走了一小時，走過一條雜草叢生的小徑，穿越沙丘，才來到衝浪點。

我跟尼克把滑板抱在腋下，涉水到一條河的河口，這裡據說是大白鯨繁殖的地方。野兔從我們身旁跳躍而過，列隊成V字形的鵜鶘在我們上方的空中飛過。太陽掛在低空；像是飽含水分的蜜桃色陽光漆在天空。隨著暮色漸濃，霧氣像是鬆餅糊漫布在丘陵起伏的農地上，然後再溢到海灣裡。這天的浪是我們印象中最棒的。六到八呎高的海浪捲進來，碎裂成翻滾的、絲綢般的長長白邊。我們很快換上防寒衣，飛奔進水裡，跳上衝浪板。即將消逝的太陽在西邊水平面上投下驚人豔麗的鮮紅色光芒。在對面那邊，肥大的黃色月亮懸在低空中。水裡還有另外兩個衝浪者，但他們很快就離開了，因此整個地方現在都歸我跟尼克所有了。這次衝浪一定會很刺激，會是再棒不過的經驗。

我們划水出去，四周沒有別的聲音，只有衝浪板切開水面的嘶嘶聲，和固定間隔的、海浪碎裂的隆隆聲響。我們乘著一次浪起來，划水出去，然後再一次。當我抬頭望時，看到尼克蹲低在衝浪板上，在一個浪管裡，浪頭的瀑布將他包裹起來。

天更黑了。濃霧模糊了月亮，也籠罩了我們。我發現尼克跟我在不同的兩股海流裡，而海流正將我們推向海峽兩邊的相反方向。我們相距一百碼。我開始慌張，因為越來越濃的霧和越來越暗的天色已經讓我們沒辦法看清楚對方。

我盲目地划水游向尼克，發狂地尋找他的身影，直到我的手臂累得沒辦法對抗海流。最後，在感覺像是連續半小時不斷地划水之後，一陣強風吹開了一片霧，我看到他。尼克正高大而優雅地站在一道銀白色的浪頭上，划過上下起伏，閃閃發亮，如絲緞光滑的水牆。水波從他的浪板周圍噴濺而起，他臉上帶著一抹神采奕奕的微笑。他一看到我，便對我揮手。

在衝了很久之後，我們才筋疲力竭，饑腸轆轆，被風颳得臉紅，全身濕透地脫下防寒衣，把東西塞進背包裡，走回車上。

回家的路上，我們在一家墨西哥小吃店停下。我們吃了像越南圓肚豬那麼大的墨西哥捲餅，喝了檸檬汽水。尼克若有所思地，談論著未來——談論著高中。「我還是不敢相信我錄取了。」他說。

我不知道他這輩子有沒有像參觀那間學校時那麼興奮過。「大家看起來都那麼……」他停頓了一下，尋找對的字。「熱情。對各種事物。藝術、音樂、歷史、寫作、新聞、政治。還有那些老師……」他再度停下來，喘一口氣。「那些老師真是棒透了。我去旁聽了一堂英詩課。我真不想離開。」然後他變得比較安靜，說：「我絕對進不去的。」進入那間學校的競爭非常激烈。

結果他錄取了，而此刻，在這個幸福的時刻，他下結論說：「一切似乎都好極了。」

∞

畢業典禮預定在六月初的一個下午舉行。學校定了教會的大禮堂，並徵召家長來幫忙布置椅子、講台、裝飾，和點心桌。典禮當天，我也早到幫忙準備。

一兩個小時後，老師與家長陸續抵達，在一排排的折疊椅上就座。接下來到的是畢業生。他們穿著漂亮的衣服，顯得很彆扭。許多女孩子穿著新的或借來的禮服，大多數人穿著高跟鞋幾乎都不會走路，搖搖晃晃地像是喝醉了一般。男孩子們穿著硬領子的襯衫，似乎都很不舒服。他們撥弄自己的領帶，煩躁地把襯衫下襬塞進去。但襯衫下襬似乎會半吋半吋地跑出來，直到全部都露在他們的正式西褲外面。

孩子們或許穿得很不自在，但心情卻因為這個場合而興奮不已。他們的教養似乎也隨之提升。畢業生一個接一個被校長叫到名字。有些人顯得沉穩，有些人則不然，但都大步走上一小段階梯，走過低矮的舞台，接下他們的畢業證書。他們的同班同學瘋狂地歡呼。在這一天，也只有在這一天，他們會用毫不壓抑的慷慨熱情為彼此加油喝采。為每個男孩和女孩。他們以同等的活力，吼叫狂叫——為書呆子、滑頭小子、無名小卒、女王蜂，跟資優生鼓掌，還有好欺負的、鄉下來的、追隨流行的，跟團體邊緣人。

我從來沒預料過自己會被八年級生的畢業典禮感動，但我真的很感動。這三年來，我們在許多次不同的共乘機會中，接送這些孩子；邀請他們來家裡參加派對；欣賞他們的演講、戲劇、音樂演奏會和運動比賽；跟其他家長分享經驗，同病相憐；從他們每個人，尤其是尼克口中，聽到一個個成功、危機、暗戀，和傷心的故事。這些依舊是孩子，但正開始嘗試大人世界的男孩女孩們，正大步往前邁進。他母親否認他賣大麻給尼克的那個男孩子。跟尼克一起喝醉的男孩子。跟尼克衝浪的朋友。剃平頭的滑板高手們。以前常跟尼克在晚上講好幾個小時電話，直到我叫尼克掛斷為止的那個女孩。跟尼克一起共乘家長接送車的孩子。所有這些笨拙而猶豫的孩子們，手上握著顫動的畢業證書，緊張地從講台上走下來。他們現在是初中畢業生了，即將踏入高中的龍潭虎穴中。

∞

畢業典禮後的週末，幾個家庭在悶熱的六月午後，齊聚在「心之所欲海灘」。海灣很安靜。我們吃著大家帶來的晚餐，包括薯條跟莎莎醬、一整條烤鮭魚、烤漢堡和汽水。閃閃發亮的海水很溫暖，孩子們游泳、划獨木舟和小船，不可避免地不時翻覆。尼克的朋友們在海灘上，穿著運動服，頭髮還濕淋淋的，興奮地討論著暑假的計畫——去海邊，去露營——但是尼克沒有。準備離開，對他而言始終都很辛苦。

霧氣聚攏，聚會結束。回到家之後，我們坐在壁爐旁，聽尼克讀他朋友在紀念冊上寫給他的話。「你會在高中交到一百萬個女朋友。」「衝浪愉快！」「我明年就不住在這裡了，所以我們下次再見面可能是十年後了。保持連絡。」「我愛你這個可愛的小寶貝。我一認識你就喜歡你了。」「我迫不及待想見到那個新來的寶寶，不論她叫什麼名字。希望傑斯柏會喜歡她。」「祝你高中好運，還有你家那個新的小鬼。」「我跟你不是那麼熟，但還是祝你有個愉快的暑假。」「暑假快樂，你這個蠢蛋。開玩笑的啦。」「記得把一本書獻給我。我得奧斯卡獎的時候會感謝你。拜啦……」他的老師寫道：「不論你在哪裡，不論你可能去哪裡，切記尋找真理，追求美好，臻於良善。」

我們又將面對一個因為尼克要去洛杉磯，而悲喜交集的暑假，雖然他已經跟維琪講好，要等到寶寶出生之後。

六月七日的早晨，凱倫、尼克、傑斯柏跟我坐進車子裡。因為胎兒頭部朝上，所以必須剖腹生產。凱倫選擇了她母親的生日。跟醫生約好的時間是六點。凱倫的姊姊給了她恩雅的輕柔音樂，但凱倫要求播超脫樂團。她把〈無所謂〉轉到很大聲。

得找到一條路，
一條更好的路，
我最好等等，
我最好等等。

我開車穿過森林，然後在南希和唐恩家暫停，把尼克和傑斯柏放下，跟外公外婆一起等從醫院打來的電話。

我們的女兒在早上七點誕生。她的頭髮又鬈又黑，眼睛明亮。我們把她取名為瑪潔麗特，但叫她黛西。

南希帶著尼克和傑斯柏來到醫院，被請進凱倫抱著黛西的房間，裡面燈光朦朧。一個護士問南希和尼克想不想幫寶寶洗生平第一次澡。傑斯柏坐在凱倫旁邊，南希和尼克則在護士的指導下，把放在搖籃車的黛西推到育嬰室，在那裡幫她秤重、洗澡，穿上印著小小粉紅色大象的柔軟白色長袍，和像洋娃娃穿的小寶寶鞋。她體重八磅，身高二十一吋。尼克看著寶寶，對南希說：「我從來沒有想過我會有這樣的一家人。」

我們在第二天開車回家。尼克坐的後座，現在有了兩張汽車兒童座椅。

我第二天早上很早醒來，發現兩個男孩子都穿著法蘭絨睡衣，拿著一杯熱巧克力，坐在沙發上。尼克唸著《青蛙蟾蜍是好朋友》。傑斯柏靠在他旁邊。一小叢火在壁爐裡燒著。尼克闔上書本，起身去幫所有人做早餐。他站在爐邊，一邊唱著他最拿手的湯姆．威茲的怒吼：「蛋在煎鍋上追著培根。」

我們吃了早餐，然後我跟孩子們到附近海邊散步，並停下來採用來做派的黑莓。本來應該不用花那麼長的時間，但是手指和嘴巴都染成藍色的尼克和傑斯柏平均放十幾顆進嘴裡，才會有一顆進到籃子裡。

回到家，早早吃過晚餐和派之後，尼克跟傑斯柏在草地上玩。傑斯柏像隻小獅子一樣，爬到尼克的頭頂，然後在一顆很大的紅色球上滾來滾去。凱倫抱著黛西，黛西睜著大大的眼睛四處張望。布魯特斯像隻愛睡的棕熊，笨重地走過來，四腳大開地趴在孩子附近的草地上。傑斯柏還掛在尼克的脖子上，尼克翻過來，捏著狗的兩頰，盯著牠的眼睛，唱道：「給我一個吻，讓我在上面築夢。」他在布魯特斯的鼻子上印下一個大大的吻。布魯特斯打了個呵欠，尼克開玩笑地把傑斯柏丟到空中，而黛西沉入柔柔的睡夢中。

我看著他們三個，突然回憶起尼克出生時，我首次發現的一種令人手足無措的感覺。每個孩子出生時，不但為父母帶來成為父母的喜悅，也帶來一種椎心的脆弱感。這感覺極為奇妙，同時又令人驚恐。

我在幾天前的報紙上看到以色列一輛校車爆炸的消息；一年前在奧克拉荷馬爆炸案中喪生兒童的家屬的後續報導；波士尼亞一個難民營中，兒童被流彈射傷；還有一篇報導是一個被判刑的持槍搶匪在即將上絞架之前，對他的兄弟大喊：「幫我照顧我兒子。」我感覺到一種不同於以往的傷痛。或許為人父母者會對天底下所有孩子都有感覺。或許我們的感受遠超過我們過去認為可能的程度。當我看著穿過白楊木枝葉，搖曳不定的陽光照耀著我的三個孩子，知道這一刻他們都平安快樂，心底的感激幾乎滿溢出來。這也是所有父母最終所期望的。如果永遠都能像這樣就好了──孩子們都在身邊，與你相處愉快，而且快樂平安。

5

「你的神經病老公正在折磨我的小弟。」

尼克雙手撐著臀部，對著剛進房間的凱倫說。這是一個下雨的早晨，他今天要出發去洛杉磯。我正設法梳開傑斯柏一撮糾纏在一起的頭髮，而傑斯柏卻尖叫得像是我正在用鉗子拔他的指甲。剛洗完澡的尼克裹著一條藍色毛巾，套上一件橘色連帽外套，踩著前門旁的一雙綠色雨鞋，並戴上小朋友演戲時戴的防風眼鏡。他揮舞著一支木湯匙。

「放開那男孩。」他對我說。然後他對傑斯柏說：「喔，你的命運如此慘絕人寰，我親愛的弟弟啊。喔，上天如此不公，如此殘酷。」

然後他對著湯匙唱起輕歌劇《愛上水手的女孩》的〈我英勇的船員們，早安。〉，進一步分散傑斯柏的注意力，讓我可以梳好他的頭髮。

已經打包好的尼克跟大家道別。他跟傑斯柏進行他的祕密握手，一個很複雜的儀式：先是正常握手，然後手掌互相擦過對方的手再握緊，尼克的拳頭先輕敲傑斯柏的拳頭上面，再換過來，再緊緊握手，兩隻手緩緩滑開，最後結束在食指互指對方，同時說：「你！」

傑斯柏大喊：「不要，尼克，你不要走。」他們擁抱，然後尼克親吻了還是嬰兒的黛西的前額。他跟凱倫再度擁抱。

「史普尼克，老朋友，暑假愉快。」她說。

「我會想念你，KB。」

「寫信給我。」

「你要回信。」

我選擇沿著海岸沙灘風景秀麗的那條路開往機場，而不穿過市中心。尼克盯著波濤洶湧的海。我把車停進聯合航空櫃台外的車庫裡，跟尼克走到櫃台，陪他寄行李。我們在登機門前道別。

尼克說：「你知道的。」

我回答：「你也知道。」

每次在機場道別都讓我心如刀割，但是我總是表現得很鎮定，因為我不想讓他更難過。他已經夠難受了。

他登機之後，我透過玻璃牆看著載著他的巨大金屬殼駛離登機門，然後起飛。

雖然這或許是我們所能做的最好的安排，但我真的痛恨共同監護。這種安排等於認定小孩子的生活可以被分割到兩個家當中，而每個家有不同的父母、不同的繼父母、有時候還有繼兄弟姊妹，以及一大堆經常互相矛盾抵觸的期望、規矩，和價值觀。「家是神聖的事物。」艾蜜麗．狄金生說。但「多個家」卻是自相矛盾的詞。多少成人可以想像擁有兩個主要的家？對孩子而言，家更是重要，是呵護他們成長的，實質上與心理上的搖籃，也是磚塊水泥建造的，父母代表的一切意義的化身，代表了穩定、安全，與生命的常規。

尼克離開後的那個禮拜，我為了寫作一篇雜誌的報導，訪問了知名的兒童心理學家朱蒂斯．沃勒斯坦。她在馬林郡，距離茵莫尼斯不遠的地方，創辦了「朱蒂斯．沃勒斯坦過渡中家庭中心」。她對一九六〇年代後，大力讚揚離婚好處的美國帶來了發人深省的消息，因此在國際間成名。在六〇年代之前，離婚很困難也很少見，離婚者也經常承受汙名，但之後日漸改變的社會習慣和無過失離婚法令讓離婚變得容易而常見。這讓許多成人獲得解放——不再被社會常規侷限在婚姻裡。多半立基在一廂情願想法上的假設是：父母快樂，孩子才會快樂。但是沃勒斯坦博士發現，在許多例子裡，孩子卻嚴重受創。

她最初是訪談兩歲到十七歲，父母在一九七〇年代早期離婚的孩子。她發現這些孩子都很難適應父母分開，但她認為這些壓力應該是短期的。一年多後，她再度跟這些孩子進行訪談。結果他們不但沒有恢復，甚至比之前更糟。

沃勒斯坦在接下來二十五年間，每隔幾年就會追蹤這些孩子的狀況。她在一系列書中報告了她的發現——其中超過三分之一的孩子有輕度到重度的憂鬱症，還有為數不少的人有心理困擾，沒有發揮本來應有的潛力。

沒有人想聽到這樣的訊息，因此傳達訊息的人備受攻擊。女性主義者說沃勒斯坦是在攻擊女性，等於叫女人回到家庭，維繫婚姻，照顧好自己的孩子。她的研究被各式各樣特定利益團體利用，包括被保守的新右派拿來當作證據，「證明」他們主張的傳統家庭價值——同時攻擊單親父母和非傳統的家庭。男權團體則讚揚她強調父親在孩子生命中的重要性，卻又攻擊她說某些形式的共同監護似乎對孩子有害。但是她的研究在全美各地引起迴響，影響了法院、立法者、心理治療師，和父母。她的著作都十分暢銷，而且至今仍被許多法官和治療師視為聖經。有些法官會指定正在辦離婚的父母閱讀沃勒斯坦的書。

我在沃勒斯坦博士位於貝芙戴爾的小木屋跟她見面。從這裡可以遠眺舊金山灣和提芙隆海岸邊的山姆烤肉餐廳。她身材嬌小，一頭銀髮，水藍色眼珠看來很溫和，穿著很俐落。我問她關於共同監護的問題，尤其是像尼克這樣遠距離的共同監護狀況。她告訴我，她曾觀察到年幼的孩子會在從一個家回到另一個家時，不斷從一樣東西走到另一樣東西旁邊——從餐桌到床到沙發——同時用手觸摸，確認每樣東西都還在。而不在場的父母之一很可能比家具更顯得捉摸不定。當孩子逐漸長大後，可能不會再需要以碰觸來確認證據，卻可能產生一種意識，覺得兩個家都是虛幻不實，不會永久存在的。而且，年幼的孩子可能因太久沒有見到父母一方而受傷，但較大的孩子卻更可能因為頻繁的轉換，尤其是當父母住得很遠時，而受到傷害。沃勒斯坦博士解釋說：「在兩個家之間來來回回，讓孩子很難跟其他孩子一起活動……青少年尤其憤怒他們暑假時必須跟父母在一起，而不能跟朋友一起過。」她總結說：「你可能認為這些孩子大可以整合兩個家的生活，有兩群同儕朋友，可以很輕鬆地調適，跟任何一方父母相處。但大多數孩子其實沒有這麼大的彈性。他們會開始覺得這是自己性格上的缺陷，但事實上許多人根本不可能過這樣的雙重生活。」

對很多家庭而言，暑假是脫離學校壓力，暫時喘一口氣，全家人可以共處的時刻。但我只希望暑假越快過去越好。尼克跟我固定在電話上聊天。他會告訴我他看的電影、打的球賽、遊戲場上一個欺負人的壞蛋、一個新的朋友，還有他讀的書。他在洛杉磯的時候，我們家裡比較安靜，但即使是新生兒帶來的樂趣也被一層淡淡的憂鬱籠罩。我們始終不曾習慣他不在家。

我們會盡可能利用跟他在一起的時間。如果他上來兩個星期，我們就會盡可能塞進衝浪、游泳、划獨木舟，和其他種種玩樂。我們會去舊金山找我們的朋友。晚上尼克則會跟兩個小朋友玩，或跟我們聊天。由他模仿電影片段，一直都是我們固定的夜晚餘興節目。尼克的模仿精準無比。例如勞勃・狄尼洛的「你在跟我說話嗎？」而且不只是這一句話，而是《計程車司機》電影的一整幕。還有湯姆・克魯斯在《征服情海》的「錢在哪裡？」，T先生的「我可憐你這蠢蛋……」。他還會模仿《鬼店》裡的傑克・尼克遜：「他——呃——呃——是強尼」，以及他無懈可擊地模仿《雨人》中的達斯汀・霍夫曼。還有阿諾・史瓦辛格在《魔鬼終結者》第二集中說的「待會見，寶貝。」、「放輕鬆，蠢蛋。」、「我會回來。」、「想活就跟我來。」而他最拿手的可能要算是克林・伊斯威特的：「你應該問自己一個問題：『我覺得幸運嗎？』你覺得嗎，龐克？」

我們也會在事先約定好的週末到洛杉磯去看尼克，去接他，然後往北開到聖塔芭芭拉，或往南開到聖地牙哥。有一次我們在科羅拉多島租了腳踏車，並且在一個掛著橘色滿月的夜晚，散步在寬闊的沙灘上，結果看到數以萬計的小銀魚被海浪帶到沙灘上，然後被留下來進行牠們讓人目瞪口呆的交配儀式。母魚扭動著滾到沙上，產下卵。公魚則用鰻魚般的身軀裹住這些卵，讓卵受精。但半小時後，漲潮又將這些魚捲回海裡，彷彿牠們從來不曾來過，彷彿那只是我們的想像。

共度這樣的週末之後，我們就會把他送回他母親位於太平洋岸，帕利塞德的家，擁抱他，然後他就消失了。

夏天結束。終於結束了。凱倫、黛西、傑斯柏和我全都來到機場。我們在登機門外等著共同監護專機抵達。長長一列通勤者和家庭走過，然後在他們後面，才是無成人陪伴的未成年者，胸前戴著粉紅色的名牌，上面用麥克筆寫著他們的名字。較小的孩子外套領口上還會別著機師的飛行章。他剪短了頭髮，穿著新的淺藍色開釦羊毛衫，裡面是一件T恤。我們輪流擁抱他。「全部的全部。」然後我們去領取裝滿他夏天家當的行李。

在開車回茵莫尼斯的途中，尼克告訴我們他這趟航程的隔壁乘客發生的事。「她拿出一副耳罩式的耳機。」他講的是一個發現他單獨旅行時，就開始對他全力進攻的女人。「然後她翻出一個隨身聽，開始搖頭擺腦，閉著眼睛，用鳥叫一樣的聲音，喃喃地唱著歌詞：『嗚，寶貝。我愛……愛……愛你，我的搖滾，我的救贖……嗚，寶貝，就是你，我的主，你差遣我，是你差遣我。』」

尼克掃視他的觀眾——我們。「她找到錄音帶上她要的地方時，就把耳機拿下來，放在我耳朵上。」他說。「然後她跟我說：『你聽，你一定要聽聽看。』她把耳機放在我耳朵上，然後把音量轉到最大，根本沒問我想不想聽之類的。那首歌唱著：『我對耶穌搖滾。哇啊。耶穌讓我搖滾。沒錯，耶穌——你讓我心花怒放。』那聲音大到快把我的頭炸開了，但是我禮貌地微笑，把耳機拿下來還給她，然後說這首歌很好聽。但是她幾乎是很嚴厲地說：『不，下一首才是最好聽的，』然後把耳機塞回我頭上，結果我聽到的是一首……一首饒舌歌：『喔，惡魔都想誘惑我，但我不聽，不……』我還是微笑點頭，最後終於把耳機拿下來，還給她。她說：『這捲音樂帶給你，孩子，』然後她把錄音帶從隨身聽拿出來。『不用了，謝謝，你人太好了，』但她這時候的眼神好恐怖，所以我只好說：『那，如果你確定你捨得的話，我很喜歡這捲錄音帶，謝謝你。』」

尼克從褲子口袋裡拿出那捲錄音帶。「要聽嗎？」

我們一邊開車一邊放來聽。尼克握著傑斯柏的手，隨著音樂揮手，跟著副歌一起唱：「嗚嗚……」。

我們家的噪音音量再度升高。拜三個孩子、尼克各式各樣的朋友、尼克許多種接了擴音器的打擊樂器，和兩隻狗之賜，我們家經常充滿了歌聲、哭叫聲、狗吠聲、笑聲、汪汪叫聲、低吼聲、敲打聲、尖叫聲、槍與玫瑰主唱艾賽．羅斯的聲音、撞擊聲、碎裂聲，和號啕大哭聲的吵雜不和諧交響樂。我的經紀人有一天跟我的朋友說：「我不知道他是住在托兒所裡，還是狗舍裡。」

我們需要一輛新車。拖著一群動物和小孩，我們顯然需要一輛小型休旅車。我們去參觀了汽車經銷商，試乘了幾輛。我比較各種小型休旅車，檢視它們的安全性能。本田的奧狄賽車款廣告說它是討厭小型休旅車的人會愛上的休旅車。我們並沒有被廣告迷惑，但還是買了一輛。我們在車頂上裝了衝浪板架，薄弱地略表對休旅車的不贊同。

波利納海灘整個夏天都擠滿了狗和青少年，而整條海岸線上，有許多比它更美麗，更沒有被踩躪的海灘。但在尼克要去接受新生訓練的前一天，我們在陽光耀眼的午後來到這裡。凱倫、傑斯柏，和黛西在沙灘上，傑斯柏用海草把黛西綁起來，兩個小朋友一起堆貝殼，吃沙子，在潟湖邊緣的海浪裡翻滾。布魯特斯和月光狗跟當地一群五花十色的狗奔跑玩耍。布魯特斯還從一個野餐的遊客身邊，偷走一條法國麵包。

尼克跟我划到衝浪者的行列中，在衝浪板上坐起來。在等待下一波浪時，尼克告訴我更多他暑假裡打籃球和看電影的事，還更新曾在當地的公園挑釁他，然後騎腳踏車一路追他回家的那個惡霸的事。我們討論到第二天的新生訓練時，他承認他對上高中很緊張，但也很興奮。

後來尼克加入傑斯柏的行列，一起用沙子和漂流木建造一個哈比人的神殿，用海草和貝殼加以裝飾。他們一邊工作時，傑斯柏問尼克：「洛杉磯是什麼樣子？」

「那是一個大城市，可是我住在城市邊邊一個很可愛的小鎮上。」他說。「那裡有公園和海灘，跟這裡很像，但是沒有你。我在那裡的時候都很想你。」

「我也想你。」傑斯柏說。然後他問：「為什麼你媽媽不搬來這裡，我們可以全部住在一間房子裡，那你就永遠不必離開了？」

「好主意。」尼克說：「可是我覺得不可能。」

從波利納回家的路上，我們對於他得不斷在這裡和洛杉磯之間來回的事，談了更多。尼克對此很抱怨。雖然他絕對不想在父母之間做選擇，但他也絕對不會選擇共同監護。我對這件事的結論是：這件事確實影響了尼克的個性。他是個很傑出的孩子，可能因為這樣的狀況而更加負責、敏感、有現實感、內省、精明。但是既然我們離婚——或許幾乎任何離婚——都無可避免地會造成地理上與情感上的重大鴻溝，那麼至少尼克不應該被迫在兩地間來回。應該是我們來回才對。雖然這樣的探視一定會遠比現在不方便，但我相信尼克的童年會過得輕鬆許多。然而，實際的結果是，他多年來在父母之間的通勤，只得到微不足道的一點補償：他擁有比大多數成人更多的累積哩程數。

6

「高中有比較好嗎？」一個小女孩在陶德．索朗茲的《歡迎光臨娃娃屋》中問她的哥哥。

「嗯，」他回答，「他們還是會罵你難聽的話，只是比較不會在你面前。」

我討厭高中時代，那是達爾文進化論的實驗室，到處是小團體和漫無目的的殘酷與暴力行徑。我的成績莫名其妙的好，也沒有惹上什麼麻煩，但除了一門寫作課以外，上學根本是浪費時間。但是尼克的高中比較像是小型的文理學院，有充滿活力的藝術、自然科學、數學、英文、外文、新聞等課程，還有關於美國司法、非裔美籍藝術家藍斯頓．休斯，以及宗教和政治的課程，而且全都由熱心教學的老師任教。學費很昂貴，維琪跟我必須撙節開支才能應付。我們告訴自己，沒有什麼比孩子的教育更重要。但即使如此，我有時候還是懷疑這真的會造成很大的差別嗎？我家鄉的一些孩子也上了私立學校。但是從後來傳回來的故事聽來，他們並沒有比我們這些念公立高中的人發展得更好或更壞。或許我們只是自我欺騙，妄想可以用錢幫孩子買到比較好的，或至少是比較輕鬆的人生。

尼克的學校校園之前是一所有百年歷史的軍事學院。教室寬敞開闊，有一座戶外游泳池，綠油油的操場，以及令人印象深刻的科學實驗室、藝術工作室，和一間劇院。進高中後一個月內，尼克已經進了高一的籃球隊，還在一齣劇中得到一個角色。我們在學校裡，以及某個週五晚上在我們的聚會裡，見到了尼克的新朋友。他們看起來都像是好孩子，熱中於學生會、地方事務、運動、繪畫、演戲、寫劇本，和演奏爵士跟古典音樂。尼克崇拜他的老師們。

尼克繼續狼吞虎嚥地看電影，這是他從會按錄影機上的「播放」鍵之後，就開始沉迷的興趣。他小時候曾經問我「美國聯邦調查局」是不是就是指迪士尼，因為他把家用錄影帶最前面嚴厲的反盜版警告當成是冒險、浪漫、精采劇情和好笑情節的承諾。除了頑皮豹、搞笑偵探片《瘦子》，和英國喜劇表演團體「蒙地蟒蛇」的電影之外，拜凱倫之賜，他現在還迷上了高達、柏格曼和黑澤明。

在放學之後，看電影之前，以及運動、戲劇，或者跟朋友在一起以外，他還會空出時間陪傑斯柏和黛西。黛西才剛剛學會英文的基本用法，但經常會莫名地回去說動物語——豬叫聲、驢叫聲、貓叫聲。我們用繞著地球打轉的「海爾——波普彗星」的名字，叫有一頭亂糟糟的褐色頭髮，和嚴肅聰明眼睛的傑斯柏是小波普。她跟傑斯柏都愛死了他們的大哥哥，而尼克似乎也很疼愛他們。

這一學年順利地進行。尼克總是快速而負責地完成回家功課。凱倫經常考他這星期的法文單字。我幫他校對作文作業。老師在他成績單上的評語也不斷增加。

然後，某個週五午後，尼克、傑斯柏，和黛西跟凱倫在院子裡。電話響了，打來的是一年級的主任，他說我跟凱倫必須去學校一趟，討論尼克因為在學校裡購買大麻而必須接受停學處分的事。

「他什麼？」

「你不知道嗎？」

尼克沒有告訴我們。

即使在兩年前發現過那一小袋大麻，我還是非常震驚。「抱歉，這一定是搞錯了。」

沒有搞錯。

我立刻開始幫他找理由。我心想，他又在實驗了，而且許多孩子都會有這種嘗試。我告訴自己，尼克不是那種典型的毒蟲，不像那些在城裡大街上晃蕩，沒人管，抽著菸，生活沒有目標的男孩子，也不像我以前在東岸認識的某人因吸食海洛因而出車禍的十幾歲兒子。我最近才聽說一個跟尼克同年齡的女孩，因為割腕自殺而住進精神病院。她當時也吸食海洛因。尼克完全不像這些孩子。尼克開朗、熱情、勤奮。

我父母從來不曉得我吸過毒。即使到今天，他們還是會說那是我編出來的，或者我言過其實。但事實並非如此。高中時，我用微薄的零用錢和送報紙的薪水買大麻。我跟許多成長在一九六〇年代末期和一九七〇年代的孩子一樣，不但吸過大量的大麻，也碰過以前的世代從來不曉得的各式各樣的毒品。在我們之前，年輕孩子會偷喝酒，但所謂的毒蟲只有遠在異國，在中國鴉片館裡的鴉片鬼，或者對海洛因上癮的爵士樂手。但在我們位於美國中西部的社區裡，即使電視只有三個頻道，電話要用撥號盤撥號，但有一個鄰居在閣樓裡用照射植物專用的成長燈栽種大麻，還有一個鄰居販賣ＬＳＤ。學校裡許多不同的族群，不只是一天到晚嗑藥的傢伙，還有運動選手和書呆子女生，甚至包括我高中時代大多數時間都哈得要命的一個女孩子，都似乎隨時有大麻，以及各式各樣的藥丸。

我經常跟因為接觸大麻和搖滾樂而結交的新朋友，在晚上吸食大麻後，恍惚地在大街上晃蕩，或者到某個人的家裡去。通常我們都可以不被發現地偷溜進去，但有時候會被我們的父母攔截，被迫跟他們一起吃飯。有一次我母親說：「你們兩個今天心情好得不得了，是不是？」

晚餐後，我們會進到我掛著黑色燈的臥室，牆上貼著一張傑佛森飛船合唱團的海報，聽著我的音響放的音樂。披頭四、藍儂的個人專輯、糾結合唱團，和巴布．狄倫：「雖然大人訂下規矩，給聰明人和笨蛋，但是媽，我沒有什麼目標要追求。」

滾石合唱團的布萊恩．瓊斯、女搖滾歌手珍妮絲．賈普林、吉米．罕醉克斯，何許人合唱團的鼓手齊斯．慕恩——我們崇拜的搖滾明星——都死了。但這些悲劇絲毫沒有影響我們嗑藥的程度。他們的死亡似乎並不適用於我們，或許因為他們的死亡，就跟他們的生命一樣，對我們而言，都是過度消耗。在某種程度上，他們似乎是照著他們的音樂而活。何許人合唱團就唱道：「我身心俱疲，但願我在衰老前死去。」還有「為什麼你們不都消失不見？」

我們認為「安非他命致人於死」的警告標語，和其他許多反毒的公益廣告都是歇斯底里，不值一顧。「他們」——政府、父母——想要嚇唬我們。為什麼？吸毒亢奮的我們可以看穿他們，我們再也不怕他們。他們無法控制我們。

我的父母其實還算時髦。他們會聽「赫柏・亞伯特與蒂華納銅管樂團」。他們偶爾會在週六晚上跟朋友聚會，一大群業餘的音樂家湊在一起，在我們的客廳裡吃起士火鍋，開即興爵士音樂會。我父親會像紐奧良著名小號手艾爾・賀特一樣，吹著一把撞得有凹痕的小喇叭，而我母親則穿著迷你裙，或者在一九六〇年代末一段很短的時間裡，穿著橘色和紫色的印花洋裝，拉著一把氣喘吁吁的手風琴，演奏〈來自伊帕連納的女孩〉，以及《男歡女愛》的主題曲。但我父母沒有時髦到嗑藥。事實上，他們的派對甚至不供應酒。飲料的選擇只有果汁和低咖啡因咖啡。

亞利桑那州的夏天非常熱，熱到一個記者曾做過一項著名的實驗，在他的車子引擎蓋上煎蛋。每次我們打開大門，我父親就會大吼：「趕快出去，不然就進來。你想把冷氣吹到整個沙漠嗎？」

到晚上，我會跟一個朋友，一個皮膚曬得很黑，剪了典型男生髮型的孩子，一起騎車經過許多跟我們家長得一樣的房子，暫時逃離令人抓狂的封閉空間，一直騎到印第安人保留區和漫無止盡的沙漠邊緣。

一個令人窒息的夏日夜晚，我們跟平常一樣騎到印第安人保留區，視而不見「禁止進入」和「危險」的標誌，爬到切過沙漠地面的水泥運河牆上。我們身體後仰，手肘撐地，仰望著星星，我的朋友此時拿出一片鋁箔紙。他打開鋁箔紙，遞給我一小片正方形的紙，上面蓋著獅臉標誌。「這是ＬＳＤ。」他說。

我緊張地把這個獅子放到我的舌頭上，感覺到它慢慢融化。

我一開始覺得噁心想吐，手腳痲痹，但很快的，愉悅的浪潮開始在我全身流竄。我突然感到一陣強烈的能量，站了起來。夜空似乎亮了起來。一陣傾盆大雨劃破沙漠，沖刷一切。我很驚訝自己居然能在黑夜中看得如此清楚。四分之三滿月的月光是真正的原因，但我覺得是因為藥的關係。一隻飛快經過的大野兔停下來，盯著我們看。我揮之不去的焦慮感和疏離感消失了。我感到一種籠罩全身的幸福，覺得一切都好極了——現在就好極了。

我必須在十點前到家，所以我往回騎，毫不費力地踩著踏板。我把腳踏車停在車庫，盡可能安靜地走進屋裡。

我想回房間，但在半路上被攔下來。我來到我父母所在的廚房裡。「你們玩得開心嗎？」他們完全不知道當我坐在他們旁邊，一起看本週電影：〇〇七系列的《雷霆谷》時，我的腦袋是一團混亂。

那個陽光普照的五月午後，我跟凱倫開車去尼克的學校，一路沉默。在校門的旗杆附近閒晃的學生正確無誤地指引我們到科學大樓一樓的辦公室。迎接我們的一年級主任穿著T恤、卡其短褲和球鞋。他請我們在兩張塑膠椅上坐下來，面對著一張擺滿科學雜誌的書桌。另一個一臉稚氣，頭髮有些蓬亂，襯衫領口沒扣釦子的男人也進來加入會談。主任介紹他是學校的諮商師。

窗外，一群男孩子，包括尼克的一些朋友，正在綠色的運動場上揮舞著曲棍球桿。

主任和諮商師問我們的狀況如何。

「不是特別好。」

他們點點頭。他們沒有多加解釋尼克的犯規行為，而是花了很多力氣安慰我們。他們解釋說很多學校都有對吸毒行為毫不容忍的政策，但他們希望自己的政策考慮到孩子現在生活的現實環境，而比較開明，比較有幫助。

「尼克會有第二次機會。」主任說，他的身體前傾，靠在書桌上。「我們會讓他留校察看，但是如果他再犯，就會被退學。他也必須參加一個下午的毒品和酒精諮商會談。」

「事實上到底發生什麼事？」我問。

「一個老師在午飯過後，在學生餐廳外面抓到尼克在買大麻。學校的政策是，任何販賣毒品的學生都會被踢出去，所以賣給尼克大麻的那個男孩子已經被退學了。」

雙手交疊在大腿上的那位諮商師說：「我們的看法是，尼克做了錯誤的選擇。我們希望幫助他以後能做出比較好的選擇。我們認為這是一個錯誤，也是一個學習的機會。」

聽起來很合理，也很樂觀。我跟凱倫不但感激尼克有第二次機會，更感激我們在試圖釐清這一切時，不必孤軍奮戰。這位主任、諮商師，和其他老師顯然經常都在處理這類的事。

在一個小時的對話中，我提到因為尼克喜歡衝浪，所以我擔心他可能在海邊接觸到毒品。詭異而矛盾的是，對很多孩子而言，駕馭令人敬畏的太平洋海浪帶來的亢奮，居然還是不夠。我就看過穿著防寒衣的衝浪者在海邊互相傳遞大麻菸，然後才進水裡。

他們互相看了一眼，「我們剛好有一個適合尼克的諮商師。」主任說。

「我們會打電話給德恩。」

「他很厲害。或許他可以當尼克的輔導老師。」

他們接著給了我們一家中心的詳細資訊，這家中心提供關於毒品和酒精的心理諮商。

回到家後，我們立刻打電話，預約了第二天的時間。我們三個一起見到諮商師，然後我跟凱倫留下尼克，讓他們進行兩個小時的會談，其中包括訪談和關於毒品的諮商。我們去接尼克時，他說那根本是浪費時間。

德恩，那位老師，是一個結實的男人，一頭淺褐紅色的頭髮，和海水藍的眼睛。他的臉同時顯得溫柔又顯得粗獷。我們聽說他很少表現得熱情洋溢，但總是給學生穩定而耐心的支持，對他教的科目和學生也充滿熱忱。他是會悄悄改變別人人生的那種老師。除了教自然科學以外，他也是學校的游泳隊和水球隊教練。除此之外，他還輔導一群學生。尼克成為他最新的責任。在那次會議幾天後，尼克在停學結束後回到學校，並在放學後告訴我們這件事。

「這傢伙！」尼克跑進屋子裡，一邊說著，一邊丟下他的背包，朝冰箱走去。「這個老師……」他把穀片倒在碗裡，然後開始切香蕉在上面。「他跟我一起吃午餐。他真的很了不起。」他倒進牛奶。「他衝浪很厲害。他一輩子都在衝浪。」他抓起一片麵包。「我去他的辦公室看，整面牆都是他到世界各地度假的照片。」他在麵包上塗了厚厚的一層花生醬，然後從冰箱抓了果醬，塗了一些在上面。「他問我想不想跟他一起去衝浪。」

幾星期後，這兩人就一起去衝浪了。尼克回來時，顯得興高采烈。德恩固定會在學校裡找尼克聊聊，也會打電話來家裡。這學年快結束時，他開始遊說尼克加入游泳隊。練習將在秋天開始。但尼克很頑固。門都沒有。但是德恩不管尼克斷然拒絕，整個暑假不斷打電話到洛杉磯找他，問他的狀況，也繼續問他游泳隊的事。在暑假快結束，他們再次在北加州一起衝浪之後，他提出一個提議。如果他在秋天時過來，來參加一次游泳隊的練習，他就不再騷擾他，不再遊說他加入。

尼克答應了。

尼克滿十五歲，是二年級新生了。他照約定參加了第一次練習，然後是第二次，接著又一次。他有均勻修長的身材，和習慣趴在衝浪板上划過猛烈海浪而鍛鍊得肌肉發達的手臂，本來就已經很會游泳，而在德恩的指導下，他更是進步神速。他也喜歡游泳隊的團隊精神。最重要的是，他很受到德恩的激勵。「我只是想讓他高興。」尼克有一天在跟他碰面之後，這樣告訴凱倫。

游泳隊的訓練大約在聖誕節假期時結束，但是到這時候，德恩已經說服尼克也加入了水球隊。尼克還被選為副隊長。凱倫、傑斯柏、黛西跟我，固定都會去看他比賽——我跟凱倫與其他家長坐在一起，黛西和傑斯柏在正面看台上爬上爬下，隨他們高興地加入大喊：「尼克，加油！」

尼克也顯現出當演員的天分。有一天晚上，我跟凱倫，還有我們一大群親戚朋友，都被學生導演演出的《春之覺醒》這齣戲嚇到。這齣戲由法藍克．魏德金寫於一八九一年，幾年前還經常被禁或被要求審查修改（但這次演出沒有）。故事內容赤裸裸地面對一群無法求助於大人的青少年的性覺醒。其中一個女孩子吃了墮胎藥而死亡；還有一個角色自殺。

德恩也鼓勵尼克發展他對海洋生物的興趣。尼克的二年級即將結束時，他告訴尼克加州大學聖地牙哥分校有一個暑期計畫，主題就是海洋生物。有一天尼克回家時，手上揮舞著他從這個計畫網站列印下來的宣傳小冊子和申請表格，問他可不可以去。我跟他母親一同意，他就立刻申請了。

六月底的一個早晨，從噴射機窗戶望出去的景致美極了。天空是粉紅色的，而太平洋在與海岸線驟然相接的地方，是一片夢幻般無瑕的藍色，比任何景觀都更能顯現出南加州樂觀無憂的氣息。在聖地牙哥降落後，我們拿了行李，領取了預租的車。我們往北開，直到碰到轉向拉約拉這個臨海小鎮的岔路。我們下了交流道，送尼克到加州大學的校園，幫他登記住進宿舍。尼克有點緊張，但這些孩子似乎都很親切。其中有幾個跟他一樣，帶了衝浪板來，令人安心一些。

我們互相道別。黛西用她小小的手臂繞住尼克的脖子。

「別擔心，小搗蛋。」他說。「我很快就會再看到你了。」

尼克經常打電話回家報平安。他玩得開心極了。「我可能想當海洋生物學家。」他有一天說。他告訴我們，參加計畫的其他孩子，以及他跟其他衝浪的孩子在一大早課程開始前，走下一條陡峭的小徑，到布萊克海灘去衝浪。他說他已經決定要完成這個營隊的水肺潛水執照課程。在靠近卡塔連納島的一次夜潛中，他還跟一群海豚一起游泳。

課程結束後，維琪去接他，他剩下的暑假就在洛杉磯度過。暑假似乎過得比平常快，很快他就會回到家，準備迎接三年級了。

這是尼克在學校裡表現最好的一年。他有一群關係很緊密的朋友，跟他們很親近，而且同樣熱切關心政治、環境，和社會議題。他們一起去抗議在聖昆丁監獄的死刑執行。我們一個朋友也在現場。他說他看到尼克坐在人行道上，眼淚沿著臉頰流下。尼克很喜歡自己選的課。寫作課仍舊是他最強的科目之一。除了跟著一位鼓勵他寫短篇小說和詩的老師上創意寫作課以外，他還加入了校刊團隊，成為編輯和專欄作家。他針對少數民族平權運動、科羅拉多州里多頓鎮高中校園槍擊案，還有科索沃戰爭，寫出他真心的個人感想和政治觀點。他參加編輯會議，並經常留到很晚，幫忙校對稿件。他的專欄內容越來越大膽。有一次他在專欄中檢驗自己如何出賣了自己最崇敬的理想。這件事是關於我們最親近的兩位朋友，後來成為尼克非正式教父的一對伴侶。其中一個人是愛滋病毒帶原者。他給了尼克一個愛滋病手環，「上面有你看到那些愚蠢的名人，在走進奧斯卡頒獎會場大門時，被分到而戴在身上的那種緞帶。」尼克寫道。「對當中許多人而言，這條緞帶可能不過是時髦而已，但在我朋友送我的手環上，這緞帶代表了希望。他告訴我，買手環的錢會用於贊助找出這種疾病的療法。」

尼克寫說，他每天都戴著這個手環，「後來我長大了。雖然對教父的感情從來沒變，但我開始擔心別人怎麼想。我開始聽到高中裡的一些同學對同性戀者說很難聽的話……開始不敢戴著那個手環……到後來，我終於不再戴了。」尼克繼續寫道，後來他把手環弄丟了。「我很難過我把手環弄丟了。」他總結道：「或許它的消失比它的存在有更大的象徵意義。它象徵我沒有勇氣為我的朋友挺身而出。」

尼克在校刊指導老師的鼓勵下，把這篇文章和其他的專欄文章寄去參加「海明威寫作獎」高中記者組。結果他得了第一名。接下來他又把一篇專欄文章投稿到《新聞週刊》的〈輪到我來寫〉專欄，結果在一九九九年二月被刊登出來。這篇文章是對遠距離共同監護的控訴。「或許結婚誓詞裡應該多加一項。」尼克寫道，「『你們是否承諾在有生之年，彼此相愛相扶持，不論貧富，不論疾病健康？如果你有了小孩，結果又鬧到離婚，你們是否承諾會跟孩子住在同一個地區？』事實上，既然大家經常違反結婚誓詞，或許應該有一條法令規定：如果你有小孩，你就必須住在他附近？或者應該有一種共識：如果你搬到離孩子很遠的地方，你就必須自己旅行去看他們？」他尖銳地描寫了多年來的共同監護安排對他的影響：「我身邊永遠都少了某個人。」

尼克對書和音樂的品味也持續改變。他過去最愛的作家，沙林傑、哈波．李、約翰．史坦貝克，和馬克吐溫，逐漸被各式各樣憤世嫉俗、吸毒、酗酒、憂鬱和自殺的作家取代：韓波[8]、威廉．布洛斯[9]、傑克．凱魯亞克[10]、卡夫卡、卡波提、米勒、尼采、海明威，和費茲傑羅等。他最愛的作家之一，查理．布考斯基的作品，擁有大學圖書館最常被偷書籍的名聲。他曾總結他的讀者是「挫敗、瘋狂、被詛咒的一群人」。青少年可能確實有，或自認有這些感覺，但是我真的很擔心這些作家對尼克有這樣的吸引力，尤其是他們如此美化毒品和放蕩的生活。

春假時，我們兩個人一起到中西部和東岸進行大學參觀之旅。我們飛到芝加哥，在一個多霧的清晨抵達。我們有整個下午的空閒，所以去參觀了芝加哥藝術學院和美術館，晚上還去看了一齣戲。尼克在芝加哥大學旁聽了幾堂課，還在宿舍裡住了一夜。第二天早上，我們飛到波士頓，租了一輛車。花了兩天在城市裡參觀幾所學校後，我們開車到愛默思特，在天黑後抵達。我們在市中心停下來，在一家印度餐廳吃飯。之後我們向人問路，詢問怎麼去我們的旅館。我們問的那個人很熱心急切地大吼。

「直直走！」他吼叫。「你會碰到兩個紅綠燈。」他直視我們的眼睛。「右轉！一定要右轉，絕對不能左轉！」

尼克跟我完全遵照他的指示。尼克用跟那個男人一樣的音量和口氣指揮我方向。

「停！」他大吼。「右轉！右轉！右轉！一定要右轉，絕對不能左轉！」

我們的最後一站是曼哈頓，尼克在這裡參觀了紐約大學和哥倫比亞大學。

回家之後，他填寫了大學申請表格，我們還一起做暑假計畫。他跟凱倫繼續用法文交談。他很有語言天分；記憶對他而言輕而易舉，他的聽力更是精準完美。雖然他欠缺字彙，但他流暢的巴黎口音，和多虧凱倫之賜的一大堆法文俚語，卻足以彌補。事實上，到學年結束時，他的法文老師鼓勵他去申請巴黎的一個暑期計畫，在當地的美國大學上語言課。維琪跟我討論過後，決定送他去。

尼克六月幾乎都待在洛杉磯，然後就飛到巴黎去參加為期三週的課程。他在電話中報平安時，說他過得很開心。他的法文進步很多，也交了很多好朋友。他甚至在一部學生影片中扮演了一個角色。「我很喜歡這裡，但我想念你們每個人。」有一次，他在掛電話前這樣說。「告訴那兩個小鬼，我愛他們。」

課程結束時，尼克飛回來，我到機場去接他。我在登機門外等候，看到他從空橋上出來。他看起來糟透了。他長高了，但這不是我最先注意到的一點。他的頭髮亂糟糟的，完全沒整理。他眼睛周圍有黑眼圈。不知道為什麼，他看起來蒼老了一些。他的態度更讓我警覺。我感覺到一股醞釀中的慍怒。我終於問他怎麼了。

「沒事。我很好。」他說。

「在巴黎發生了什麼事嗎？」

「沒有！」他氣沖沖地回答。我狐疑地看著他。

「你生病了嗎？」

「我沒事！」

但是幾天後，他抱怨肚子很痛，所以我幫他跟我們的家庭醫師約診。檢查花了一小時。然後尼克出來找我一起進去。這位醫師雙手交叉在胸前，憂慮地看著尼克。我覺得他還有別的話想說，但他只是簡單宣布說尼克有胃潰瘍。

哪個十七歲的孩子會有胃潰瘍？

8　十九世紀法國象徵主義詩人。

9　後半生都是鴉片吸食者的美國小說家及散文家，著有《裸體午餐》。

10　對巴布．狄倫及披頭四樂團有深遠影響的小說家，著有《在路上》。

7

高中畢業之後，我進了位於土桑的亞利桑那大學，距離美墨邊境更近。我的室友查理來自曼哈頓。他有個信託基金，父母雙亡。我始終不知道他父母過世的真相是什麼，但其中牽涉到酒精和毒品。可能是自殺。查理會引用《不可兒戲》中的名句，說：「渥辛先生，失去父母之一，可能被認為是不幸。但是失去雙親，就像是粗心大意了。」

查理的外表俊俏，雖然帶著些許怪異。他的鼻子挺直，一頭鬈髮是深褐色的，眼睛是咖啡色的。他似乎有用不完的活力，很吸引人。他的見識之廣把我跟其他認識他的人都唬得一愣一愣的。他會講起在麻州度假勝地海尼斯港或某個「葡萄酒莊」，跟某些甘迺迪家族親戚共度聖誕節；在摩納哥跟蔚藍海岸過暑假等。他帶我跟其他朋友去一家法國餐廳吃飯時，總是用法文點蝸牛、鵝肝醬、和香檳王。他會跟他的聽眾分享各種神奇故事，包括聽起來像（也可能真的是）小說家費茲傑羅筆下的嬉鬧宴會，在住宿學校的狂歡派對；聽起來像（可能也真的是）亨利．米勒筆下的變態性行為。如果你提到你需要一件新襯衫，他就會推薦多年來都幫他父親縫製西裝的，一位香港的裁縫。他宣稱認識麥迪遜大道上最優秀的鐘錶匠、卡萊爾酒店裡最優秀的調酒師，還有曼哈頓皮耶爾酒店裡最優秀的女按摩師。你提到你喝到一瓶很棒的加州葡萄酒，他就會告訴你，他跟德國銀行家羅斯柴爾德的後裔一起喝過的一瓶瑪歌堡紅酒。關於他的一切都在企圖引起別人的崇敬。包括他喝酒和吸毒的方式。在當時的我看來，他做這兩件事時，似乎都帶著令人敬佩的決心。

我發現土桑有兩所並行存在的大學。一所是多少認真看待大學的學生上的學校。另一所，也就是我念的這一所，則是《花花公子》選為全美最棒的派對大學之一。

跟查理相比，我只是業餘玩家。查理從來不會讓課業或其他事情干擾到他的放蕩行徑。雖然他偶爾也會在宿醉時感到罪惡，決心改過自新，但接著就會為自己重新做人，勤勉認真舉杯大喝香檳或瑪格麗特。

查理有一群朋友，也來自紐約市。他們一起住在土桑另一頭的一棟粉紅色泥磚屋裡，與大學分據城市兩端。他們沒有信託基金可以揮霍，但他們靠著販賣從墨西哥尤加敦州走私進來的冷凍蘑菇，就有錢開派對，吃牛排。

卡羅斯．卡斯塔尼達的《巫士唐望的教誨》，和之後的續集，在當時的校園裡相當流行。卡斯塔尼達，一位人類學家，在書中記錄了他追隨一位亞基族印第安巫士得到的知識。這位巫士教授他看來雜揉許多不同東西方神祕傳統，類似宗教的哲學。唐望的靈性探索還必須結合服用精神異常藥物，包括一種奇幻仙人掌、大花曼陀蘿，和含有羥色胺磷酸成分的神奇蘑菇。我的朋友跟我都躍躍欲試，而且這些書還鼓勵我們把吸食迷幻藥時的經歷視為一種知性的探索，而非放蕩的行徑。此外我們也莫名地為大麻、白板、傑克丹尼爾威士忌、金快活龍舌蘭酒、古柯鹼，和其他各種會使人亢奮或低落的東西，找到合理的藉口。

我很清晰地記得自己曾在土桑城外的紅岩沙漠中陷入幻覺，看著一朵墨西哥雛菊幻化成一個人的臉。然後這朵雛菊和周圍的其他雛菊都變成數千個天使清新的面容，接著所有天使開始低語那個終極問題的答案：人生的意義是什麼？我靠得更近，想聽清楚內容，但是那喃喃低語消失，取而代之的是壓抑的笑聲，而那一大群陰沉的面孔也變成一大片田野，田野上都是大笑的瑪芬蛋糕。

到了晚上，當潔白的滿月爬上地平線，我覺得如果我們文學課上讀的伊塔羅．卡爾維諾的書裡，那些人可以用階梯爬到月亮上，為什麼我不可以？但是當查理宣布夜店時間到了，我便打消了這個念頭。

查理為了熬夜讀書買藥，但是這些藥只有半小時左右的幫助，接下來，除了想著要去哪間夜店以外，我們根本就亢奮到無法專心做任何事。大量的藥物和酒從來不會阻止查理開車，他因此撞毀過兩輛標緻汽車。謝天謝地——或說近乎奇蹟地——他從來沒有撞傷過任何人，至少據我所知沒有。我就坐在他旁邊，而現在我知道那等於是玩俄羅斯轉盤。

他把「滾石」的音樂開到最大聲。他不斷重複，大聲地放他最喜歡的一首歌〈一道光〉，跟著米克．傑格一起唱：

寶貝，你在暗巷裡喝醉，
衣服全都撕裂，
你深夜的朋友們，
在寒冷灰色黎明中離開，
你身邊似乎有太多蒼蠅，
我無法將牠們揮去。

某天晚上，某一次毒品引發的突發奇想下，我跟查理決定開車到加州去看日出，因此我們打包了一堆毒品後，就往西朝聖地牙哥疾駛。到達海灘時，天還是暗的。我們坐在沙灘上，肩膀上披著毯子，盯著水平線那端，等候日出。我們抽著大麻菸聊天。過了很久，當中一個人發現四周亮起來。我們轉過頭。那時一定是十點左右了。太陽幾個小時前就升起了。

「喔，」查理突然間恍然大悟，「太陽是從東邊升起來的。」

還有一次，我們去史考特谷看我父母之後，開車去土桑的路上，載了一個搭便車的女生。我們來到她的目的地，名叫卡莎．葛藍德的鳥不生蛋的小鎮上一個跳傘學校時，這位乘客說服了我們去嘗試她最喜歡的這種運動。指導課程在一面牆的前面進行，牆上有人用油漆寫著：「你們在地面上做的一切都無關緊要。」我們的講師說：「你們最重要的工作就是享受飛行。」他講到最後的結語時，突然呵呵一笑：「去他的，飛就是了。」

我的降落傘沒有張開。我的備用降落傘在看似就要無望的最後一秒，減緩了我下降的速度，救了我一命。我重重摔落地面，但安然無恙。查理飛奔過來。「幹！」

吸毒的故事很邪惡。跟許多戰爭故事一樣，這類故事都聚焦在冒險和死裡逃生的部分。根據一長串知名的或惡名昭彰的放蕩者，以及他們的傳記作者的傳統，即使是宿醉和瀕臨死亡的經驗都會顯得別具魅力。但說故事的人通常都會省略那逐漸惡化的心理創傷，以及最後的傷亡。

一天晚上，查理在狂歡兩天後回來。因為他在浴室裡待了太久，我擔心起來。叫了他半天都沒聽到回應後，我把門鎖撬開，開門進去。他已經昏過去，頭撞在鋪了瓷磚的地板上，地上滿是鮮血。我打電話叫救護車。在醫院裡，醫生警告查理不能再喝酒。他承諾戒酒，但結果當然沒有。

同樣那年，後來我們又一次受到吸食迷幻藥的美國記者杭特．湯普森激勵，來一趟吸毒後的公路旅行。我們最後到了舊金山，在清新的清晨抵達。我以前從沒去過舊金山。我們在城市中最高的山丘頂端停車。讓人神清氣爽的風吹來。在到處都是沙漠的亞利桑那州長大的我，生平第一次覺得能夠好好呼吸。

於是我申請轉學到加州大學柏克萊分校。我還沒有毀掉我的成績，所以我被接受了，在秋天時入學。那時候大學生建立自己專屬的社會科學研究主修領域，並不是很罕見的事，因此我的研究主題是死亡與人類良知。

我很熱中於在柏克萊的學業，但在這裡，毒品也唾手可得。古柯鹼和大麻經常是我們週末狂歡的主角。我的一個朋友的父親是醫生，甚至會開一瓶瓶的安眠酮給他，因為他不希望兒子吃街上來路不明的藥物。我嗑很多種藥，但不比周圍的人更多。不知道為什麼，到後來，許多人似乎都習以為常地認為高等教育、酩酊大醉，以及吸毒，三者是密不可分的。

我仍跟查理保持連絡，而他喝酒和吸毒的程度也與日俱增。這讓我在這麼多年後想起來時，不禁對尼克感到擔憂。我自己的吸毒程度也很過分，但我從來不像查理那樣。到凌晨一兩點時，我就會收手，因為我第二天要早起上課。但查理會看著我，好像我瘋了一樣。他才剛要開始而已。

在法國度過暑假之後，尼克回到學校。他的胃潰瘍痊癒了，但他卻跟以前不同了。他大多數的課仍表現得不錯，維持著很高的平均成績，彷彿這樣的學業表現使他的墮落更顯得不幸。他退出了游泳隊和水球隊，最後也退出了校刊社。他開始蹺課，堅持他知道哪些課可以蹺，哪些課不能蹺。他也經常晚回家，不斷測試門禁時間的底線。我們越來越擔心，我跟凱倫去見學校的諮商師，但他說：「尼克比一般孩子坦率，尤其在男孩子當中，這是好現象。持續跟他開誠布公地談，他應該就可以安然度過。」

我會試試看。

尼克像是被兩股互相抗衡的力量拉扯。他的老師和諮商師——還有他的父母——努力想支撐他，不讓他屈服於另一股力量，他心底的力量。

德恩在這所學校任職二十五年後，接下了別的學校的職位。他對尼克的影響力是與眾不同的，但德恩——或其他任何人——也不可能用任何方法，改變尼克現在的方向。有些老師仍舊很欣賞尼克的聰明，和他的寫作與繪畫天分，包括他在學生展覽中展出的一幅作品。他在一個紙板遊戲的內面，用樹膠水彩畫了一個尖叫的男孩子，臉上寫了字。但其他老師則感到憂慮。以前教過尼克，尼克也很喜歡的一個歷史老師打電話來說：「他似乎完全不想談論任何發生的事。」高年級生蹺課的情況很常見，但有一天，他的班導師告訴我，尼克蹺課的總堂數已經打破學校的紀錄——即使此時我們正收到尼克申請的大學的回音。大多數學校都接受了他的申請。

尼克盡可能地減少待在家裡的時間。他經常跟附近一群顯然嗑藥的男孩子混在一起。我質問過尼克，但他否認吸食任何毒品。他很聰明，善於用很有說服力的謊言，合理化一些過分的行為，也越來越會掩飾他的行蹤。我發現他說謊時，覺得非常困惑，因為我以為我們還很親近——比大多數父子都親近。最後他終於承認他嗑藥，但「大家都一樣，」「不過是大麻而已，」而且「只是偶爾。」他答應絕對不搭任何吸毒者的車。嗑藥而痲痺的他充耳不聞我的勸告、懇求和憤怒。他只是一直向我保證：「沒什麼大不了的。沒什麼害處。不用擔心。」

「大麻不一定無害。」我說，重複著已經說爛的說教內容。「對某些人來說，這有可能變成大問題。我知道有些人一開始只是吸一點點大麻，後來卻變成毒蟲，而且……」

尼克不以為然的樣子。

「是真的。」我繼續說。「他們因為抽了幾十年的大麻，而完全忘了自己的抱負。」我告訴他另一個過去朋友的故事。那個朋友從來無法長久維持一份工作或擁有一段持續一兩個月的關係。「他有一次跟我說：『我從十三歲起就一直活在電視和大麻的雲霧裡，也難怪我的人生並沒有變好。』」

「你自己都吸過好幾頓大麻，」尼克說：「你有什麼資格說這些？」

「我希望我沒有吸過。」我說。

「你擔心太多了。」他不屑地回答。

有一次我們為了家族聚會，去亞利桑那州我的父母家小住。那時尼克跟我去附近散步。棕櫚樹比我以前住在這裡的時候長高了，也變細了，細到有點荒謬，像是長頸鹿不合常理的長脖子。幾戶人家增建了二樓，但除此以外，我們的這條街幾乎跟以前沒兩樣。我記得尼克兩歲或三歲的時候，我們走過同樣的路線。我用一條繩索拉著一輛塑膠的小車子，尼克坐在車子的駕駛座上。我們去到灌木公園，他拉起假裝的手煞車，打開車門，小心地關上，然後才跑向人造湖的湖邊。他把一片片麵包餵給湖裡的鵝跟鴨吃。一隻脾氣暴躁的鵝咬了他的手指，他號啕大哭起來。

我知道我正在失去尼克，但我仍舊對此合理化：青少年本來就會逐漸遠離父母——變得陰沉而疏遠。「你不得不懷疑，耶穌十七歲時是什麼樣子。」安．拉莫特寫道。「聖經裡甚至提都不提，他顯然一定很難搞。」但我還是試著突破他的心防，想讓他多說點話。但他似乎沒什麼好說。

最後他轉向我，若無其事地問我想不想抽大麻。我看著他。他是在測試我，宣示他的自主性，還是想親近我——跟我建立感情？或許都是。

他拿出一根大麻菸，點燃，然後遞給我。我盯著看了一分鐘。我還是會吸大麻，雖然次數非常少。我去派對或朋友家時，可能會遇到有人抽大麻，自然得就像晚餐桌上有酒一樣。在那樣的場合，我就會抽一口，或兩口。

但現在的狀況不一樣。然而我還是接下了大麻菸，想著——合理化地想著——這就跟上一代的父親跟十七歲的兒子共享一瓶啤酒一樣，是無害的親子時刻。我吸了進去，一邊吸著大麻，一邊跟他走過我小時候在那裡長大的街道。我們聊著、笑著，彼此間的緊張感逐漸融化。

但那緊張感還是回來了。當天晚上，我們就跟原來一樣。尼克是充滿敵意、滿腔怒氣的青少年，很生氣被強迫來亞利桑那。我則是過分緊繃、滿心憂慮，在很多方面都很笨拙的父親。我當時應該跟他一起抽大麻嗎？當然不應該。我是狗急跳牆，不擇手段地想跟他親近。這實在不是好藉口。

尼克同意去看一個新的治療師。據推薦的人說，他是協助青少年男孩子的天才。即使到了我們照約定時間抵達時，尼克對於又要看另一個神經病醫生仍舊很不自在，也有些厭惡。這位治療師身材高大，稍微有點駝背，體重屬於重量級，一雙銳利的藍色眼睛。他跟尼克握了手，然後他們便一起消失到辦公室裡。一小時後，尼克出來了，臉上帶著微笑，雙頰泛紅，許久以來第一次步伐輕盈。「真神奇，」他說：「他跟其他人都不一樣。」

尼克開始每週一次放學後去看他，雖然他有幾次未到。凱倫跟我也跟這位治療師持續會談。在一次會談中，他堅持大學生活會讓尼克回到正途。這真是可笑的想法——什麼時候新鮮人生活曾經讓人回到正軌？但我仍希望他是對的。

夏末的一個午後，維琪從南方上來，跟我、凱倫、黛西，和傑斯柏一起參加尼克的高中畢業典禮。典禮在運動場上舉行。尼克之前一直對他們班選擇穿禮服、戴方帽，覺得很不高興。如果他沒有出現，凱倫跟我會覺得失望，但不會太意外。但他出現了。尼克剛剪了頭髮，穿著禮服，戴著方帽，大步走上前，從校長手上接過畢業證書，並親吻女校長的臉頰。他似乎充滿喜悅。任何一個他或許會好起來的微小跡象，都會讓我雀躍不已。我想著，或許，或許，或許一切終究都會好起來。

在典禮之後，我們邀請他的朋友來家裡烤肉。一張長桌子放在開滿了粉紅色花朵的山茱萸樹下。在晚餐當中，大家互相傳遞一盤盤食物時，尼克和他的朋友在家裡進進出出、上上下下。然後他們跟我們道別，說要去附近一家休閒中心辦的「安全清醒」的畢業狂歡會。他的朋友在那天很晚的時候送他到家。尼克，我高中剛畢業的兒子，在我問他派對如何時，逕自走過我身邊，往他的房間走去，只咕噥了一聲：「我很累。晚安。」

暑假期間，尼克已經完全不假裝節制了。他反覆無常的行徑和情緒變化都顯示他經常吸毒，而且除了大麻以外，還有別的毒品。我的威脅、處罰，和威脅要施加更嚴厲的處罰，都毫無作用。尼克偶爾會有懊悔和憂慮的反應，但大多時候都顯得厭煩。我已經變得無足輕重。我不知道除了警告他、商量和執行門禁時間、不准他用車，並繼續拖他去見治療師以外，我還能做什麼？他仍舊越來越鬼鬼祟祟、愛頂嘴、不顧後果。

我們還是跟以前一樣，每週三晚上會去唐恩和南希家吃晚飯。大人通常都會聚在廚房裡，而他們的孫子則待在擠滿了備用家具，掛著獨木舟和一艘折疊舟的地下室裡打乒乓球，或者在客廳裡盪鞦韆。除了南希和唐恩家以外，我們從來沒看過別人的房子裡有鞦韆。這架鞦韆是用很粗的繩子連結到橫梁上，還有一張帆布做的椅子。有時候孩子們會把鞦韆座當作一個滾球遊戲的發射台。他們首先會把色彩繽紛的紙板積木疊成精緻的高塔。然後他們讓黛西坐在鞦韆上，抓緊繩索，瞄準高塔飛出去。

南希廚房裡最大的特色是一座很大的木製中島型料理台，裝有六個爐口一字排開的電爐。上面通常都有食物在烹煮，是南希從報紙上，最新的珮姬・尼克柏克的烹飪書，或從《美食》雜誌上找到的食譜，讓房間裡總是瀰漫著美味的、奇異的，偶爾也有燒焦的氣味。有一天晚上端上桌的是黃色的雞肉咖哩，配白色的茉莉花香米飯，還有用優格跟小黃瓜做的南印度風味沾醬、芒果酸甜醬，以及用小豆蔻調味的印度捲餅。還有一次的菜單則包括了用綠色辣椒和乳酪做的，熱騰騰的墨西哥燉菜。或者是跟檸檬和梅乾一起燉煮的烤豬肉、酥脆的馬鈴薯，以及跟義大利式培根一起炒的球芽甘藍菜。到了吃飯時間，孩子們可以選擇自己喜歡的瓷盤，每個盤子上都有一隻不同的動物。傑斯柏總是選鯨魚。黛西總是跟表兄弟姊妹爭奪狗的盤子，直到她放棄，接受驢子為止。

尼克似乎還是很享受這些家族聚會的夜晚。但今晚他的行為很古怪。他在廚房裡講出一堆似是而非的結論。「為什麼每個人不應該隨自己高興，在任何時候，跟自己喜歡的任何人有性行為？一夫一妻制是早就過時的古老傳統。」他對南希諄諄訓斥，而南希一邊聽著，一邊攪拌爐子上正煮滾的一鍋菜。「蘇斯博士真是個天才。」他接著又講了好一會他最新狂熱的、不連貫的理論。我猜想他經常跟朋友整晚滔滔不絕地談這類理論。

但後來，我才突然想到尼克一定是嗑了什麼藥。第二天早上，我問他，他否認。我再度威嚇他，但我的威嚇毫無意義。我不准他再嗑藥，但這同樣毫無用處。我們諮詢他的治療師時，他勸我們不要禁止家裡出現毒品。他說：「如果你禁止，他只會偷偷走私。他會轉而偷偷吸毒，你就會失去他。把他留在家裡比較安全。」

朋友和朋友的朋友提供互相矛盾的建議：把他踢出去；不要讓他離開視線。我思索：把他踢出去？到時候他還有什麼機會？不要讓他離開視線？你不如自己試試看，有沒有辦法把吸毒的十七歲孩子關在家裡？

那是尼克十八歲生日前不久，一個寧靜的夏日傍晚。我回到家，發現好像有什麼不對勁。接著我慢慢意識到，尼克不見了，而且同時把家裡的現金、食物，和一箱葡萄酒洗劫一空。他很挑剔，只帶走了最好的酒。我驚慌起來。我打電話給尼克的治療師，但即使在這種情況下，他仍安慰我說尼克會平安無事的，他只是在適當地「表現他的獨立」。如果說他的叛逆行為有些極端，那也是因為我讓尼克沒有什麼東西可以反叛。

終於有人說出來了：所以尼克越來越陰沉黑暗，開始吸毒，現在甚至開始說謊偷竊，其實是我的錯。是我太縱容。我有心理準備面對這種批判，接受是我搞砸了。但我確實會懷疑，那麼為什麼有些父母太過嚴厲，孩子還是出了問題；有些父母比我縱容千百倍，孩子卻平安無事？

尼克離開兩天後，才打電話來。他跟朋友在死亡谷，進行由毒品跟酒精驅動的凱魯亞克式流浪之旅。我要求他立刻回家。他回來了，然後被我禁足。我們做了安排，由他打工，支付他偷竊的損失。（我沒有害怕到過度小心。）

「你老是要控制我！」尼克在某天晚上大吼，因為我告訴他，他不能在禁足期間出門。他穿著鬆垮的綠色褲子，繫著布製的軍用腰帶，還有袖子捲起的白色襯衫。

「我給過你很大的自由，結果你卻濫用。」

「去你的。」他忿恨地重複。「去你的。」他衝進臥室，摔上門。

凱倫跟我在治療師辦公室裡，與尼克一起接受諮商。這是一間小而舒適的房間，擺著兩張有椅墊的椅子。尼克陰沉地坐在我們對面，鬆軟無力地癱在沙發上。治療師努力要營造一段文明的對話，但是尼克暴躁又防衛，把我的憂慮貶低為愚蠢和過度保護。他再度大力抨擊我們是想控制他。

會談之後，也只有在會談之後，我才再度想到尼克很可能吸了毒。我打電話詢問治療師的意見時，他說：「可能吧，但是青少年敵意是很正常的。他能夠有機會對你們宣洩出來，其實很好。這是健康的做法。」

我們同意進行後續會談，這一次氣氛比較和平了。尼克道歉，說他之前很生氣。他甚至向我們保證說，他的放縱行為——他承認是「輕微的」放縱行為——只是要面對辛苦的大學學業前的序曲。「我覺得好像我有權力放鬆一下。」他說。「我在高中念得很認真。」

「你並沒有念得那麼認真。」

「可是我開始上大學後，就會很認真。我知道這是很重要的機會，我不會白白浪費的。」

我當然還是想相信他。我覺得這不只是因為我好騙而已，而是我無法看穿他的行為背後有多大的意義。當改變是逐漸發生時，你經常很難了解背後的意義。

兩週後，星期天下午，凱倫打算帶三個孩子去海邊。我的截稿時間快到了，所以我得待在家寫稿。霧已經散了，我跟他們站在車道上，幫忙把東西放到車上。我們的朋友也開車出現，他們要一起去海邊。接下來，兩輛郡警局的巡邏車停下來。兩個穿著制服的警官走上前來，我以為他們是要問路，但他們直接走過我身邊，走向尼克。他們把他的手銬在身後，把他推進其中一輛警車的後座，然後開走。

六歲的傑斯柏，是我們當中唯一有適當反應的。他號啕大哭起來，無法停止地哭了一小時。

8

尼克被逮捕，是因為他因持有大麻而被法院傳喚，卻沒有如期報到。他忘了告訴我這個小小的違法行為。但我還是把他保出來。「下不為例。」我說。我相信這次逮捕會給他一個教訓。

尼克的情緒起起伏伏，但他保住一份煮咖啡的工作，在米爾谷鎮的一間咖啡店裡煮濃縮咖啡和蒸熱牛奶。我們有時候會去光顧——凱倫、傑斯柏、黛西，跟我。尼克會站在櫃台後，用一個大大的微笑迎接我們。他會向其他員工介紹兩個小朋友，然後幫他們沖泡大杯的熱巧克力，上面堆著軟綿綿的鮮奶油。

尼克跟我們分享許多工作時的故事。他已經認識許多常客，而這些客人可分為幾個種類。「貪小便宜」會點小杯咖啡，但要求用大杯子裝。他解釋說，「貪小便宜」知道煮咖啡的人都會把大杯子注滿，所以他們可以免費喝到多一點咖啡，省下二毛五。「何必要喝」則會點卡布其諾，但要求用無咖啡因的濃縮咖啡和脫脂牛奶。「四倍濃度」則是咖啡狂，會點四份的濃縮咖啡。討厭的顧客則會為自己的粗魯無禮付出昂貴的代價。尼克和他的同事報復的方式是故意弄混他們點的東西，讓某個要求無咖啡因的討厭顧客，拿到雙份的濃重濃縮咖啡，而點普通咖啡的顧客則會拿到無咖啡因的咖啡。

尼克比以前更溺愛傑斯柏跟黛西。有一天早上，尼克特別調皮，又拿出他的招牌模仿之一，模仿電影《波莉安娜》裡的艾格妮絲．慕爾黑德，但這次他的觀眾是黛西。

「小姐，你有個塞住的小鼻子！」

多少次我們曾對尼克怒不可遏，但之後又因為他的善良和幽默而棄甲投降？這兩個尼克，一個體貼慷慨，一個自我中心又自我毀滅。他們怎麼會是同一個人？

黛西氣呼呼地從一個非洲編織籃裡站起來。「尼克，你怎麼找到我的？不公平！」一如以往，在玩躲迷藏時，黛西的藏身處總是第一個被發現。尼克發現她整個縮起來，躲在客廳裡書架旁的一個大籃子裡。「別鬼吼鬼叫了。」尼克用一種新的聲音，一種強盜的腔調說。「有多少籃子會唱歌？下次唱給自己聽就好了。」

他們兩個跑出屋外，去找還躲起來的傑斯柏，跟他們的表兄弟姊妹。夏天即將結束，楓葉已經轉成栗子色，玫瑰和繡球花是耀眼的白色和黃色。空氣清涼，玩遊戲的孩子們呼吸時都吐出白氣。

尼克這次模仿同樣出自《波莉安娜》的卡爾·馬登，一個嚴厲狂熱的傳道者，對著傑斯柏怒吼：「我們會找到你，而且等我們找到你，就會把你頭下腳上地吊起來。」

「對，」黛西說：「然後把巧克力糖漿倒在你骯髒的頭上。」

尼克跟小孩子們玩著，彷彿家裡一切都很好。在他被捕之後，這樣的矛盾讓我困惑不已。

尼克決定去念柏克萊。在一個溫暖的八月午後，我們把車子堆滿行李，然後，我跟凱倫，還帶著傑斯柏跟黛西，一起載尼克過去學校安頓。我們在中途停下來吃披薩，然後開進占地廣闊的校園，在裡面找到鮑爾大樓，一棟古老的都鐸式宿舍。

「城堡！」傑斯柏說。他羨慕又佩服。「你可以住在城堡裡耶！」

我們停在大樓門口，幫忙他提著行李穿過石造拱頂走廊，走上兩層石造階梯，找到尼克的房間，見到他正在放行李的室友們。他們看起來似乎都很認真、好學，其中一個還像是書呆子。一切似乎都好極了。

一個頂著蓬亂紅髮，穿著淺藍色圓領毛衣的男孩子正在組裝一台複雜的電腦。另一個男孩子，戴著橢圓形的玳瑁框眼鏡，穿著條紋T恤，則在一台小型CD音響上胡亂疊了喬治．麥可、席琳．狄翁、芭芭拉．史翠珊，和艾爾頓．強的CD。基於尼克絕不妥協的音樂品味，這個名單似乎預告這小小的房間裡恐怕很難有和諧的樂音。

尼克陪我們走到車子旁邊。「沒問題的。」他緊張地說。「這棟老房子很酷。」

他擁抱了我們每一個人。

我提到喬治．麥可，而尼克笑了起來。「我會教育他們。不久他們就會開始聽馬克．瑞柏了。」瑞柏的一首歌是尼克的最愛之一：「嘿，我殺了你的上帝。」

尼克幾天後打電話來時，似乎對他的課很投入，尤其是一門繪畫課。但在接下來的電話裡，他承認他沒辦法弄好畫布的支架。「不論我怎麼弄，它們總是會斜一邊。」他說。「我只好拖著它們走過校園。我覺得自己好像背著十字架的耶穌。」

之後的更多電話裡，他也開始抱怨其他課程。「教我們的是助教，不是真正的教授。」他說。「他們是白癡。」

在後來的一些對話中，尼克似乎心不在焉，然後他不再固定回我的電話。我不知道發生了什麼事，但他的沉默告訴我，事情並不順利。當他終於回電時——「我待在朋友家，」「學校很酷，但是我真的很喜歡這邊的地下音樂。」——我鼓勵他撐過最初的這段時間，善用在加州大學念書的機會。「這些努力會很值得。」我說。「剛開始總是會很困難，但你可以撐過去的。」

我建議他去找學校健康中心的諮商師，如果他願意的話，也可以去找他的治療師。他的治療師曾表示尼克可以按照自己的想法，常常跟他連絡或偶爾才連絡一次。「很多新鮮人一開始都很掙扎。」我說。「這是很普遍的。或許諮商師可以幫忙。」

他說這個主意不錯。一部分的我相信他會照著建議，去尋求幫助，但更大部分的我卻知道他不會。一星期後，尼克的一個室友打電話來，說他們很擔心，因為尼克已經好幾天沒有出現了。我急得快發狂。

兩天後，一個秋天的傍晚，尼克打電話來，終於承認他適應不了大學生活。我認定問題是毒品，因此說我們需要討論戒毒的事，但他說他沒有吃太多什麼藥。「我還沒有準備好上大學。」他說。「我只是需要一些時間。我要先處理一些我自己的事。過去一段時間我過得很糟——覺得很憂鬱沮喪。」

尼克聽起來頭腦很清楚，而我覺得他的話也有些道理。有龐大的證據顯示許多孩子會濫用藥物，是為了治療自己的憂鬱症，以及各種心理疾患。他們濫用的藥物可能會變成孩子和父母雙方的焦點，但實際上卻掩蓋了更深層的問題。那麼父母如何確定到底原因為何？我們請教更多專家，但專家也不見得知道。心理疾病的診斷並非精確的科學，而且非常複雜，尤其是對青少年和年輕人而言，因為情緒變化，包括憂鬱症，本來就在這些族群中相當普遍。這些心理疾患的許多症狀，幾乎跟藥物濫用的症狀一模一樣。此外，等到專家終於找出確實有問題時，藥物上癮可能已經使潛在的疾患更加惡化，而疾病也更助長藥物上癮。這時候兩者已經很難分辨了。

「考量年幼青少年的成熟度、藥物取得的便利性、以及首次濫用藥物的年齡之下，就不會驚訝為什麼有為數可觀的青少年會產生嚴重的藥物濫用問題。」羅柏．施偉柏博士在《光說不是不夠的》書中寫道。「一旦問題發生，就會帶來毀滅性的影響。藥物給孩子屏障，讓他們不必面對現實，不必學習攸關他們未來前途的發展任務。他們一開始會因為缺乏某些技能，而容易濫用藥物，而這些藥物又更進一步阻礙他們發展這些技能。他們會很難建立清楚的自我認同，熟練思考技巧，和學習自我控制。青少年時期是個人應該從童年邁入成年的過渡時期。但有藥物問題的青少年無法為成年角色作好準備……他們會達到成年的年紀，情感上卻一直處於青少年階段。」

一位兒童發展專家告訴我，孩子的大腦在兩歲前的階段，以及十幾歲的階段，是最有可塑性的——也就是會發生最劇烈的變化。「一個人在十幾歲時，最不應該對自己的腦袋亂來。」她說。「毒品會劇烈改變青少年的大腦發展。」她解釋說，經驗和行為會幫助建立惡性循環，加深情緒問題。而情緒問題背後的生理因素又可能因此更惡化，更難治療。於是心理問題就會一再被強化，更牢不可破。在此之後，已建立的腦中連結就會同時具有生理、情緒，和行為因素，難以破壞和重建，也因此從青少年時開始濫用毒品的人，會比其他毒癮者更難治療。

尼克提起的時候，我很難相信他一直因為其他的問題，可能是憂鬱症，而感到痛苦。他一直在看的這位資歷傲人的治療師有可能忽略了這麼明顯的診斷嗎？如果這位治療師真的忽略了，那麼或許是因為尼克很善於掩飾，就像他善於掩飾吸毒的事。憂鬱症是個可能的解釋，也比吸毒問題容易接受。並不是說憂鬱症不嚴重，而是它跟吸毒不一樣，不是病人自找的。想像吸毒是尼克遭遇的問題的症狀，而非原因，似乎讓我安心一些。

尼克也告訴我，他不應該去柏克萊，小一點的學校會對他比較好。他的理論是，他被吞沒在不人性化的加州大學官僚制度裡。「我嘗試照你的建議，去見諮商師。」他說。「但是我得排一個鐘頭的隊，才能預約諮商時間。等我終於排到最前面，他們告訴我，最早能預約到的時間是一星期後。」

「我想重新申請學校。」他繼續說。「在此之前，我想我應該先休學，找個工作，讓身體和心理恢復健康。」

尼克再度搬回家。他答應遵守我們的規定——去接受心理治療，在門禁時間前回家，幫忙做家事，打工，並申請其他學校。他跟他的治療師見面，之後治療師告訴我，他支持這個計畫。事實上尼克似乎真的比較開心，因此我們有理由相信情況正在好轉。他申請了好幾所東岸的人文藝術學院。他的第一志願是麻州西部的漢普郡學院。我們參觀校園時，那裡生氣蓬勃的氣氛和恬靜的鄉村環境，讓他備感興奮。他在英文課和政治課旁聽，還參觀了音樂教室跟戲劇教室。我也覺得這所學校似乎正是為尼克打造的。顯然他的成績還算不錯，因為幾個月後，他就收到來自這所學校的接受信。我鬆了一口氣。尼克終於回到正軌上，回到（我認為）不可或缺的，大學的路。我們忍受了一段艱困的時期，但尼克將會繼續前進。但是除了有時候出來陪黛西跟傑斯柏玩，或出現在餐桌上以外，他不工作的時候，大多數時候都待在家裡，待在他的房間裡。

某天晚上，他去上班。我比平常提早睡著，但是在午夜時突然驚醒。我覺得有什麼事不對勁。或許那是父母的第六感。或許一部分的我探測到麻煩逼近的警告訊號。我起床時只弄出很輕微的窸窣聲響，但已足夠把凱倫吵醒。

「沒事吧？」

「沒什麼。」我低聲說。「繼續睡吧。」

地板很冷，房間也很冷，但我沒有停下來找拖鞋或穿睡袍，因為我不想弄出更多聲響。走廊沒有開燈，但是月光透過客廳的天窗灑下咖啡色的光芒。我打開廚房的燈，來到尼克的房間。我敲門。沒有回應。我打開房門，往裡面看。床單皺成一團的床上空無一人。

我已經越來越習慣一種將我淹沒的、折磨人的情緒，混合了憤怒和憂慮，交互作用結果更黑暗、更扭曲。那是一種荒涼而無望的感覺。我或許已經熟悉，但並不因此比較容易承受。

尼克沒有在門禁時間回來。我只容許自己擔憂到這個程度。我預期他隨時都會回來，並演練我要怎麼做。我會質問他，雖然面對他等於提醒自己一項痛苦的事實：我沒有能力改變他的行為。

我躡手躡腳地走回臥室，試著再度入睡，但徒勞無功。我清醒地躺著。憂慮開始將我吞沒。

我們住在一個小山丘的山頂，就在路繼續往上坡之前，所以每輛車開到我們家前面時，都會減速到幾乎要停止，然後再往上爬。一輛又一輛的車開上來，暫停。每一次我都心跳暫停。是尼克。但接著引擎又加速運轉往山上去。

三點過後，我放棄假裝自己會再入睡。我起身。凱倫也起來。「怎麼了？」我告訴她，尼克沒有回來。我們走到廚房。

「他可能跟朋友在一起，結果太晚了，所以就睡在朋友家。」凱倫說。

「那他也會打電話來。」

「也許他不想吵醒我們。」

我望向她，看到她眼中的沮喪和擔憂。她也不相信是這樣。時間分分秒秒過去。我們喝著茶，坐立難安。

大約七點的時候，我開始打電話給他的朋友，吵醒了其中一些人，但沒有人看到他。我打給他的治療師，而他即使在此刻還是安慰我——或許他認為他的工作就是安慰我——說：「尼克正在消化這些問題，他不會有事的。」我的恐慌升高。每一次電話鈴響，我的胃就緊縮起來。他會在哪裡？我無法想像，或者更確切地說，我選擇不去想像。我趕走腦中最恐怖的想法。最後我終於打到警察局跟醫院急診室，問他是不是在牢裡，或遭遇了意外。每一次打電話，我都得鼓足勇氣，準備面對最不願想像的可能。我預演這樣的對話——那看不到人的麻木聲音，和那聲音所說的話：「他死了。」我預演，以便作好心理準備。我走向這個想法，在它周圍踱步。他死了。

等候真是折磨，但除此之外，我也別無他法。

稍晚，光著腳，穿著睡衣的傑斯柏輕輕地走進廚房，用他清澈的眼睛抬頭看著我們。他爬上凱倫的大腿，嚼著一片土司。接下來，打著呵欠的黛西大步走進來，頭髮揪成一團。

我們沒有說一句關於尼克的事，不想讓他們擔心。但很快地，我們就得告訴他們。他們感覺到有什麼不對勁。他們知道尼克不在家。

終於傑斯柏問：「尼克呢？」

我盡量不露出太多情緒，回答說：「我們不知道。」

傑斯柏開始哭。「尼克還好嗎？」

「我們不知道。」我顫抖地說。「希望如此。」

這種恐懼延續了四天。

∞

然後一天晚上，他打電話來。

他的聲音顫抖，但仍讓我們如釋重負。

「爸……」

「尼克。」

他的聲音彷彿來自一個黑暗的隧道深處。

「我，」聲音很虛弱，「我搞砸了。」發自喉嚨的嘆氣。「我碰到麻煩了。」

「你在哪裡？」

他告訴我在哪裡，我掛掉了電話。

我開車到聖拉斐爾的一間書店後面的小巷子，跟他碰面。我把車停下來，走出車外，旁邊是一排垃圾桶和箱子，到處散落著空瓶子、碎玻璃、破掉的紙箱，和髒污的毯子。

「爸……」

那悶悶的沙啞聲從其中一個垃圾箱後傳來。我走向聲音來源，推開丟棄在此的箱子，轉過角落，看到尼克搖搖晃晃地走向我。

我的兒子，修長強壯的游泳選手、水球選手、帶著陽光般微笑的衝浪選手，此時卻手腳瘀青、臉色發黃、骨瘦如柴，眼睛是兩個空虛的黑洞。我走到他面前，他整個人癱在我的手臂裡。他的腳拖在地上，幾乎是由我抱著。

在車裡，在他昏過去之前，我告訴他，他必須去戒毒中心。

「沒什麼好說，」我說，「你沒有別的選擇了。」

「我知道，爸。」

我沉默地開回家。尼克短暫地醒來，用貧乏單調的語調喃喃地說他欠人家錢，他要還某個人錢，否則會被殺，然後又昏過去。有幾次他醒過來，咕噥一些話，但沒有人聽得懂他在說什麼。

接下來三天，虛弱生病的他偶爾會喃喃自語，像得了熱病一樣不斷顫抖，縮在床上啜泣和大哭。

我雖然嚇壞了，但也因為他說他會去戒毒中心而感到鼓舞。我打給他剛上高中時，我們去看過的那家機構，約好了見面時間。但是在會面的那天早上，當我提醒他我們要去戒毒中心時，他叛逆地看著我。

「絕不可能。」

「尼克，你一定得去。你說你會去。」

「我不需要戒毒。」

「你答應過的。你差點死掉。」

「我搞砸了。如此而已。不用擔心，我已經學到教訓了。」

「尼克，不行。」

「你聽我說，我沒事的。我絕對不會再做那種蠢事了。我已經知道甲基安非他命有多危險了。那玩意太恐怖了。我不是笨蛋。我不會再碰了。」

我停下來。我沒聽錯？「結晶狀的安非他命？」

他點頭。

這消息滲透進我腦裡。上帝啊，不。尼克居然吸了甲基安非他命，這讓我驚恐萬分。我對這種藥也有過親身經驗。

第二部 他選擇的毒品

喔，上帝啊，人居然把敵人放進自己的嘴裡，偷走他們的腦袋！我們居然如此欣喜、愉悅、狂歡、喝采地，將自己變成野獸。

莎士比亞，《奧賽羅》

9

我在柏克萊大學的第一年夏天，查理從土桑搬到北邊來，來唸暑期學校，因此我們合租了一間公寓。一天傍晚，他回到家，把牆上一面二手店買的鏡子拆下來，放在一張咖啡桌上。他打開摺好的小紙包，把裡面的東西倒在鏡子上：一小堆結晶狀的粉末。他從皮夾裡抽出一片單面刃的刮鬍刀，用來切這些結晶，鋼片有節奏地敲打著鏡面。他一邊把這堆粉末排成平行的四列，一邊解釋說麥可——修車技工麥可，一個毒販——手上沒有古柯鹼了。因此查理買了這些結晶粉狀的甲基安非他命。

我用一美元紙鈔捲起的管子，從鼻子吸進這幾列粉末。這些化學物質讓我的鼻腔發燙，眼睛泛出淚水。甲基安非他命不論用鼻子、用抽菸方式，或用注射方式吸食，都會很快被身體吸收。一旦進入血液，它幾乎會立刻直達中樞神經系統。當它到達我的中樞神經時，我聽到像用汽笛演奏的吵雜音樂，覺得好像有煙火在我腦袋裡點燃。甲基安非他命會讓腦中化學傳導素的分泌量激增到平常的十倍到二十倍，其中受到影響的傳導素主要是多巴胺，但也包括血清促進素和正腎上腺素，讓它們就像黑道分子射出的子彈一般爆發開來。我覺得棒透了——超級自信又幸福。

甲基安非他命啟動化學傳導素的分泌之後，也會阻止傳導素被吸收回儲存的囊，就像古柯鹼和其他興奮劑一樣。但不一樣的是，古柯鹼幾乎會被身體完全新陳代謝掉（並且在四十五分鐘內，藥效就會降低到一半），然而甲基安非他命的藥效卻會在十到十二個小時內都幾乎維持不變。當曙光開始透過有裂痕的窗簾滲進來時，我覺得筋疲力竭，抑鬱又煩躁。我上床睡了一整天，蹺掉所有的課。

我之後再也沒碰過甲基安非他命，但查理一次又一次地回去找那個修車技師麥可。他會連續吸食甲基安非他命長達兩個星期。

查理可以是一個很體貼、迷人、風趣幽默的人，但是吸食了甲基安非他命之後，他可能會在凌晨兩三點時，變得很惡劣刻薄。但在之後，不論他惹火的是朋友或陌生人，他都會一再道歉，而且令人信服，因此大多數人都會原諒他。我也原諒了他，原諒了太久。但後來他搬離柏克萊，回到土桑，我們便漸行漸遠。最後我們終於失去連絡。後來我得知，在念完大學之後，他的生活就被濫用甲基安非他命、古柯鹼，和其他毒品所占據。他曾經自願或被強制勒戒，曾數次撞車，曾因為嘴裡含著點燃的香菸就睡著，燒毀一棟房子，曾因吸食過量和意外被救護車送進急診室，也曾經被關入醫院和監獄。

然後查理在四十歲生日前夕過世。

酒精和海洛英是由肝臟分解，甲基安非他命則是由腎臟分解。因此在四十歲時，查理的身體終於不堪負荷。

願主的榮光照耀在你身上，查理。像傍晚的夕陽那樣溫暖。

聽我聽到「滾石」的歌，就會想到他。

當我聽到甲基安非他命時，也會想到他。所以當尼克說他在吸食甲基安非他命時，我覺得全身虛弱。

我在寫作此書的過程中，也不斷不由自主地做了許多研究。在得知尼克吸食甲基安非他命時，我便試圖盡可能地了解這種藥物。我不只是想了解而已，我覺得對敵人的認知一定會帶來力量。但是我了解得越多，越感到氣餒。甲基安非他命似乎是所有毒品當中，最邪惡的一種。

甲基安非他命的前身是安非他命，而最先合成這種藥物的德國化學家在一八八七年寫道：「我發現了一種神奇的藥物，能激發想像力，賦予使用者精力。」安非他命會刺激中樞神經的某些部分，影響非自主活動——心臟與內分泌腺體的活動、呼吸、消化，和反射動作。其中一個效果是刺激支氣管擴張，因此安非他命在一九三二年首次被用於醫療用途——作為治療氣喘的鼻腔噴劑。之後的研究顯示這種藥物還可以幫助治療昏睡症，鎮定過動兒，以及抑制食慾。除此之外，它還能讓人長時間保持清醒。

一位日本藥學家在一九一九年嘗試對安非他命的分子結構做一個簡單的改變，而首次合成了甲基安非他命。這種合成物比安非他命效力更強，製造更容易，而且因為結晶狀的粉末可溶於水，所以也可以用注射的。在一九三〇年代生產的鹽酸去氫麻黃鹼是最先可在市場上買到的甲基安非他命藥物。這種藥物做成吸入方式時，被標示為支氣管擴張劑；而做成藥丸形式，則是食慾抑制劑和興奮劑。當時的一則廣告詞是：「再也不心情低沉，憂鬱不振。」

甲基安非他命在二次大戰期間被日本、德國，和美國軍方廣泛使用，以增進軍隊的忍耐力和作戰表現。從一九四一年開始，配方較溫和的甲基安非他命不需處方就可在藥房購買，藥名是希洛苯（Philopon）與Sedrin。一則典型的廣告標語是：「對抗睏倦，增強活力。」到一九四八年，全日本十六歲到二十五歲的人口當中，大約有百分之五的人使用這些藥物。大約五萬五千人出現醫生一開始稱為甲基安非他命引發精神異常的症狀。他們會咆哮怒吼，產生幻覺。有些人還會出現暴力行為。為人母親者會疏忽，甚至虐待自己的小嬰兒。

一九五一年時，美國藥物食品管理局把甲基安非他命列入管制藥品，必須由醫生開立處方才能購買。根據那年刊登在《藥物與治療》期刊上的一篇報告，甲基安非他命可有效治療「昏睡症、腦炎後巴金森氏症、酒精上癮、某些憂鬱狀態，以及過胖症。」

非法的迷幻藥，包括一開始，由甲基安非他命衍生出來，由鼻腔吸食的一種淡黃色粉末「快克」，以及比較純的，最先可以注射（也可經鼻腔吸食）的結晶甲基安非他命，在一九六〇年代初期開始瘋狂流行。非法的甲基安非他命實驗室於一九六二年在舊金山各地出現，迷幻藥在海特．艾許柏利區氾濫成災，預告了從一九六〇年代中期到晚期的第一波全國性大流行。大衛．史密斯是海特．艾許柏利免費診所的創辦人。當我因為研究而來到他位於舊金山的辦公室時，他回憶這種藥物出現在此地時的狀況：「在甲基安非他命之前，我們見過一些吸食迷幻藥產生的不良結果，但吸食者的狀況都還算輕微，可是甲基安非他命卻完全摧毀了這個社區，讓許多孩子進了急診室，甚至是殯儀館。甲基安非他命結束了嬉皮宣稱的愛的夏天。」

在創辦這間診所之前，史密斯曾是海特街旁的山丘上，加州大學醫學院的學生。當學校附設醫院的急診室開始接到吸食這種新藥物過量的病人，他就開始對這種藥物進行臨床研究。他給予老鼠低劑量的藥物，而全部的老鼠都因為嚴重抽搐而死亡。關在一起的老鼠，甚至在吃進更低劑量時就會死亡——藥效更快，死因也改變。這些老鼠會把正常的相互理毛行為詮釋為攻擊，而史密斯回憶道：「牠們會殺個你死我活。」

一九六七年，史密斯決定走出研究室，在社區內工作。他後來成為美國毒癮醫學學會主席，現在還是聖塔蒙尼卡一間戒毒機構的醫療執行長。他說，他來到海特街時，「看到的是一個大老鼠籠——大家都在注射安非他命，整夜不睡，有被害妄想，瘋狂，暴力，又危險。」史密斯在一九六八年最先發出「安非他命會致人於死」的警告，而當時在一間名為「水晶天堂」的酒吧，經常有甲基安非他命的「吸食大會」。吸食者會圍成一圈，傳遞一根針筒。史密斯回憶道：「我會在早上七點鐘接到電話，這時候藥效吸收最快的人已經完全精神失常了。」共用針筒也導致C型肝炎大流行。「我警告甲基安非他命的吸食者會得到肝炎時，他們說：『別擔心，就是因為這樣，我們才把那個臉色蠟黃的傢伙排到最後面。』」

甲基安非他命的使用在最初全盛期之後，經歷過一波消退，但之後又猖獗起來。許多專家說，現在這種藥物的使用比以前更氾濫而嚴重。幾年前，甲基安非他命還集中在西部都會區，但現在已經悄悄蔓延到全國各地，氾濫到中西部、南部，和東岸。吸食甲基安非他命已經在美國許多州成為流行病，但華盛頓方面直到最近才體認到問題的嚴重性，部分原因是要經過一段時間後，全國各地的醫院、戒毒中心，和監獄才會開始充斥著最新一波藥物的上癮者。前毒品掃蕩局局長阿薩．哈奇森稱甲基安非他命是「美國頭號毒品問題。」它讓司法部門、立法部門，和醫療體系都焦頭爛額。

甚至到二〇〇六年年初，布希政府的全國毒品管制政策辦公室都還因為刻意淡化全國郡政府聯合會的一項調查結果，而引起政治上的喧騰。在這項調查中，全國共有五百個地方執法官員表示甲基安非他命是他們的頭號問題。（古柯鹼位居第二位，但比例遠低於甲基安非他命，大麻則是第三位。）在二〇〇六年同年稍晚，國家毒品情報中心公布了另一項更大型的，隨機抽查全國三千四百個毒品掃蕩機關的調查結果。在該中心開始進行這類調查以來，這是第一次有二位數百分比（百分之四十）的被抽查樣本表示甲基安非他命是他們最嚴重的毒品問題。

甲基安非他命吸食者包括了各個階層、種族，和社會背景的男性與女性。雖然當前的這項流行病最初起源於摩托車幫派和低下階層的鄉村與郊區地區，但就如《新聞週刊》在二〇〇五年的一篇封面報導中所言，甲基安非他命已經「進軍全國各地，沿著社經階梯往上爬。」根據國家藥物濫用研究院，藥物治療與藥物濫用之健康影響部門主任法藍克．佛奇所言，到現在，「最有可能和最不可能的人，都會吸食甲基安非他命。」

就全球來說，「世界衛生組織」（ＷＨＯ）估計甲基安非他命吸食者總共約有三千五百萬人，而古柯鹼吸食者約一千五百萬人，海洛因則是七百萬人。這種藥物有許多不同形式，和不同名稱，包括crank、tweak、crystal、lith、Tina、gak、L.A.、P.，和安非他命。其中特別有害的一種，ice，吸食方法就像游離鹽基古柯鹼一樣，除了夏威夷的火奴魯魯以外，過去很少在美國的城市看到，但現在已經慢慢出現在美國本土。另一種形式，名為「ya ba」——泰文中「發瘋藥」的意思——則在緬甸製成數億顆藥丸，走私到泰國，然後再走私到美國的西岸，在酒吧和街頭上販賣。有時候還是有甜味的、色彩繽紛的藥丸，可以直接吃，也可以磨成粉末，經由鼻子吸食。

在美國本土，甲基安非他命最常見的形式還是crystal，而crystal通常都是在美國司法部所謂「癟四跟大頭蛋」家庭或車庫實驗室中，用例如鼻塞藥和煞車清潔劑之類的成分製造出來的。全美各州都查到過在露營車或休旅車裡的行動式實驗室，或所謂「箱子」實驗室，此外還有隱身在汽車旅館裡的實驗室。二〇〇六年時，著名諷刺節目主持人比爾．馬赫爾曾開玩笑說：「美國人的科學知識再更爛的話，就會連自己的crystal甲基安非他命都做不出來了。」但是現在，我只要上網查一下，花三十美元加上運費，就買到了厚厚一本《甲基安非他命製造手冊》，這本經過編修增刪的第六版「祕密化學經典之作」，在書名頁上有一行卸責聲明：「販售用途僅供參考」。其中供參考的資訊包括了各種形式和數量的甲基安非他命的製造步驟詳細說明，還有如何逃避法律追緝的建議。

家庭式甲基安非他命製造者通常是從不需處方的感冒藥，拿到製毒的關鍵成分——擬鹽酸麻黃素，因此促使許多州開始立法限制，包括限制一次可以購買的康得膠囊、速達非（Sudafed）、Drixoral包裝數量。也因此這些感冒藥的製造商據說正在研究改變配方，讓這些藥物不能再被拿來製造甲基安非他命。然而在此同時，渥爾瑪連鎖超市、「目標」連鎖超市和其他商店仍不斷賣出這些藥物。

控制感冒藥的供應，和其他鹽酸麻黃素與擬鹽酸麻黃素的來源，確實對國內的甲基安非他命供應量產生了影響，許多小型製毒實驗室也因此關門大吉。但是國內的反毒成功卻讓墨西哥和其他國際毒梟開發了新事業，用以前走私古柯鹼、海洛因、大麻，和其他毒品的管道，走私甲基安非他命進美國。雖然還是有人在車庫、地下室，和廚房實驗室裡製造這種毒品，但其中絕大多數已經來自於販毒集團所經營的大型工廠。《奧勒崗人報》曾刊登由史蒂夫．索恩所寫的內幕報導，揭露政府過去可能一直縱容（現在也可能繼續縱容）甲基安非他命的氾濫。全世界絕大部分的鹽酸麻黃素和擬鹽酸麻黃素都是由九家藥廠所製造，但這些藥廠——和受這些藥廠影響的立法者——卻阻止了所有可能有效控制藥物流通，避免它們流入甲基安非他命製造大廠的立法。索恩在報導中指出，除非政府能正面對抗藥廠，否則對抗這種毒品的戰爭仍舊只是個笑話。需要證據嗎？吸食者幾乎隨時隨地都買得到甲基安非他命。

政府堅持說美國境內整體的吸毒量已經下降，但這要看區域而定。在許多社區，吸毒者和酗酒者的人數都達到前所未有的高峰。根據《洛杉磯時報》報導，在加州，吸毒過量和其他與毒品有關的死亡，很快就會超越交通意外，成為該州非自然死因的第一位。許多項指標都顯示甲基安非他命正急遽被濫用。在許多城市，越來越多接受治療、出現在急診室，以及犯罪的吸毒者，都是吸食甲基安非他命成癮。根據國家毒品氾濫研究院的詹姆斯．柯利佛博士表示，從一九九三年到二〇〇五年，因甲基安非他命上癮而進入戒毒中心接受治療的人次，足足成長了不只四倍，從一年兩萬八千人次，增加到大約十五萬人次。藥物濫用與心理健康服務部在二〇〇六年的報告中表示，因甲基安非他命濫用而住院治療的人次「急速增加」。在甲基安非他命充斥的社區，犯罪也大幅增加。在某些城市，百分之八十到百分之百的罪案都與甲基安非他命有關。某些州的司法官員認為上升的謀殺案犯罪率跟這種毒品相關。在甲基安非他命是最嚴重毒品問題的城市，配偶和兒童虐待的事件也多出許多——事實上，悲慘的兒童虐待故事幾乎是層出不窮。

多達一半的甲基安非他命吸食者，以及大多數ice的吸食者，會有「突發急症」。也就是，他們會在某一刻經歷在一九四〇年代末期，最先在日本被證實的甲基安非他命引發的精神異常。突發急症的特徵是聽覺和視覺的幻覺、強烈的被害妄想、幻想，以及其他各種症狀。其中有些症狀跟精神分裂幾乎難以區分。急症時的高度焦慮狀態可能導致攻擊和暴力，也因此，一篇教導警方如何面對甲基安非他命吸食者的報告這樣寫道：「對吸食者本人、醫療人員，和執法人員而言，甲基安非他命吸食者最危險的階段被稱為『突發急症』。當突發急症發生時，吸食者可能已經三到十五天沒有睡覺，而極端煩躁，有嚴重被害妄想。他們經常會有暴力的行為或反應……執法人員最好不要企圖單獨制伏有突發急症的毒癮者，而應該請求支援。」

該報告中還有「接近突發急症毒癮者的六大安全原則」，包括：「跟對方保持七到十呎的距離，太接近可能會被認為有威脅性。不要對對方照射強烈光線。急症者本來已經有被害妄想，若被強光刺激而看不見，就可能逃跑或變得暴力。減緩說話速度，壓低音調。因為急症者聽到的聲音都是很快的速度，很高的音調。放慢動作，有助於防止急症者將你的動作錯誤解讀為攻擊行為。將手放在對方看得見的地方，如果你把手放在急症者看不見的地方，他可能會覺得受到威脅，而變得暴力。讓急症者持續講話。沉默不語的急症者可能極度危險，因為沉默通常表示他的偏執想法已經取代了現實，任何在場的人都可能變成他被害妄想的一部分。」

但不論有沒有突發性的急症，甲基安非他命上癮者都比其他毒品吸食者（或許除了快克上癮者以外）更可能有反社會行為。一個成功的商人為了能工作更長的時間，而吸食甲基安非他命，結果成癮，最後殺了一個欠他毒品和錢的男人。一個上癮者槍殺了他太太，另一個用棍棒將人打死，還有一個為了一輛車和七十美元，殺了一對夫妻。一對同樣是甲基安非他命濫用者的夫妻毆打燙傷他們四歲大的姪女，讓她挨餓，最後她死在浴缸裡。在伊利諾州，潘頓海灘的一個男人在吸食甲基安非他命之後，殺了他妻子，然後自殺。在波特蘭，一個吸食甲基安非他命的女性殺死她一歲半大的孩子後被捕。她用一條圍巾把孩子掐死。德州，一個吸食甲基安非他命而亢奮的男子在跟朋友爭吵後，將朋友撲倒在地，然後殺了他——朝他頭上開了六槍。在加州的維圖拉郡，一個吸食甲基安非他命的男子強暴並勒死了一個女人。同樣在加州，一個吸食甲基安非他命成癮的母親因為把兩歲大的孩子鎖在蟑螂肆虐的寒冷改裝車庫裡，而被判刑。最近在奧馬哈市，一個男子因為吸食甲基安非他命後謀殺了女友的孩子，而被判刑四十年。那個孩子是被悶死的，身上並有多處骨折。鳳凰城、丹佛、芝加哥，和加州的河濱郡，都有母親因為在吸食甲基安非他命時哺乳，而被指控謀殺孩子，並因此受審中。河濱郡案件中的母親在受審時，說：「我醒來時只看到一具屍體。」

除了犯罪之外，製造甲基安非他命的過程，也會對當地造成重大污染。每製造一磅的甲基安非他命，就會產生六磅的腐蝕性液體、酸性蒸氣、重金屬、溶劑，和其他有害物質。這些化學物質一旦接觸到皮膚或被吸入，可能導致疾病、身體畸形，或死亡。這些毒品實驗室的人通常都隨意棄置這些廢棄物質。加州的中央谷地是美國很大部分蔬菜水果的來源——也是美國重要甲基安非他命製造地——就因此受到非常重大的影響。在二〇〇〇年初，谷地的醫院就治療了許多非法移民的兒童，其症狀都跟甲基安非他命製造的化學副產品有關。就如在那裡工作的一位中央調查局幹員告訴我：「數百萬磅的有毒化學物質都進了美國人的水果籃裡。這些化學物質在地下水抽樣中的濃度，也高得驚人。」

吸食甲基安非他命會對健康造成慘重的影響。因為這種毒品而被送進急診室的人數，比其他夜店毒品，包括搖頭丸、K他命和迷姦藥（GHB）加起來更多。（而且根據加州大學洛杉磯分校所進行的一項實驗室檢驗，在夜店販售的快樂丸裡，每十顆就有一顆含有甲基安非他命的成分。）那些沒有嗑藥過量的人仍然可能因此而死。甲基安非他命也直接和間接導致死亡意外和自殺。加州大學洛杉磯分校的研究人員湯姆．紐頓在對吸毒者進行一項調查後，在結論中表示「甲基安非他命對於引發憂鬱有特別強的效果，憂鬱程度可能嚴重到讓人想自殺。」

長期吸食甲基安非他命還可能造成很多其他健康風險。在舊金山一間醫院急診室工作的一位醫生告訴我，他們不斷接到大動脈「爆開」——真的斷裂——的甲基安非他命吸食者。上癮者還可能咳出一片片的肺臟內膜。許多甲基安非他命吸食者都會掉牙齒。長期吸食安非他命可能導致類似巴金森氏症的認知功能失常，包括記憶退化、急性精神病，和生理上的損傷，包括癱瘓——甲基安非他命引發中風的結果。即使只吸食一次這種毒品，也可能致命。它可能導致體溫大幅升高，引發致命的抽搐，因體溫過高致死，「心律不整猝死」——心臟無法正常跳動——或致命的動脈瘤。同時因為許多吸食者都會長時間不眠不休地活動，因此更可能發生嚴重或致命的狀況。甲基安非他命吸食者可能好幾天不吃不睡。研究也顯示，毒品和疲勞加在一起，可能導致被害妄想和攻擊行為。這樣的循環經常會更加重生理、心理和社會問題；而吸毒者原本就普遍存在的心理健康問題，更可能進一步加重這些問題。

尼克吸食過甲基安非他命。儘管他一再抗議和保證，我仍越來越強烈地勸他去戒毒中心，但他不肯屈服。我也得知，由於他已經超過十八歲，我也無法強制他入院。如果他對自己或他人造成威脅，我可以經由一個複雜的程序，強迫他在精神醫院接受短暫的評估，但是一個父親對兒子吸毒的擔憂，似乎不構成強迫入院的要件。如果早知如此，我一定會在我可以為他做決定時，強迫他進戒毒中心。沒有人知道當初這麼做會不會有用——他當初可能還聽不進去戒毒中心所傳達的訊息——但至少那可能讓他慢下來。現在他必須自己願意才行了。

接下來三天，他每天都睡二十個小時以上。之後他開始變得憂鬱而孤僻。然後，毫無預警地，在一個寒冷的春天午後，他再度失蹤。

10

尼克失蹤，我們的舊車也跟著他一起失蹤後，我再度打電話到醫院急診室，也再度打電話到警察局，問他有沒有被捕。在我解釋我兒子失蹤之後，一個警員給我監獄的電話，告訴我，如果尼克出現，我應該把他送去戰鬥營。戰鬥營裡的孩子會在半夜被叫醒，也可能被銬上手銬腳鐐，被用暴力制伏。我讀到過一個這類營隊的報導——在亞利桑那州，鄰近我父母家的一個營隊。一個男孩子在暑假時死在裡面。在這個戰鬥營裡，孩子會被打、被踢、挨餓、綁上鎖鏈，甚至在華氏一百一十四度的沙漠裡，不被允許喝水。

我跟其他經歷過類似狀況的家長談，結果各式各樣的建議排山倒海而來，其中許多非常熟悉，而且跟過去一樣，互相矛盾。同樣的，一個人說，如果尼克出現，我應該把他踢出去。這在我聽起來，實在沒有道理，因為我知道他會去哪裡，去他沒有大人管的朋友家裡，或者去他那些卑鄙下流的、滿口謊言的藥頭那裡。那一切就結束了。他人生的所有希望將從此破滅。還有一個母親則推薦一所封閉式的學校。她送她女兒去那裡待了兩年。

尼克已經不見六天，我的焦慮也累積成瘋狂。我從來沒有感受過這樣的哀傷。我會連續好幾個小時，瘋狂地閱讀關於吸毒孩子的，令人痛心的故事。我打電話給家長，連絡曾經有這種經驗的，他們的朋友的朋友。我努力再努力地嘗試了解毒品對尼克的意義。他曾經跟我說：「我喜歡的每一個作家和藝術家都是酒鬼或毒蟲。」我知道尼克嗑藥是因為這讓他覺得自己比較聰明，比較不內向，比較不會有不安全感。此外他也有種危險——而且謬誤——的想法，以為放蕩的行徑可以引發偉大的藝術，就像海明威、吉米．罕醉克斯，或美國天才畫家巴斯奇亞一樣。

科特．柯本在自殺遺書中寫道：「瞬間燃燒好過逐漸消逝。」他引述的是尼爾．楊所寫的，關於「性手槍樂團」主唱強尼．羅頓的一首歌。我在二十四歲時訪問過約翰．藍儂，並在當時問他對於搖滾樂界普遍存在的這種想法有什麼意見。他強烈憤怒地表示不以為然。「像老兵一樣逐漸消逝，勝過瞬間燃燒殆盡。」他說。「我尊敬努力求生的人。我會選擇當個活著而且健康的人。」

活著而且健康的人。

我不知道我兒子是否可能是這樣的人。

不知道為什麼，我從來不會在傑斯柏和黛西面前崩潰。我不允許自己這樣；我不想讓他們更擔心。對兩個小的孩子，我跟凱倫都承認我們擔心尼克，但同時嘗試達到微妙的平衡。我們不想嚇到他們，但也不想假裝一切都很好，因為他們知道——怎麼可能不知道？——事實並非如此。我相信不去承認危機存在，會比事實真相更傷人，更讓人困惑。

但是單獨一個人時，我會像小時候那樣放聲哭泣。尼克以前常取笑我哭不出來。有少數幾次，當我眼中湧起淚水，他會開玩笑說那是「便秘的眼淚」。現在我的淚水經常會沒有明顯原因地，在意料之外的時刻，無法阻擋地傾瀉而下。我對自己會如此手足無措，如此絕望、失控、害怕，真的感到膽戰心驚。

我打電話給維琪。我們離婚之後對彼此的怨懟憎恨，已經因為對尼克同樣的擔心，而被擱到一旁。我現在去見她，是為了讓我們連結在一起的理由，而非因為讓我們分開的原因。這讓我如釋重負。我們對尼克的愛，是父母對子女才有的那種愛。當然凱倫和尼克的繼父也都很擔心他，但在別人都無法參與的長時間的電話裡，他母親跟我共有一種很特別的擔心——發自肺腑，痛徹心肺的擔憂。

同時凱倫跟我也不斷交換角色。當我崩潰時，她就負責安慰我。

「尼克會好起來的。」

「你怎麼知道？」

「我就是知道。他是個聰明的孩子。他有一顆善良的心。」

而後凱倫也會失控，便輪到我安慰她。

「沒事的。」我說。「他只是很混亂。我們會想出辦法。他會回來的。」

他確實回來了。

一星期後，一個寒冷寂靜陰沉的午後，他出現在家門前。就像我在聖拉斐爾的小巷子裡找到他那次一樣，他虛弱、病重、胡言亂語——讓人幾乎認不出來的一個幽魂。

我看著他站在門口。

「喔，尼克。」我說。我凝視他，然後攙起他的手臂，帶他到他房間，他便穿著衣服倒在床上，用一條毯子把自己裹起來。我很慶幸沒有其他人在家，因此我至少暫時不必解釋。

我瞪著他。

如果這麼多心理治療都沒有用，那麼還有什麼辦法？戒毒中心。沒有別的選擇了。「尼克，你得進戒毒中心。非去不可。」

他喃喃自語，然後睡著。

我知道我必須盡一切的可能，讓他進一間戒毒中心。我打電話，尋求諮商師和其他專家的建議。尼克的治療師現在也同意戒毒中心是絕對必要的，並連絡了他專攻毒品和酒精上癮領域的同事。我的朋友也幫忙打電話給他們有過同樣經歷的朋友。

尼克繼續睡。

我打電話到在我們這個地區受到推薦的機構，詢問他們治療甲基安非他命上癮者的成功率。這些對話讓我得以初步地窺見美國醫療領域中，可能最混亂、最打擊人的一環。我聽到的成功率從百分之二十五到百分之八十五不等，但對多個戒毒中心都很熟悉的一位毒品和酒精諮商師說，這些數字並不可靠。「即使是最保守的數字聽起來都太過樂觀。」他說。「接受過這些戒毒計畫之後，一年後還保持清醒的人，大約只有百分之十七。」北加州一間醫院負責入院申請的護士說得最為精準。她告訴我關於甲基安非他命上癮者的痊癒率，「真實的數字只有個位數。任何人如果告訴你更高的數字，都是在說謊。」

我對戒毒復健這一行了解得越多，就越感覺到當中的混亂。有些備受推崇，而且所費不貲的戒毒計畫其實效果不彰。許多戒毒中心都施行所有人一體適用的計畫。根據加州大學洛杉磯分校的整合藥物濫用計畫副主任李察・羅森所說，有些機構，包括公辦和民營的，對甲基安非他命上癮者的治療都近乎無效，他說這些計畫是「復健中心的快速汽車烤漆法，這層漆撐不了多久。」

羅森博士並不是說許多計畫不包含有效的元素。這些計畫似乎全都立基於「匿名戒酒者」計畫的原則，而這些原則似乎是幫助大多數、甚至可能所有的，酒癮和毒癮者持續保持清醒，所不可或缺的，不論他們主要用的藥物為何。但是除此之外，他們提供的則是用行為治療、心理治療和認知治療等，散漫拼湊起來的結果。許多計畫都包含演講、個人諮商療程，以及不准逃避、否則會受到嚴厲懲罰的雜務勞動，還有告解式與質問式的團體治療，包括不斷騷擾抗拒福音治療的病人。（根據這些計畫的毒品與酒精諮商師說，抗拒就表示否認，而否認會導致復發。）有些計畫提供生活技能訓練，例如撰寫履歷、運動，跟家屬一起進行個人治療與團體治療，以及醫師和精神科醫師的諮詢，而醫師可能開立藥物給病人。有些機構還會提供按摩跟營養諮詢。有些門診計畫並增加一種相對較新的技巧，稱為「外在誘因管理」，對病人保持清醒提供獎勵。然而，由於缺乏經證明的實驗所提供的判斷標準，病人通常只能接受該計畫領導人的理念。而有些領導者唯一的資格認證只有他們自己過去的毒癮。「生過六個孩子並不會讓你成為優秀的婦產科醫生。」加州大學洛杉磯分校戒毒計畫的主任，神經科醫師華特．林說。即使是由受過合格訓練醫師和臨床治療師主持的戒毒中心，也採取許多種未經證明的治療。最重要的是：許多計畫並沒有考慮到甲基安非他命的特殊情況，因為某些專家認為，這是最難治療的一種毒癮。但我還有別的選擇嗎？

我選了一家許多人推薦的機構，並預約了見面時間。這家機構位於奧克蘭，名為「雷電之路」。我硬起心腸，決定去做我所能想像的最困難的事情，利用我逐漸消失的影響力——我威脅會把他踢出家門，並切斷所有經濟支持——逼迫他跟我一起去。我相信這是僅有的一線希望，因此我對這個威脅很認真，但這並沒有讓這件事容易一點。

第二天早上，當黛西和傑斯柏去學校之後，我來到尼克的房間。他還睡得很沉，臉上表情放鬆平和。一個沉睡的孩子。然後，在我看著他時，他突然抽搐了一下，皺起眉頭，咬緊牙關。我叫醒他，告訴他要去哪裡。

他暴怒起來。「想都別想！」

「尼克，我們走吧，把這件事解決。」我勸他。

他起身，用顫抖的手把頭髮往後撥，一隻手抓著門把支撐自己。

「我說了，想都別想。」他口齒不清，身體搖晃。

「夠了，尼克。」我堅定地說。我的聲音在發抖。「我們非去不可，這不是你可以選的。」

「你不能逼我去。搞什麼？」

「如果你想住在這裡，如果你想要我幫忙，如果你要我付大學學費，如果你想再看到我們……」我看著他，說：「尼克——你想死嗎？你其實是想死嗎？」

他踢牆壁，用拳頭搥著桌子，然後哭起來。

我哀傷地說：「我們走吧。」

他又咆哮了一陣子，但是跟著我走向車子。

第三部　無所謂

「你平安無事了。」──我記得我剛在加州大學洛杉磯分校的加護病房看到昆塔娜時，輕聲對她這樣說。「我在這裡。你會好起來的。」她一半的頭被剃光了頭髮，以便進行手術。我可以看到那長長的切痕和固定傷口的鋼釘。她又再度用插管呼吸。我在這裡。「沒事了……」我會照顧她。一切都會好起來。但我也想到，這是我無法辦到的承諾。我不可能永遠照顧她。我不可能永遠不離開她。她不再是個孩子了。她是個大人。而人生中發生的一些事，是母親不能預防也不能彌補的。

瓊．蒂蒂安，《奇想之年》

11

我開著那台老舊的富豪車，藍色烤漆因為曝露在含有鹽分的海邊空氣而褪色生鏽，車身也因為尼克的閃失而有多處凹痕。車上充滿他的菸味。這是他當初開走的車。他像個碎布娃娃般癱在座位上，整個人盡可能地貼著車身，盡可能地遠離我。

我們兩個都沒有說話。

尼克的那把有黑色護板的淡黃色電吉他擺在後座。他出軌行為留下的另一項痕跡也躺在旁邊：一個雕刻精美的水菸壺，包括一個玻璃大杯和海泡石做的柄。除此之外還有：一支手電筒、一本封面撕破的韓波詩集、髒的牛仔褲、一只半空的開特力運動飲料罐、《灣區衛報》、他的皮夾克、空的啤酒罐、錄音帶，和一個壞掉的三明治。

他幾次嘗試說服我放棄。

「這真的很蠢。」他無力地懇求。「我知道我搞砸了。我學到教訓了。」

我不回答。

「我做不到。」他說。「我不幹。」

他轉而發怒。他狠狠地瞪著我說：「反正我會跑掉。」他露出傲慢不屑的樣子——近乎殘暴。「幹，你以為你了解我嗎？你根本不了解我，你只想控制我。」

他怒吼，直到聲音沙啞。

我注意到他咆哮時口齒不清，明白他是吃了藥而亢奮。又來了。一如以往。

「你今天吃了什麼，尼克？」我的口氣中帶著不解。

他發出憤怒的低吼。「去你的。」

我望向他，深深地望著他麻木沒有表情的臉。尼克遺傳他母親許多俊美的特徵。他跟她一樣，高纖細，還有她細緻的鼻子跟嘴唇。他也有跟她一樣的金髮，直到他長大髮色才變深。但即使如此，有時候我看著他的臉，還是覺得像在看一面鏡子。我看到的，不只是我們外表上相似的地方。我會看到我自己隱藏在他的眼睛裡、他的表情裡。那會讓我嚇一跳。或許所有孩子在成長過程中，都會逐漸沿襲父母的特質和神態，變得更像他們。現在我就會在自己身上看到更多我父親的影子，是我年輕的時候從來沒發現的。

然而，在那輛車上，我只看到一個陌生人。但我卻熟知這個陌生人身上的每一部分。我回憶起他興高采烈時，和失望落寞時，那溫柔的眼睛；他生病時蒼白的臉，和被太陽曬紅的臉；他的嘴，還有因為一次次去看牙醫和矯正師而熟悉的每一顆牙齒；他多少次擦破皮，由我貼上ＯＫ繃的膝蓋；幫他塗防曬油而熟悉的他的肩膀；幫他拿出木屑細刺而熟悉的他的腳——他的每一部分。我因為看著他，跟他一起生活，與他親密相處，而知道他的每一部分，但在開車去奧克蘭的路上，我看著他的陰沉、憤怒、空洞，他的退縮和他的騷動，不禁想：你是誰？

我在奧克蘭這家戒毒中心的門口停車，然後我們穿過玻璃門，走進一間裝潢簡樸的等候室。我通知接待人員我們有預約時，尼克站在我後面，雙臂交叉在胸前，一副好鬥的樣子。

她請我們稍等。

一位深色眼睛，頭髮往後綁上一個馬尾的諮商師走出來，自我介紹，先是對尼克，然後對我。他只咕噥了一聲，表示知道了。尼克照她的要求，跟著她走進另一間房間。他駝著背，拖著腳步，寸步難行的樣子。

我隨便翻閱一本舊的《時人》雜誌，然後，將近一小時之後，那位諮商師出來，說她希望單獨跟我談。換成很明顯氣呼呼的尼克坐在等候室，我原先的位子。我跟著這位女士走進一間小辦公室裡，裡面有一張金屬書桌、兩張椅子，跟一個混濁的魚缸。

「你的兒子有很嚴重的問題。」她說。「他需要接受治療。他很可能因為吃那些藥而死。」

「怎麼會……」

「他才十八歲，但他比很多年紀大他許多的人，混合服用更多種藥物。他的態度也很危險——他不了解自己有大麻煩。他很自豪自己是玩真的，對這種做法引以為傲。這個計畫不適合他。他堅持自己太老了，而且現在還在抗拒治療。我們經常遇到這種情況。他還在否認階段。這是毒癮者的典型反應。他們會堅持相信一切都沒事，他們隨時都可以停止，其他人有問題，但他們沒問題，他們很好，即使他們最後失去一切，即使他們流落街頭，即使他們淪落到監獄或醫院裡。」

「那麼我——」

「他必須立刻接受治療，不論要花什麼代價。但不是在這裡，要到別的地方。」

她推薦了其他的計畫。但從她陰鬱的口氣和表情，我可以看出她不抱多大的希望。

回去的路上，車內的緊繃情勢逐漸升高，終至爆炸。尼克終於大吼：「這是狗屁！」我以為他可能會在我疾駛在高速公路上時，跳出車外。

「這是狗屁沒錯。」我吼回去。「如果你想自殺，我就應該隨便你去。」

「這是我的人生。」他嘶啞地尖叫。他無法控制，歇斯底里地哭泣。他用拳頭捶，用靴子踢著儀表板。

我們把車停在家門前，但是黛西和傑斯柏現在在家裡，因此我不帶尼克進去。我跟他在車裡又坐了半個鐘頭，直到他力氣用盡為止。他很遙遠——因為服用藥物和發洩怒氣而昏昏欲睡，他的呼吸逐漸減緩，然後，他終於陷入深沉的睡眠中。我把他留在車上，頻繁地回來看他。你可以每十五分鐘就來看我一次嗎？過了一段時間，他拖著沉重的步伐進來，直接朝他的房間走去。傑斯柏和黛西沉默地看著他們大哥冷漠的身軀飄過客廳。

我必須找到一個會立刻收容他的機構。在我失去他之前。

∞

尼克在房間裡睡覺時，我跟孩子們坐下來。我盡可能地解釋說，尼克又開始吸毒而生病了。我說我正努力要找一間醫院或戒毒中心，來幫助他。我說有些小孩子會認為，哥哥姊姊或爸爸媽媽有吸毒問題，是自己的錯。

「這絕對不是你們的錯，我可以保證。」

他們盯著我，哀傷而無法理解。

「尼克有很嚴重的問題，但是我們會給他需要的幫助。得到幫助之後，他就會好起來。」

尼克在半睡半醒間輾轉反側，翻滾怒吼，而我打電話給更多間戒毒機構。在舊金山的歐霍夫復健之家有一張空床。這是一間備受尊敬的機構，受到灣區的許多專家推薦。一個朋友的朋友告訴我，這個計畫讓她有海洛因毒癮的兒子人生徹底改變。「他現在住在佛羅里達。」她說。「他有自己的家庭，一份他喜愛的工作，還擔任義工，幫助有毒癮問題的孩子。」

毒癮者的父母都是靠這樣的激勵人心的故事活下來。

尼克醒過來之後，我告訴他，我找到一家在城裡的機構，而他鬱悶地同意去接受另一次評估。他陰沉地跟著我坐進車裡。

歐霍夫復健之家位於一棟華貴但古老的維多利亞式大宅裡。整棟建築包括三層樓、位於中央的圓頂門廳，和一間有木頭鑲板的氣派大廳。尼克進去接受訪談時，我就在這裡等著。這次負責訪談的是二十八天初步計畫的主任——所謂的初步計畫就是像小學一樣，是邁入戒毒和康復的第一步。

他們的會談結束後，我被叫進去那間毫無裝飾的房間裡，坐在空著的椅子上。我跟尼克面對著那位主任，她則坐在一張木頭書桌後。從她的態度和她眼中的疲憊神情看來，尼克對她想必就像對「雷電之路」的那位諮商師一樣充滿敵意，但她似乎比較不那麼煩躁。

她開口說：「尼克不承認自己是毒癮患者。」

「因為我不是。」

她不受干擾地繼續說：「並且說，他之所以來治療，只是因為你逼他來。」

「我知道。」我說。

「但沒有關係。許多人不是自己選擇來這裡。但他們跟自己爬進來這裡懇求治療的人一樣有機會清醒，並保持清醒。」

我說：「好。」

尼克瞪我。

「我們明天早上讓他入院，開始二十八天的計畫。」

晚餐時，尼克躲在房間裡。我們告訴黛西跟傑斯柏，尼克明天早上要去一個治療機構，但他很害怕。

凱倫唸睡前故事給他們聽之後，我坐在他們身邊。「我很抱歉你們要跟尼克一起經歷這些。」我第N次這樣說。我還能怎麼幫助他們？「我們家裡有這樣的問題，實在很令人難過。如果你們想講的話，我也希望你們可以跟老師和學校的朋友談這件事。如果你們有任何問題或擔心什麼事，都可以問我或問媽媽。」

傑斯柏嚴肅地點點頭。黛西沉默不語。她開始看一本加菲貓的平裝漫畫，而傑斯柏把漫畫搶過來。她抓他，他則推她。兩個人都號啕大哭起來。

第二天早上，我們開車進城。尼克仍一臉怒容，但他筋疲力竭，幾乎沒說話。他是被宣判了的囚犯，麻木而順從。他忍住眼淚。

我停在這棟古老的建築前，陪尼克走進去。他拿著裝了衣服的帆布袋。尼克隱藏在裂開的正式襯衫和寬大的牛仔褲裡，低著的頭底下，渾身顫抖。我們走上階梯，設法穿過聚在前面階梯的一群抽著香菸的上癮者——至少我猜測他們是住院計畫裡的上癮者。我也在發抖。幾個男人注意到尼克的行李箱，和他畏懼鬼祟的偷瞄，而對他說話：

「嘿。」

「呦。」

「歡迎來到瘋人院。」

尼克在同樣那間鑲著木頭鑲板的辦公室裡，跟計畫的主任短暫會面。他交給尼克一張紙：「我，簽署人，在此申請進入酒精與藥物復健計畫。」等等。

他簽了名。

到了玄關，主任站在尼克身邊，對我說：「你們可以說再見了。第一個星期不准打電話。」

我轉向尼克。

我們笨拙地擁抱，我便離開了。

到了外面，寒冷的空氣讓我稍稍感受到幾乎已經不復記憶的愉快感覺，但是在開車回家的路上，我覺得我幾乎就要因為無法承受的情緒而崩潰。同時我又矛盾地覺得彷彿背叛了尼克，拋棄了他，出賣了他，雖然我確實因為知道他身在何處，而感到些許安慰。好幾個星期來，我第一次能夠一覺到天亮。

第二天早上，我走進他的房間，把窗簾拉到最高，把面向花園的窗戶完全敞開。這憂鬱的紅色房間到處散落著書、畫了一半的畫布、髒污的衣服、超大音箱，還有放在床上的，那把黃色吉他。尼克用簽字筆畫的拉長的，身體怪異地扭曲著的男女，被釘在牆上。這房間有尼克的氣味——不是他過去曾有的那種甜美的孩童氣味，而是混合了焚香和大麻、香菸和刮鬍水的，讓人覺得厭膩的味道，可能還帶了一絲阿摩尼亞或甲醛的氣味，也就是甲基安非他命燃燒後留下的餘味。像超脫樂團的歌：〈青春的味道〉。

凱倫看著我搜索尼克的衣櫃、書桌抽屜，和壁櫥，把他藏起來的彈藥全部聚集起來——玻璃水菸壺、手工吹製的甲基安非他命玻璃菸斗、捲菸紙、一面鏡子破掉的碎片、邊緣筆直的剃刀、液體瓦斯已經用完的打火機、空瓶子——全都放進一個黑色的垃圾袋裡，然後拿到外面，放進垃圾桶。

接下來幾天，朋友和朋友的朋友的忠告，仍不斷湧來。凱倫的一個朋友聽到尼克在戒毒中心時，問道：「要待多久？」

凱倫解釋說這是四週的復健計畫。

她的朋友搖搖頭。「這樣不夠。」

「什麼意思？」

他說，在他兒子經歷了兩次四週的計畫之後，他們決定把他送去一個長達一年的戒毒計畫。他現在仍在一個結合了戒毒中心和中學的機構。他才十七歲，所以他們可以強制把他送去。凱倫的這位朋友說：「即使是一年，我們還是不知道這樣是不是夠久。」

另一個朋友則告訴我們戒毒中心的方法錯了，尼克需要的是「戶外學校」（Outward Bound）。有些人則相信心理治療，但也有人極度厭惡。我的想法是，過去多年來診治過尼克的心理師和精神醫師給了我很多有用的建議和支持，可能也對他有些幫助，但是儘管他們擁有無可挑剔的資歷，對工作也顯然盡心盡力，但幾乎我們諮詢過的所有專業人士都對治療毒癮沒有太多經驗，也都沒有診斷出他的毒癮。每個人都有意見；善意的忠告無止盡地湧來。凱倫跟我專注地聆聽。雖然我們並不根據當中大多數的建議採取行動，但我們非常感激大家如此關心。

傑斯柏和黛西學校裡一個同學的母親打電話來，推薦這裡的一位毒癮專家，表示他對她的朋友的幫助，遠超過她看過的任何其他專家。出於某種理由，我們接受了這個建議，跟他約好看診。

這位治療師的辦公室在聖安塞摩一間藝品店樓上。這間辦公室很簡樸，是跟一個婚姻諮商師共用的，不像我們現在熟悉的心理醫師的辦公室那麼正式。我們好像已經看遍了舊金山灣區的所有毒品跟酒精諮商師、心理師，和精神醫師，而在這地方，好像每三個人裡面，就有一個是某種治療師。這表示什麼？心理學家史考特．派克說，最病重和最健康的人，都在做心理治療。我們是哪種？

這位醫生滿布皺紋的臉上帶著鎮定的微笑。他額前微禿，襯衫領子沒扣釦子，外面套著羊毛外套。他顯得穩重、溫柔、同理。他的外表、態度、柔和的口氣和眼睛，都顯示他了解我們的絕望，因為他經歷過這些。

我們告訴他關於尼克所有的事。我們解釋說他在「歐霍夫之家」戒毒中心。我們說，我們不確定自己做得對不對。我們說，我們擔心傑斯柏跟黛西。我們還說，我們完全不知道計畫結束後該怎麼辦。

出乎我們意料的是，他並沒有給我們太多建議，至少沒有太多關於如何幫助尼克的建議，雖然他支持送尼克去戒毒中心的決定。他大部分的忠告都是針對我們。

「好好照顧你們自己。」他說。「注意你們的婚姻。當一個孩子有毒癮時，很可能毀掉一段婚姻。」他說我們不可能也不應該在現在決定計畫結束後該怎麼辦——這中間還可能發生很多事。「過一天算一天。」老生常談還是有用的，他說。

後來在會談當中，他身體前傾，正中要害地說：「你們要出去約會。」

「我們有啊。」凱倫淡淡地說。「這就是了。」

我們對看一眼，分享這個反諷。我們確實已經幾百年沒有單獨出去了。飽受創傷的我們只想待在家裡，而且我們也太焦慮，不敢把孩子留給別人。今晚我們終於把孩子留給南希和唐恩照顧。

治療師問我們是否試過「戒酒者家人」聚會。

我說沒有。「我覺得『戒酒者家人』太……」我說不下去。

他回答：「或許值得一試。」

中心或許是不准打電話，但是尼克待在歐霍夫第三天時，卻設法打了電話，哀求要回家。當我拒絕時，他用力地摔下電話筒。我很擔心，便打電話給指定照顧他的諮商師。她說尼克脾氣很差，心情沮喪，經常與人衝突，並威脅要逃走。「但是他們大多數人一開始都是這樣。」她說。

「如果他逃走呢？」

「我們不能阻止他。他是個成年人。」

凱倫跟我與這位毒品和酒精諮商師安排了一連串的會談。他是個很好的傾聽者，但不只是這樣。他幫助我們釐清哪些是我們可以為尼克做的，哪些不是。他說子女有毒癮時，對父母而言最大的困難是我們無法控制。我們不可能拯救尼克。「你們可以支持他的復健，但是你們不能替他做。」他說。「我們會努力想救他們。父母都會努力，為人父母就是這樣。」

他告訴我們「戒酒者家人」的三個C：「你沒有導致（cause）毒癮，你無法控制（control）毒癮，你無法治癒（cure）毒癮。」

每次我們離開他的辦公室時，他都會提醒我們：「要做彼此的盟友。記得，要好好照顧自己。如果你們不照顧自己，對誰都不會有好處——對彼此，對你們的孩子都是。」

∞

尼克平安了——至少暫時如此——我因此能多工作一些。我訪談的對象之一是一位復健中的毒癮者，而他的一個孩子也是。我告訴他，我才剛把兒子送進戒毒中心。他說：「願上帝保佑你。我待過那種地方，像在地獄一樣。但他在上帝手裡了。」這讓我嚇了一跳。我提到我們家從來不信上帝。「我但願我相信。」我說。「但願我能把這件事交到某個人的手裡，某個慈愛又力量強大的人。但我不相信有上帝。」

「在這一切結束之前，你就會相信上帝了。」他說。

我打電話給尼克在歐霍夫的諮商師。我聽得出來她努力想裝出一切都很好的樣子，但她似乎很沮喪。她說：「甲基安非他命特別難搞。這真是魔鬼的毒品，對人的影響真是太恐怖了。」她暫停一下，說：

「不過現在才開始不久。」

這不是我第一次被告知說安非他命比其他毒品更糟。為了了解為什麼，我繼續研究，親自去拜訪更多研究甲基安非他命的研究者。他們解釋說，吸毒的人經常會長時間吸食或增加劑量，企圖重新創造那一開始的亢奮感。但是對甲基安非他命的吸食者而言，由於腦中百分之九十的多巴胺已經被消耗掉，所以根本不可能再達到這種亢奮程度。跟許多毒品一樣，缺乏多巴胺會導致憂鬱和焦慮，但甲基安非他命比其他毒品嚴重更多。這會迫使吸食者吃得更多，導致更多神經損傷，然後更增加吸毒的衝動——也就是導致上癮和復發的惡性循環。許多研究者認為，這種毒品的獨特神經毒性可能會使甲基安非他命的上癮者不同於其他大多數毒品上癮者，而永遠無法康復。對我而言，這顯然是一個叫人不寒而慄的結論，讓我更急迫地進行研究。

當甲基安非他命上癮症開始在全美各地散播開來，而戒毒計畫中的上癮者又有高到難以接受的復發率和很低的維持率時，柯林頓政府撥了數百萬美金的款項，專門用於研究甲基安非他命的治療。研究的目標之一是要判定上癮者的大腦是否受到無可彌補的傷害。如果是的話，就像對巴金森氏症一樣，能夠做的最佳處理就是治療症狀，或盡可能減緩惡化的速度。而完全的康復可能是遙不可及的。

一九八七年時，無毒品美國夥伴團體發起了一個反毒的宣導活動：「這是你吸毒時的腦袋。」但是人類吸食甲基安非他命時的大腦看起來並不像海報上的煎蛋，而比較像是戰爭剛開始幾週時，巴格達的夜空。至少在艾迪絲．藍頓書桌上的電腦螢幕裡，看起來是如此。藍頓女士在學校念的是藥學，現在則是加州大學洛杉磯分校、大衛．季芬醫學院的精神醫學與生物行為科學教授。

藍頓博士在大學時接受的一項測驗顯示她有醫學繪畫方面的天分。在某種程度上，她現在利用功能大腦造影科技所做的，也就是醫學繪畫。藍頓在二〇〇〇年時做出了十六個甲基安非他命吸食者的大腦影像。參與她實驗的受試者就像大多數停止吸毒的甲基安非他命吸食者一樣，在住院後，就連續睡了兩天。在他們醒來幾天之後，藍頓利用正子斷層造影技術描繪了他們的大腦。正子斷層造影是利用放射性的追蹤劑的移動和濃度，來衡量大腦中的血液流動和生物化學反應，藉此記錄大腦活動。完成的圖片就顯現出人類大腦的運作——而測量出來的活動可能跟情緒有關。在測試時使用不同的化合物或追蹤劑，就可以測量大腦的整體活動情況，或特定神經傳導素的活動。藍頓掃描甲基安非他命吸食者的大腦，目的則在於更深入了解吸食者的大腦在戒斷初期所處的狀態。也就是，他們剛進入戒毒中心時，是處於什麼樣的狀態？

藍頓博士是一個說話輕柔的女士，留著瀏海和及肩的黑色長髮。我在她位於醫學中心的狹小辦公室裡，坐在她對面。她把桌上的平面螢幕轉過來，讓我看到運作中（或者更精確地說，是「不正常運作」）的上癮者的大腦。她解釋說，這個圖像結合了記錄活動變化的正子斷層造影影像，和提供高度精確背景結構的核磁共振造影影像，並且是十六位上癮者的大腦平均影像。這些影像重疊在對照組的平均腦部影像上。藍頓對影像賦予了顏色。結果就在我眼前：截然不同的，上癮者和正常人的大腦影像。這是側面的橫斷面圖，灰色表示灰質——核磁共振造影背景結構。藍色區塊表示甲基安非他命吸食者的大腦中，活動顯著少於控制組大腦的區域。黃色到紅色的區塊則是「熱區」，表示上癮者大腦此區的活動，遠多於一般人的大腦。

藍頓專注地盯著螢幕。幾秒鐘後，她嘆了一口氣。「很漂亮，但是很悲哀。」

我想到尼克。假設他是一般的甲基安非他命吸食者，那麼最大塊的、顏色最熱的區域，大小形狀如一隻沒尾巴的老鼠的區域，就在大腦中的後扣帶腦皮質。藍頓指著這個中心為黃色，向外發散成亮橘色的區塊，解釋說：「被啟動的這個區域，正好就是一個人持續感到痛苦時，會啟動的區域。」關鍵字是「持續」。她繼續說：「一個人一停止吸食甲基安非他命，等著他的就是這個。」協助甲基安非他命上癮者的臨床人員早就知道他們經常非常憂鬱、好爭執、焦慮、不願意積極參與治療——就跟尼克一樣——但藍頓的掃描圖像揭露了背後的生理原因。除此之外，這些影像也顯示了過去不為人知的嚴重性。她從中得到的結論是，至少在戒斷的初期，甲基安非他命上癮者可能是不能夠——而非不願意——參與許多常見的治療。中斷治療和復發的原因，可能不是道德上的缺陷，或意志力的缺乏，而是大腦的損傷。

她也解釋說，嚴重的認知功能受損可能讓病人無法參與需要專注、邏輯，和記憶才能進行的心理治療。此外，有高度憂鬱和焦慮，以及長期承受她所稱的某種類型的「慢性苦悶」的人，在參與認知和行為治療時，都會居於嚴重劣勢。難怪尼克在復健的頭幾個星期，會想要逃走。事實上，藍頓的研究讓我很擔憂，因為她的研究結果加上別的研究，顯示了吸食者的大腦要花很長的時間才會恢復正常——如果真的能恢復正常。

許多甲基安非他命吸食者一個月不碰毒品之後，戒斷後隨之而來的憂鬱症狀和疼痛就不再那麼嚴重。但對其他為數相當多的人而言，這些症狀幾乎毫無消退。難怪成功率那麼低——難怪大多數社區裡大多數戒毒中心的計畫，大多時候都會失敗。我打過電話的某些地方只有為期幾天或一星期的解毒計畫。許多計畫，例如歐霍夫之家的計畫，為期二十八天，但幾乎沒有城市政府有資金贊助長期的計畫，也幾乎沒有保險會給付密集長期的治療。時間較長的計畫，尤其是住院計畫，對大多數人而言都昂貴到令人卻步。但是甲基安非他命吸食者雖然可能在四星期內復元到知道自己需要持續治療，身心狀態卻可能沒有恢復到能夠堅持下去。藍頓博士的影像說明了為什麼持續好幾個月的計畫最可能有效。病人可能至少需要一兩個月的時間，才能恢復到足以認真地參與治療。

在病人剛進入戒毒計畫時，應該給予什麼幫助？在海洛因上癮者最後一次注射海洛因之後幾天內，就試圖對病人施以戒毒中心的主流療法，認知行為治療，會是十分荒謬的。海洛因上癮者的生理戒斷症狀包括有明確研究記錄的發抖、抽搐等等。但甲基安非他命的戒斷症狀則通常會讓人認為是出於患者的精神狀態和情緒，但是藍頓博士電腦上「藍橘」分明的證據證實了，這些症狀有其生理因素。

相對於控制組而言，甲基安非他命上癮者的大腦圖像中，有許多大腦活動「熱」區牽涉到「特質性」（trait，持續的），和「狀態性」（state，情境引起）的焦慮情緒。藍頓解釋說，這是這種毒品獨有的圖像。「海洛因、古柯鹼、或酒精濫用者的大腦掃描影像沒有這種變化。」

這些影像也顯示認知能力的受損。視覺額葉皮質上的藍色區塊特別令藍頓憂心，因為這個區域的活動與決策有關。這裡顯示出很明顯的藍色，中心呈現白色。而在此同時，跟疼痛和情緒相關的後扣帶腦皮質在控制組的大腦中未被啟動，但在甲基安非他命吸食者的大腦中卻異常明亮。我們可以合理認為，當大腦中與負面情緒相關的部分啟動時，人當然比較難思考。「至少在戒斷的頭幾個星期，甲基安非他命吸食者所採用的認知策略通常是不正常的。」藍頓說。這表示，正在脫離甲基安非他命的人除了要經歷生理因素引發的焦慮跟憂鬱以外，認知功能也還處在嚴重受損狀態。

我更進一步搜尋，而發現多倫多大學醫學中心的史蒂芬．柯許醫生在藍頓的研究前三年所做的研究。他解剖了甲基安非他命吸食者的大腦（來自甲基安非他命吸食過量致死，或在槍擊案或意外中喪生，而體內有高濃度甲基安非他命的死者）。在美國，有好幾個世代的高中生曾在健康教育課上看過酗酒者萎縮、脫水、受到侵蝕的大腦的幻燈片，被拿來跟健康、飽滿、乳白色的大腦相比。但是甲基安非他命上癮者的大腦跟酗酒者不一樣，並沒有肉眼可見的損害。但是在顯微鏡下，用煎蛋來比喻「這是你吸毒時的大腦」，就很貼切了。研究者發現，有些神經元的末梢確實等於被燒焦了。

大腦細胞的組織切片透露了更多資訊。柯許用生物化學探針從大腦中挖出了二十毫克的組織，測量其中特定神經傳導素的量，並與正常大腦中的量比較。

他的研究顯示血清促進素和其他神經傳導素的量只有小幅減少，但是多巴胺的量卻是「低得厲害」——比正常大腦少了百分之九十到九十五。柯許也研究了負責釋放多巴胺的多巴胺傳遞蛋白。這種蛋白也同樣近乎耗竭。其他科學家檢視對甲基安非他命上癮的猴子、狒狒，和老鼠後，也認定甲基安非他命具有神經毒性，而且對大腦造成的生理改變比古柯鹼和其他大部分的毒品更高。這引出一個關鍵的問題——對我而言的關鍵問題：即使尼克停止吸毒，他的大腦能夠痊癒嗎？

科學研究已經證實吸食者腦中多巴胺的量確實會大幅降低，但沒有證實多巴胺神經末梢是否會消失。柯許醫生認為，如果這種毒品對多巴胺神經末梢造成永久損壞，痊癒的機會就微乎其微了。所以柯許在他的大腦樣本中，檢視稱為「囊泡膜上轉運子（vesicular monoamine transporter）」，或稱 V-MAT2 的指標。巴金森氏症的患者大腦中的多巴胺神經元會遭到永久性損害，而 V-MAT2 濃度會極低。如果這項指標在甲基安非他命上癮者的大腦中也近乎耗竭，那麼其大腦的損傷可能就是無法挽回的。但是柯許醫師測試 V-MAT2 的濃度時，卻發現是正常值。這項發現令人意外，但帶來了希望。這項研究與後續的研究指出，這些「燒焦」的神經末梢可能真的會長回來，只是可能要花上兩年的時間。兩年。

這對一個上癮者的父母是好消息。我當然希望尼克能活下去，但我無法不希望他得到更多。我希望他可以再度一切正常。這些研究者的發現雖然還未證據確鑿，也仍受到爭論，但仍顯示他有可能一切正常，只要他能遠離毒品。「如果」他能遠離毒品。

凱倫跟我在海特街吃過晚餐，然後拖著自己上山，來到我們現在稱為「歐霍夫伯爵之家」的地方——因為我們念給傑斯柏跟黛西聽的，雷蒙尼．史尼奇的《波特萊爾大冒險》系列小說中有個「歐拉夫伯爵」的大壞蛋。我們經過門口外面抽菸的人，穿過鑄鐵大門。中庭花園吸收了幾十年的香菸菸味和酒癮毒癮，似乎種不活任何植物。

我們是來這裡跟尼克見面，參加一個家庭治療會談。地點是一間潮濕的房間。凱倫跟我，還有其他來訪的家長，或配偶，或伴侶，還有我們有毒癮酒癮的家人，坐在老舊的沙發和折疊椅上。一位老奶奶樣子，因為喝威士忌而聲音沙啞（雖然已經戒酒二十年）的諮商師帶領我們對話。

「尼克，告訴你父母，他們在這裡，對你有什麼意義？」她在我們的第一次會談中說。

「隨便。無所謂。」

這些聚會讓人覺得荒涼、心痛，而且記憶久久縈繞不去。我們認識了其他的上癮者和他們的家人。其中一個甲基安非他命上癮者是一個十九歲的女孩，有一張天真無邪的臉孔，綁成兩條咖啡色馬尾的蓬亂頭髮，眼神沮喪。她失去了她寶寶的監護權——那個孩子一出生就有甲基安非他命的毒癮。她自己看起來都還像個孩子，除了針孔痕跡之外。其他病人還包括海洛因上癮者、大麻上癮者，還有一個極為蒼老、滿臉疙瘩，像《相見時難別亦難》主角那樣的酗酒者。我們聽著他們的故事。那個酗酒者無數次不告而別地離開他的孩子和孩子的媽。之後他又會回家，向他們道歉。「在第四次或第五次之後，道歉對他們就毫無意義了。」他說。在他們離開他之後，他終於進來戒毒中心。一個比尼克年紀稍大的男孩子來自紐約市，頭髮和眼睛都沒什麼顏色。他來舊金山念建築，但是，他說：「安非他命改變了我的計畫。」

在舊金山的戒毒中心裡，將近一半的病人是男同志，這點並不讓人意外。他們大多數人選擇的藥物是「蒂娜」，這是他們對安非他命的稱呼。安非他命也是許多都市男同志社群裡的災難。根據加州大學洛杉磯分校家庭醫學系的精神醫師史蒂芬．沙柏特所說，安非他命「讓他們回到一九七〇年代，在愛滋病出現之前。」醫療專家估計，舊金山、紐約，和洛杉磯的男同志當中，可能有高達百分之四十五嘗試過吸食

crystal。新感染愛滋病毒的男同志中，就有百分之三十是吸毒者。加州的男同志當中，吸食安非他命的人比起沒吸食的人，多了兩倍的愛滋病毒帶原機率。包括同性戀和異性戀的男性和女性，都會藉由吸食安非他命，進行性愛馬拉松。「安非他命性愛」可能可以延續很久，又很刺激。事實上，加州太平洋醫學中心研究院的毒癮藥物學研究實驗室的一位科學家，葛特．葛洛威就表示，在剛開始的階段，這種藥物確實可能讓使用者覺得「活力充沛，外向開朗，自信又性感。但是嗑藥者很快就不可能有性慾了。這時候他就可能會進行他沒嗑藥時不可能會做的，某些類型的性行為——也就是會散播愛滋病毒的那種。」

跟尼克參與同一個計畫的一個愛滋病毒帶原男同志，七年來不斷吸食安非他命的毒癮者，顫抖而低聲地開口。「我大部分的牙齒都掉光了。」他說，露出一對孤單蒼涼的前臼齒。「我的肺部有洞。」他用發抖的手掀起T恤，露出他到處都是潰爛的、凹陷的肚子。「這些鬼傷口根本不會癒合。我還會咳血。我會把自己的胃一片片地咳出來。我隨時都覺得痛。」

在第三週的家庭團體治療中，尼克在他的諮商師鼓勵下，告訴我跟凱倫，他不想去念大學。「我去念大學是為了你。」他說。「我想工作。我想靠自己生活一段時間。我需要獨立。」

我跟凱倫離開歐霍夫伯爵之家時，一陣刺骨尖銳的寒冷迎面而來。我們把外套拉緊，沿著費爾摩街走了很長一段路，然後轉到「市民中心」。對於尼克決定逃避上大學，凱倫跟我一樣震驚。說實話，我仍然只是在口頭上承認尼克是毒癮者而已。我相信，戒毒復健是必要的，但他一定會好起來。我看待尼克的方式，不同於我看待房間裡其他的上癮者。尼克只是一個誤入歧途的聰明孩子。我忽視朋友的警告，一直覺得這四週的戒毒復健就會讓他清醒過來，讓他夠害怕，讓他了解自己差點毀了自己的人生。但事情將會到此為止。他將會回到學校，念到畢業，然後有一個——正常的人生。

基於這樣不切實際的幻想，我厭惡那些復健諮商師，因為他們的立場很清楚。對他們而言，戒毒復健才是最重要的，其他的都可以先放在一旁。

在散步結束前，我想出了一個新的詮釋。尼克只是在延後念大學的時間。如此而已。這就有道理了。我適應了這個新的狀況。尼克才十八歲，很多人都延後上大學，也都過得很好。

在第四週的家庭團體治療中，尼克再度讓我們意外。這次他說他發現自己需要多一點時間復健，因此他問我們，他能不能搬進這個計畫的中途之家。加州大學洛杉磯分校的華特．林博士說：「戒毒者遠離毒品的時間越長，將來不吸毒的時間就可能越長。」

因此儘管這計畫聽起來很可怕——我希望這件事趕快結束，我希望他趕快痊癒——卻似乎很明智。而且，我承認，我害怕他如果回家，不知道會發生什麼事。因此我們決定讓他搬進歐霍夫中途之家。他搬了進去。而三天之後，我打電話去看看他的情況，卻發現他失蹤了。

12

有些父母，到了某個時候，可能就會對孩子的自我毀滅行為變得麻木了，但我不會。不過我確實了解那樣反覆的過程。我打電話給警察局跟醫院急診室。一無所獲。我一整天沒有他的消息，然後又一天，又一天。我再度盡可能地跟傑斯柏和黛西解釋。他們唯一能了解的是尼克有了麻煩，還有他們的父母擔心得快瘋了。傑斯柏想起茵莫尼斯警長的那次事件，問道：「尼克在監獄裡嗎？」

「我打過電話給監獄了。他不在監獄裡。」

「他睡在哪裡？」

「我不知道。」

「可能他有朋友，他睡在朋友家。」

「我也希望是這樣。」

我一直在想到底發生了什麼事——不只是對尼克而言，還有對我們幾乎被他占據的生活。我在兩個年幼孩子面前總是很小心，但我會對凱倫發飆。大多數時候她都會忍耐我爆發的怒氣和挫敗，但有時候她也會受不了我，以及我全部心思都在尼克身上。她並非不了解，但有時候夠了就是夠了，而且這種狀況是永無止盡的。我睡得很少。她也會在夜半醒來，發現我在客廳裡，盯著壁爐裡微弱的火。我坦承，我睡不著，因為我腦中不斷浮現尼克在舊金山街頭的景象。我想像他受傷，碰到麻煩。我想像他快死了。

「我知道。」她說。「我也是。」我們第一次一起痛哭。

我越來越感到絕望，我想要，也需要知道他平安無事，因此，在一個多雲寒冷的早晨，我明知是白費工夫，還是開車過金門大橋，打算在我認為尼克可能會出現的海特街和傳道區搜索一遍。漫無目的地在傳道區繞了一圈以後，我開過城中心，停在艾許柏利街，然後沿著海特街往下走。我潛入他最喜歡的唱片行「阿米巴」，往咖啡館和書店裡瞄。

海特街雖然已經逐漸中產階級化，但仍保留了它在一九六〇年代的嬉皮味，空氣中瀰漫著大麻燃燒的刺鼻味。逃家的孩子——頭髮染色，編成染色辮子，身上刺著刺青，手臂上滿是針孔，吸毒而亢奮——在室外晃蕩。「在街頭流浪的孩子還留戀著關於海特——艾許柏利區的幻想，但重點早已不是愛與和平。」尼克這樣說過，「而是龐克音樂、無所事事，和毒品。」還有大衛·艾格斯在《怪才的荒誕與憂傷》中所說的：「那些來自馬林區，向路人乞討零錢的，可怕的嬉皮青少年。」我曾聽過一個復健中的吸毒者這樣描述她的前男友，也讓我想到這些孩子：「他的指甲污黑，開著一輛靈車。他身上的一切都在呼喊：『看我，看著我，』但是當你真的看著他，他卻會怒吼：『你在看什麼鬼？』」如果你認同毒癮是一種疾病，那麼你會很震驚有多少孩子——偏執妄想，焦慮不安，到處瘀青，渾身顫抖，形容枯槁，有些甚至精神異常——病得如此嚴重，正在慢慢死去。如果這些孩子得的是別的病，我們絕不會容忍這樣的場景。他們會在醫院裡，而不是街頭上。

我荒謬地詢問其中一些人是否認識我兒子。他們不是不予理會，就是怒目而視。我跨過他們身上或經過他們身邊，看著他們每個人的臉，想著他們是怎麼回事，想著他們的父母在做什麼。

我在史丹楊街走進金門大橋公園，走進一片小樹林，閃避小徑上溜直排滑輪和騎腳踏車的人。在靠近旋轉木馬的地方，我攔下一個警察，解釋說我在找我兒子，一個甲基安非他命上癮者。

「吸安非他命的人一眼就看得出來。」他告訴我。他說他知道有些人可能會在哪裡晃蕩，帶著我沿著小徑往下走。「試試看那邊。」他說，指著一棵芒果樹下長滿草的土丘，有十幾個人聚在上頭。

我向一個女孩子走去。她坐在遠離那群人的一張長椅上。她很纖瘦蒼白，身上裹著一件髒污的法國水手裝。我走近時，看到了吸食甲基安非他命的明顯症狀：緊閉的下顎和顫動的身體。我自我介紹，而她畏縮起來。

「你是警察嗎？」

我說不是，但告訴她是一個警察指出她。我指向那個正在走開的警官，而她似乎鬆了一口氣。

「他沒問題。」她說。「只有你找麻煩，或在遊戲區附近、小孩子旁邊吸毒時，他才會來煩你。」她指向遊戲區。我當然知道遊戲區在哪裡。以前尼克都在那裡玩間諜遊戲。

稍微閒聊後，我告訴她尼克的事，問她是否認識他。她問我他長得什麼樣子。我回答後，她搖了搖頭。「我認識的人有一半都跟你講的一樣。」她說。「如果他不想被找到，你一定找不到他。」

「你肚子餓嗎？」我暫時沒有什麼事可做，我想或許該吃點東西。

她點頭，說：「當然。」於是我們走到麥當勞，她狼吞虎嚥地吃下一個起士漢堡。

「我最近只吃甲基安非他命。」她說。

我想知道她怎麼會變成這樣。她安靜而猶豫地回答了我的問題。

「我不是一天到晚惹事的傢伙。」她在當中說。「我是個很乖的孩子。」

她像在陳述歷史一樣，告訴我，她曾經很愛玩洋娃娃，是「舞會皇后」，在高中樂隊裡演奏，而且法文很棒。她以法文說：「您好嗎？請問圖書館在哪裡？」她說她很愛看書，還說出她最喜歡的作家，用她細瘦的手指一一細數。那張名單聽起來就像是尼克的，至少像是他比較小的時候喜歡的。哈波．李、托爾金、狄更斯、E. B. 懷特、海明威、卡夫卡、路易．卡羅、杜斯妥也夫斯基。「杜斯妥也夫斯基就像是我的神，《卡拉馬助夫兄弟們》就是我的聖經，但現在我什麼屁書都不看了。」她抬頭看著我，說：「你知道嗎？我本來是啦啦隊隊員。不蓋你。但是我連畢業舞會都沒辦法去。」

她的笑聲很尷尬，她用一隻顫抖的手掩嘴，然後拉了拉她黏在一起的頭髮。「沒有神仙教母帶來美好的結局。」

一個男孩子在她十四歲時，給了她甲基安非他命。那是五年前。她大聲地啜飲她的汽水，然後在椅子上前後搖晃，補充說：「安非他命……雖然我知道那東西有多糟，但如果我有機會重來一次，我還是會這樣做。沒有毒品，我沒辦法活下去，也不會想活下去。你不知道那感覺有多好，我需要有那樣的感覺。」

她從她的可樂杯子裡，挑出幾塊冰塊，放在桌上，用手指輕彈，看著冰塊滑過塑膠桌面。她告訴我，她父親是銀行家，她母親則是房地產經紀人。他們住在俄亥俄州，在她從小出生長大的一間房子裡。「房子是白色的，種了玫瑰，還有木頭柵欄——典型的美國房子。」她說。她第一次逃家，跟一個朋友搭車到舊金山時，她父母雇用了一個私家偵探找到她。這個偵探在一個街友收容所找到她，說服她跟他回去。回到家之後，她父母帶她去一家醫院，進行甲基安非他命的解毒。「那感覺就像在地獄，我好想死。」

她偷了一瓶鎮靜劑，而在出院那天，就服用藥物過量。康復之後，她父母把她送進「海瑟頓」，知名的中西部戒毒復健機構，但她也從那裡逃走。她父母再度找到她，送她到另一家戒毒中心。「那根本是狗屁，是異端邪說。」她這樣批評這個地方。「一堆上帝的屁話。」她再度逃走，從一個前男友手上拿到快克，然後搭便車到舊金山，大多數時候都坐在也吸食安非他命的貨車司機身邊。她在海特街落腳，開始販毒和「打藥」——也就是用注射方式吸食crystal。她說她住在車庫，有一個小暖爐，沒有自來水，睡在舊床墊上。

她告訴我，她幾乎每天都吸食crystal，用鼻子吸或用注射；她一次會連續清醒七十二小時，甚至更久時間；而睡覺時，也會連續睡上好幾天；還有「超恐怖」的噩夢。她進過急診室三次，一次是因為肺炎，一次是「胃的什麼問題，我咳出血來」，還有一次則是因為「太亢奮」。她靠著沿街乞討，可以得到足夠的錢買咖啡和香菸。她有一次刺傷一個男人，「只是刺在腿上」，並藉由販賣毒品來買安非他命。「付不出錢的時候，我就幫人吹喇叭之類的。」她說出這件事，但隨即似乎有點困窘，已經麻木的情緒突然升起而不舒服。她別開頭，看著地上。她許久沒洗的頭髮垂下來，從側面看起來，她似乎只有原來年齡的一半。「我拿不到毒品的時候，就是個賤人。」她說。「吃了安非他命，我就沒事了。」

「你父母呢？」

「怎麼樣？」

「你想念他們嗎？」

「不怎麼想。嗯，大概想吧。」

「你應該跟他們連絡。」

「為什麼？」

「我相信他們一定很想你，也很擔心。他們可以幫助你。」

「他們會叫我再回去戒毒。」

「或許這是不錯的主意。」

「我去過，也做過了。」

「至少打電話給他們。讓他們知道你還活著。」

她沒有回答。

「打電話給他們。我知道他們一定想知道你還活著。」

我開車回家。車上沒有尼克。我心裡想著那女孩的父母。如果他們跟我想像的樣子，有任何相似之處——也就是，跟我有任何相似之處——那麼不論他們現在在做什麼，都一定是心不在焉、魂不守舍。他們永遠無法擺脫對女兒的擔憂。他們會思索到底哪裡出了錯。他們會懷疑她是不是還活著。他們會懷疑這是不是他們的錯。

我用這些沒有解答的相同問題折磨自己：

我把他寵壞了嗎？

我對他太縱容了嗎？

我給他的關注太少了嗎？

還是太多了？

如果我們沒有搬到鄉下就好了。

如果我自己從來都沒嗑藥就好了。

如果他母親跟我還在一起就好了。

如果，如果，如果……

罪惡和自責是上癮者的父母典型的反應。貝佛麗・康耶斯在她極為實用的《家裡的上癮者》書中，寫道：「大多數父母在回顧自己養育孩子的方式時，都至少會有一點後悔。他們可能會希望自己更嚴格一點，或更放鬆一點，希望自己對孩子多一點期待，或少一點期待，希望自己多一點時間跟孩子在一起，或希望自己沒那麼保護孩子。他們可能回顧艱難的事件，例如離婚，或家人過世，而認為這是孩子心理健康開始走下坡的轉捩點。有些人可能會對過去的問題抱著沉重的罪惡感，例如傷害到家庭，導致家人不信任的婚外情。但不論為人父母者的缺失在哪裡，上癮者幾乎無可避免地都會發現這些弱點，而加以利用……

「上癮者可能抱怨許多事，包括過去許多年來大大小小的不滿。其中有些指控事實上也可能是真的。家人確實很可能導致上癮者的痛苦。家人確實可能在某些重要的方面，對不起上癮者。（畢竟有哪段人際關係是完美無缺的？）但是上癮者提出這些問題，不是為了掃去陰霾，或癒合舊傷。他們提出這些，只是為了引發家人的罪惡感，藉此操縱他人，以便繼續維持毒癮。」

但是：如果，如果，如果。

擔憂、歉疚，和後悔可能有其功能——作為良知的推動器——但是過多的時候，它們只會變得毫無用處，讓人喪失生活能力。但我無法讓它們平息。

尼克好幾天沒有消息後，從某個前女友的家裡打電話來。他說話很快，而且顯然在說謊。他說他已經靠自己戒掉了毒品，而且保持清醒五天了。我告訴他，對我而言，他只有兩個選擇：進戒毒中心再試一次，或流落街頭。我嚴厲的話完全違背我內心的衝動，我其實只想衝過去，把他擁在懷裡。

他堅持說戒毒中心沒有必要——他會自己停止吸毒——但我告訴他，這是不能商量的。他懶懶地同意再試一次，最後的結論是：「隨便，無所謂。」

我開車到那女孩子家，在外面等，把車子停在死巷裡怠速空轉。尼克遲鈍地爬上車。我注意到他臉頰上有一片黑色瘀青，前額還有一道傷口。我問他發生什麼事。他望著上方，然後閉上眼睛。「沒什麼大不了的。」他說。「一個混蛋把我揍了一頓，搶了我的錢。」

我驚愕。「這叫做『沒什麼大不了』？」

他顯得疲憊空虛。他沒有行李箱或背包，什麼都沒有。

「你的東西呢？」

「所有東西都被偷了。」

他是誰？在車子裡，坐在我旁邊的這個男孩子不是尼克，也完全不像我記得的那個孩子。彷彿在確認我的觀察一樣，他終於開口。

「我在這裡幹什麼？這是放屁。我不需要戒毒中心。那都是狗屎。我要離開。」

「離開？去哪裡？」

「巴黎。」

「啊，巴黎。」

「我需要的是離開這個該死的爛國家。」

「你要去巴黎做什麼？」

「湯姆、大衛跟我會在地下鐵演奏音樂，旁邊帶著一隻小猴子，就像以前那種街頭的風琴手一樣。」

接下來二十四小時，尼克的心情在焦躁不安到昏昏欲睡之間來回變化。除了猴子以外，他的計畫還包括到墨西哥克難旅行，參加和平軍海外志願服務團，以及到南美洲當農夫等等，但每一次到最後，他總會陰鬱地認輸，說他會回去戒毒中心。但接著他又會說他不需要戒毒中心，他清醒得很，你去死吧，然後他又說他需要毒品，沒有毒品他活不下去。「人生爛透了，所以我才需要亢奮。」

我不確定再進行四週的戒毒是否有意義，但我知道至少值得一試。這次我設法讓他進入聖海倫娜醫院。這所醫院很不可思議地位於納帕葡萄酒區。

許多家庭耗盡每一分錢，拿房子去抵押，提光大學基金和退休戶頭，不斷嘗試一個又一個的戒毒計畫、戒毒戰鬥營、野外心理治療營，和各式各樣的治療師。他母親跟我的保險支付了這些計畫的大部分花費。如果沒有這樣的給付，我真不知道我們該怎麼辦。二十八天的計畫，價格就高達將近兩萬美元。

第二天早上，尼克、凱倫，跟我開車前往醫院，路上經過了無止盡的黃色和綠色的田野——芥末花、幾何形的葡萄園。

在納帕山谷上方，在賽爾拉多路旁，我把車轉進通往醫院的薩納托利路。尼克看著指標，搖搖頭，譏諷地說：「真棒。治療營。我們又來了。」

我把車停好，看到尼克在回頭張望。他在想著如何逃走。

「你敢試試看。」

「我好怕喔，好了吧？天哪！」他說。「這一定是噩夢一場。」

「比被人痛扁，還差點殺了更慘？」

「對。」

我們走進主要建築，循著指標前往藥物濫用計畫中心。我們搭電梯到二樓，然後走過一條走廊。這裡是一間陳設枯燥單調的醫院，跟歐霍夫復健之家形成強烈對比——灰色的地毯、日光燈、無止盡的走廊、穿白色制服的護士，跟穿藍色制服的看護員。我們在一個忙碌的護士站旁邊，兩張沒有椅墊的椅子坐下，填寫入院表格。我們互不交談。

然後一位髮型像著名喜劇演員哈波．馬克斯，戴著粉紅色大眼鏡的護士過來接尼克。她解釋說，他必須先接受面談以及身體檢查，才能入院。對我，她則說：「這大概要花一小時。他之後會來這裡跟你會合。」

凱倫跟我下樓到醫院的禮品店。我們在少得可憐的選擇中，幫他買了一些盥洗用品。我們回去時，尼克說他得去他的房間了。我們陪他在走廊上走了一段。他靠著我的手臂。他的身體似乎毫無重量，彷彿他隨時會飄起來。

我們全都笨拙地擁抱。「祝你好運。」我說。「好好照顧自己。」

「謝謝你，爸，謝謝你，ＫＢ。」

「我愛你。」凱倫說。

「我也愛你。」

他看著我，說：「你知道的。」眼淚流下來。

聖海倫娜醫院的計畫與歐霍夫伯爵之家的很相似，但是包括了更多運動，例如瑜伽，以及在醫院腎臟形的游泳池裡游泳等，還有跟院內醫師及一位精神醫師的諮商面談。這個計畫著重在教育，包括以演講和影片講解上癮過程的大腦化學變化，還有每天的「匿名戒酒者」聚會和「匿名戒毒者」聚會，加上延伸性的每週兩天家庭計畫。到這時候，我已經不再對戒毒計畫這麼樂觀，但我容許自己抱著一線希望。就像史普林斯汀的那首歌：「在努力贏來的每一天結束時，人總會找到一些理由去相信。」我的理由混合了這樣的希望，以及些許的放鬆，因為至少我知道他在哪裡。

在家裡，我終於能睡了，雖然並不安穩。在我的噩夢中，尼克在吸毒。我對他發怒，對他懇求，為他哭泣。但吸毒而亢奮的他毫不在乎。吸毒的他眼神空洞而冷酷地盯著我。

其他人造訪酒鄉是為了這裡的卡布涅和皮諾特紅酒、泥巴浴，和美食。凱倫跟我則是為了醫院的週末家庭日，跋涉來此。在我們在聖海倫娜的第一次會談前，一位諮商師告訴我們，當上癮者有家人參與時，復元的機會就會大很多。「我們最擔心的是沒有家人的人。」他說。「尼克屬於比較幸運的一群。」

「你們會發現尼克改變很大。」她在我們走過一條白色長廊時說。「但他心情滿憂鬱的。他們在戒斷的時候都會這樣，而且甲基安非他命是最嚴重的。」

這間醫院的家庭諮商時間內容不太一樣。我們首先集合在一個大房間裡，裡面有一排排的椅子，面對著一張講台跟電視螢幕。醫院在每隔一週的週日，提供四次的教育課程。我們的第一堂課是上癮的疾病模式。這個概念讓我很難接受。什麼疾病的症狀會包括自願成為受害者？每一次尼克吸食安非他命，他就做了一次選擇。（不是嗎？）抽菸的人或許是自己引來肺癌，但其他癌症病患對自己的病並沒有責任。可是吸毒者有責任。（難道沒有嗎？）

這位演講者解釋說，上癮症是遺傳的，或至少容易上癮的體質是。也就是說，尼克的基因，他血液中混雜的祖先血統，有部分的責任：我黑皮膚的祖先、俄羅斯的猶太人、加上他母親的南方美以美教派白皮膚血統。維琪的父親死於酗酒，所以我們不必在家族分支圖中上溯太多，雖然沒有人真正知道這樣的體質是如何遺傳下來。演講者說，大約百分之十的人有這樣的體質。有這種體質的人，一旦碰到毒品或酒精，就會「啟動」這項疾病。「一個開關會被打開。」她說。而一旦被啟動，就無法再關閉了。潘朵拉的盒子無法再闔上了。

一個男人打斷她。「你這樣等於輕易放過他們。」他說。「沒有人逼我的兒子去找他的藥頭，去吸毒，去做甲基安非他命，去注射海洛因，去搶劫我們，去搶劫一家賣酒的店，跟他的祖父母。」

「是沒有。」她說。「沒有人強迫他。這都是他自己做的。但是他生病了。這是一種很難搞的病。沒錯，每個人都可以選擇要怎麼對待自己的病。就像糖尿病一樣。糖尿病患可以選擇監控自己的胰島素濃度，按時吃藥；一個上癮者也可以選擇經由戒毒復健治療自己的病。在這兩種情況下，如果患者不治療自己的疾病，同樣病情就會加劇，他們就可能死亡。」

「但是，」同樣的這個男人插話，「糖尿病患不會偷竊欺騙、說謊。糖尿病患不會選擇注射海洛因。」

「但是有證據顯示，一個成癮的人，一旦開始吸毒，就會產生無法輕易制止或控制的強迫行為。」她說。「幾乎就像呼吸一樣。那不是意志力的問題。他們就是無法自己停止，否則狀況也不會是這樣。沒有人希望成癮。但是毒品會將人控制住。這時發號施令的已經不是一個人的理性頭腦，而是毒品。我們只能教導上癮者藉由持續不斷的復健工作，來控制自己的疾病。這是唯一的方法。說他們可以控制毒癮的人，其實是不了解這種病的本質，因為真正控制一切的是疾病本身。」

不，我想。

控制一切的是尼克。

不，尼克已經失去控制了。

演講完畢之後是問答時間。之後我們聚集到另一個房間裡。我們坐在圍成一個圓圈的椅子上。又是一個圓圈。我們已經越來越習慣身處這樣超現實的聚會：上癮者的父母子女和重要他人，圍成一個圓圈。我們輪流自我介紹，分享摘要版的自己的故事。每個故事都不一樣——不同的毒品、不同的謊言、不同的背叛——但也都相同，同樣可怕而令人心碎，同樣交織著強烈的擔憂悲傷，和瀰漫在空氣中的絕望。

我們在中午解散，去跟我們在復健計畫中的家人吃飯。尼克搖晃著穿過走廊，走向我們。他臉色蒼白，步伐緩慢，彷彿每一步都帶來灼熱的疼痛。他似乎真心高興見到我們。他跟我們溫暖地擁抱，分別抱住我們兩個良久。

我們選了包在塑膠袋裡的三明治，倒了咖啡在塑膠馬克杯裡，然後用餐盤端到外面陽台，坐在一張空的長椅上。尼克咬了一口三明治，就推到一旁不再吃。他解釋說，院方給他鎮靜劑，幫助解毒，因此他才這麼倦怠。他說藥物每天兩次由「恐怖護士」分發——他模仿《飛躍杜鵑窩》裡的露易絲．佛萊契。他的眼神帶著威脅，口中一字一句慢慢地說：「如果麥克．莫菲先生不想用口服方式吃藥，我相信我們可以安排他用別的方式服藥。」

他得意地咯咯笑起來，但他的表演很薄弱；他服了太多鎮靜劑，根本沒辦法有什麼活力。

午餐後，他帶我們去看他的房間。裡面有兩張單人床和床頭桌，還有一張小圓桌，旁邊擺著兩張椅子。房間看起來很舒服，像是一間樸素的飯店房間。他指著靠著一面牆的床，描述他的室友。「他是很好的人。」尼克說。「他是個大廚。是個酗酒者。他結婚了，有一個寶寶。你們看……」

他拿起床頭桌上，竹製相框裡的一張照片。相片裡是一個大約兩歲多，天使一般的小女孩，還有一個留著金黃波浪鬈髮，臉上帶著明亮笑容的美女。「她告訴他，這是他最後一次機會。」尼克說。「如果他不能把酒戒掉，她就會離開他。」

尼克那邊的床頭桌上擺著「匿名戒酒者」的「聖經」，還有一疊關於復健的書籍。房間裡還有一個小衣櫥跟一個抽屜櫃。他把我們帶來的一小疊折好的衣服放進去。

接下來，他帶我們來到陽台上，從這裡可以遠眺大片的葡萄園。

「我對這一切很抱歉。」他突然冒出一句話。

我看著凱倫。我們不知道該說什麼。

13

又是在酒鄉的另一個週末。早上的演講主題是「上癮者家庭」——也就是我們。

「可能不需要我說，你們都知道這種疾病也會影響到整個家庭。」演講者，也是計畫的諮商師，開口說。「他們會吃不下睡不著，開始生病，責怪自己。他們覺得憤怒，難以承受的憂慮、歉疚。許多人不敢告訴別人自己的痛苦。如果你的孩子得了癌症，朋友家人的支持都會如潮水湧來。但由於毒癮的汙名，許多人經常絕口不提。他們的朋友家人或許會試著支持，但也可能傳達出細微的或明顯的評斷。」

顯然家庭裡的動力是可預期的。在講台一旁，從天花板懸掛下來的一個動態雕刻顯示了家庭的動力。演說者指著這個動態雕刻，解釋我們所有的角色，內容精準到令人不安。

掛在正中央的是一個紙做的人像，代表上癮者。比較小的人像飄浮在中央的人像周圍。在旁邊晃蕩的人像則代表凱倫跟孩子，只能在外圍，徬徨無助。而另一個顫巍巍地吊在他們之間的人像，則是我。我是驅動者，驅使尼克振作起來；幫他找藉口；用盡力氣照顧他；努力想保護凱倫、傑斯柏和黛西不受他的影響，但又想維繫他們所有人的感情。

「這不是你們的錯。」演講者說。「這是你們要了解的第一件事。有些上癮者曾經受虐，但也有上癮者不論從任何角度來看，都有非常美好的童年。可是許多家屬還是會責怪自己。另一件事則是許多家屬會試圖解決這個問題。他們會把酒瓶跟藥藏起來，會在他們親人的衣服口袋和臥室裡搜尋毒品，還會載上癮者去『匿名戒酒者』或『匿名戒毒者』聚會。他們試圖控制上癮者去哪裡？做什麼？以及跟誰在一起。這樣的做法可以理解，但其實毫無用處。你不可能控制一個上癮者。」

之後，這位演講者說：「一個上癮的人可能掌控整個家庭──佔據父母的注意力，甚至犧牲其他的孩子或配偶。家人的心情都要視上癮者的狀況而定。許多人變得陷溺其中。這可以理解，卻會造成傷害。有些人會變成跟過去完全不同的控制狂，因為他們很害怕。有些人會不知道自己是誰，因為除了他們上癮的配偶、子女、父母或其他任何家人，其他一切都不重要。他們的人生再也沒有樂趣可言。」

我們跟尼克見面吃午餐時，看到他的臉上恢復了些血色，眼裡也重現了一些活力。他的動作比較自由，不再因疼痛而受限。但是他駝著背，很沮喪的樣子。

我們坐在他房間的陽台椅子上聊天。「我不覺得這次會比上次好。」他說。「那些關於上帝的話……」

他沉默。

「那些關於上帝的話，我沒辦法接受。」

我回答：「他們是說『更高的力量』，不是上帝。兩者不一樣。」

「『更高的力量』就是上帝的另一種說法。你得相信才行，但我不相信。除非你相信，否則你就過不了這關。」

尼克解釋他的難題。「我對於十二步驟的第一步毫無問題。」他說。「嗯，或許有時候會，但我想，我很明顯地對毒品和酒精無能為力，我的生活也確實變得不可收拾。但是在這點之後，其他全是胡扯。」

他念出一張書籤上的第二與第三步驟。

「第二步：相信比我們自身更高的一種力量會讓我們恢復清醒。第三步：決心將我們的意志與生命，交給我們所認為的上帝照看。」

我指出：「『我們所認為的』有很大的詮釋空間。」

「我不認為它是任何東西。」

對某些人而言，這一點——他的無神論、他父母，至少是我，給他的禮物——就足以解釋他的問題了。我不相信是任何單一的原因改變了他的命運，但是誰曉得？然而，如果對上帝的信仰，或從小到大的宗教教育就能預先排除毒癮的可能，那麼我們又如何解釋，為什麼這麼多有宗教背景和信仰的人後來會對酒精或毒品上癮？虔誠教徒也不能倖免。

我試著不會太過熱切，也不會違背真心地，提供他想像更高力量的方法。雖然我對他從小到大的教育不包括宗教，卻不乏一套道德價值觀。我試圖灌輸他一個觀念，那就是道德本身就是對的。達賴喇嘛最近在《紐約時報雜誌》上所寫的解釋，反映了我的想法：「我們身為人類共有的關鍵道德原則，例如同情、寬容、關懷、顧慮他人，以及有責任感地運用知識和權力等——這些原則超越了有宗教信仰和沒有宗教信仰的人的界限，也超越某一種宗教信徒或另一種宗教信徒的界限。」對我而言，這些原則就是更高的力量，是我們每個人都能獲得的力量。我父親曾這樣解釋他對上帝的概念：我們內心那個「小小的聲音」——我們的良知。我不說這是上帝，但我也相信人的良知。當我們傾聽這個聲音，就會做出對的事。當我們不聽這個聲音，就會犯錯。在我一生中，我不曾很仔細地傾聽——我不知道該怎麼做——但我現在努力嘗試。當我傾聽這個聲音並照著去做，我就比較有同情心，比較不自我中心，也比較能夠去愛。我告訴尼克，這就是我的更高力量。

他不以為然。「這只是合理化。」他說：「更多胡說八道。都是謊言。」

歐霍夫的諮商師、他在聚會裡認識的人，以及現在在聖海倫娜的醫療人員，都努力要讓他相信，更高力量可以是每個人自己想像的任何東西——在一個人的頭腦被毒品影響而扭曲，變得不可靠時，可以給予指引的自身以外的源頭。「有些人會需要在信仰上的大躍進。」一個諮商師告訴尼克。「你必須相信在世界上，有某種比我們更大的力量──可以指引我們一條路，拯救自己的人生。第一步是誠實：我的人生已經失控。所以你有什麼選擇？繼續這樣下去？還是臣服於更高的力量？你必須冒險──必須有足夠的勇氣在信仰上跨出大步，相信有比我們更偉大的力量可以幫助我們。」

我們再度在餐廳的露台上吃飯，尼克並介紹了他在這裡認識的兩個朋友給我們認識。我們覺得彷彿已經認識他們，因為到此刻為止，我們已經跟他們的太太一起參加過兩次團體諮商。詹姆斯是一位親切的生意人，長相英俊，一頭紅髮、有雀斑，而且言行溫和有禮，就像吉米．史都華扮演的那種品格健全的角色。他是止痛藥維柯丁（Vicodin）上癮者。這是他接受背部手術後醫生開立的藥物。在自願住進聖海倫娜之前，他一天可以吞下四十顆之多。尼克的另一個朋友則是他的室友，史蒂芬。他是個廚師，曾在舊金山灣區最知名的某些餐廳實習過。根據尼克所說，這個淡茶色頭髮，肌肉發達，藍色眼睛下垂的男人濫用好幾種藥物，但他最主要上癮的是酒精。酗酒差點毀了他的婚姻，也有兩次差點害死他。他才三十出頭，但已經因為酒精中毒而動過肝臟和胰臟手術。我們聽到他的年齡真的很震驚。他看起來像是五十歲。

我們跟他們和他們的太太一起坐在一張長桌上。他們的妻子看起來都很和善、親切，而且極度疲憊。尼克、詹姆斯，和史蒂芬有同樣的幽默感，還共同擁有別的東西：一般人要認識好幾個月或好幾年才會建立起來，但戒毒者在復健中因為暴露出自己的靈魂，而加速建立的一種親密感和情感。事實上，後來尼克告訴我們，跟詹姆斯和史蒂芬變成好朋友，對他有多重大的意義。「晚上很晚的時候，大家都睡了以後，我們會偷溜進醫院的廚房。」他說。

「院方允許這樣嗎？」

「反正沒有人管。」尼克小聲地說。「有一天晚上，史蒂芬做了朝鮮薊蛋白酥和韭蔥湯。昨天晚上我們吃了藍帶雞排。我是二廚。」

我們把早上和上星期的演講告訴了尼克，然後我問他，他同不同意上癮是一種疾病——而他得了這種病。他聳聳肩。「我的想法變來變去。」

「如果說是在某個時候發生了重要的轉折，那是什麼時候？」我問。「在柏克萊嗎？」

「拜託，不是啦。」他說。「比那早。早多了。」

「早多少？是你在太浩湖喝醉那時候？還是你第一次吸大麻的時候？」

一分鐘後，他說：「或許是在巴黎的時候。」

我點頭，想起了他的潰瘍，然後我問：「在巴黎發生了什麼事？」

他承認他在大學的語言課根本比不上這城市其他吸引人的東西，包括到處都很容易喝到的酒；法國的服務生會毫不猶豫地倒葡萄酒給十六歲的孩子。結果尼克大多數時間都在效法他一天到晚喝得醉醺醺的英雄們——但完全忘記關於寫作和畫畫的部分。「有一天晚上，」他說：「我醉到爬進繫在塞納河畔的一艘船裡，昏睡過去。我就在那裡睡到第二天早上。」

「你可能會被殺掉。」

我盯著他的眼睛。「我知道。」他陰暗地說。「我飛回家時，在行李箱裡藏了幾瓶酒，但是不到幾天就喝完了。我完蛋了。在巴黎的時候，我每晚都去酒吧和俱樂部，喝個爛醉，但是回到家後，我只有十六歲，還是個高中生，跟你們住在一起。」他看著地上。「那感覺太詭異了。我沒辦法弄到酒，所以我就開始每天抽大麻。那感覺不一樣，可是大麻比較容易拿到。」

「那硬性毒品呢？」我問道，雖然我不確定我是否真的想聽答案。「你什麼時候開始的？」

「你記得我跟（他說出幾個男孩子和他女朋友的名字）在我高中畢業那天晚上，在烤肉會後離開嗎？」

他坐著，手肘撐在桌上。「我們去的那個派對上有搖頭丸。我吃了一些，感覺像在飛一樣。我覺得我跟每個人都好親近，道別的時候都依依不捨，覺得意義重大。之後我能找到什麼，就吃什麼——搖頭丸、LSD、蘑菇，然後……」他抬起眼睛，「然後就是甲基安非他命。我第一次嘗試時，就覺得——覺得比過去這輩子的任何時候都開心。」

我們再一次聚集在偌大的會議室裡，病人和家屬，進行下午的團體諮商。他們從櫃子裡搬出更多張椅子，以容納總共大約五十個人；圓圈擴張成彎曲漫長的橢圓形，貼到了牆壁。由一位諮商師帶領團體，而一開始照例是整個房間的人輪流自我介紹——整個房間裡充滿了厭惡、哀傷與憤怒。

「我滿腦子都只有我女兒。我沒辦法不想。我做夢都夢到這件事。我該怎麼辦？這件事已經佔據了我所有的生活。很多人叫我要放手，但是一個人怎麼可能對自己的女兒放手呢？」說話的人哭了又哭。她女兒坐在她旁邊，一臉木然。

等到輪到尼克時，他說：「我是尼克，我是吸毒者跟酗酒者。」

我聽他這樣說過好幾次，在這裡和在舊金山的諮商時間，還有在我陪他去的幾次「匿名戒酒者」聚會上，但這話仍會刺痛我。我兒子是吸毒者和酗酒者。聽到他承認對他而言必定極為艱難的事，讓我心中充滿了某種程度的驕傲。但是他心底真的相信嗎？我就不相信。不是真心相信。

跟在舊金山那棟古老維多利亞式大樓裡聚會的人比起來，聖海倫娜的這群人穿著打扮比較整齊，雖然其中也有一個老婦人很可能幾個鐘頭前還是街上的遊民。團體諮商中，首先由病人和家屬分享自己的故事，有時候也會評論彼此的進展。而那位老婦人震撼了我。她用沙啞的聲音說：「我有碩士學位。我是個老師。很優秀的老師，我覺得。」她停下來，空茫地盯著眼前一會。「我以前很優秀，在我吃安非他命以前。」

這些上癮者的家屬都跟我一樣，同時顯得絕望，又抱著希望。有時候房間裡瀰漫的痛苦簡直叫人無法承受。我們毫無喘息空間，椎心刺骨地聽著，看著。最主要的，是感覺著這些人在所愛的人對甲基安非他命上癮後，過著怎樣淒慘黯淡的生活。「首選毒品」其實無關緊要，不管是甲基安非他命、嗎啡、可那氮平[11]、古柯鹼、快克、煩寧、維柯丁、酒，和大多數人選擇的以上所有的總和。在圓圈當中的這些人都不相同，但我們又全都相同。我們都有又寬又深的傷口。

輪到尼克的朋友史蒂芬說話。他描述他這一輩子與酒精的「糾纏」——他十歲時，就第一次喝醉。他妻子在旁邊哭個不停。

「我們都好愛你。」她在輪到她時，對史蒂芬說：「但是我聽過你懺悔，也聽過你承諾。我沒辦法再這樣過下去。」

詹姆斯的太太則講到他如何從「全世界我最尊敬的人，我的靈魂伴侶」墮落到不惜犧牲身邊所有人，完全被藥丸吞噬的人。「他本來是世界上最溫柔、最善良的人——」

諮商師用平靜平穩的語氣打斷她：「直接對他說說看。」她說。「直接對你先生說。」

她看著詹姆斯的眼睛，顫抖著，接下去說：「你本來是我這輩子看過最溫柔、最善良的人，現在變成一個陌生人，對我大吼，冷漠、沮喪、殘酷，完全無法對我開放或親近。我一直問自己……」

她哭了起來。

然後是另一個人，又另一個人。他們說出自己的故事，對所愛的人說話、道歉、痛罵、哭泣。我們的

11 Klonopin，苯二氮類鎮定劑，痙攣和恐慌症用藥。

相似處如此深刻。在不同的程度上，我們都花了好幾年接受和合理化所愛的人的某些行為。而同樣這些行為如果出現在別人身上，我們絕不可能容忍。我們保護他們，隱藏他們上癮的事實。我們憎恨他們，但又為此歉疚。我們怒不可遏，但又為此歉疚。我們發誓再也不接受他們的殘酷或欺騙或自私或不負責任，然後我們又原諒他們。我們對他們怒吼，但通常只在心底。我們責怪自己。我們擔心——無止盡地擔心——擔心他們會自殺。

所有上癮者的故事也都有相似的主題——懊悔、失控的，通常是針對自己的憤怒——以及一種無助感。「你以為我希望這樣嗎？」一個男人對著他顫抖的太太大吼。「是嗎？是嗎？我恨我自己。」他們兩人都哭了又哭。

「我真的很驕傲他能來到這裡。」一個女人講到她海洛因上癮的丈夫。「但是接下來會怎麼樣？我好害怕。」一位年長婦人的妹妹是律師，對甲基安非他命上癮。她說：「我不給她錢了，但是我會買吃的給她，載她去看醫生，幫她付醫藥費。」她補充說：「她連走到公寓另一邊的冰箱都沒辦法。」治療師溫和地提醒她：「她買得到毒品，卻走不到冰箱前面？」

然後另一個家長插話。「我對我兒子也有同樣的感覺，直到我恍然大悟，他沒辦法去上學或工作，或去跟治療師會談，卻能去當鋪，去找他的藥頭，拿到他要的任何毒品，拿到酒，闖空門，弄到針筒——任何他需要的東西。要煮出一批甲基安非他命，過程相當複雜，但是我卻替他難過，覺得他很憂鬱、他很脆弱、他無能為力。如果他最後進到醫院去，我當然應該幫他付醫藥費。我當然應該幫他付房租，不然他會流落街頭。所以大約有一年的時間，我付錢讓他住在一個舒服的地方，在那裡吸毒。」

一位紅褐色頭髮剪得很短，穿著絲襯衫、開襟毛衣，和羊毛長褲的漂亮女人說她是一個醫生。她很難過地承認，有超過一年的時間，她是在服用甲基安非他命而亢奮的狀態下進行手術。她最初是在一場派對上嘗試。「我覺得比這一生的任何時候都快樂。」她說。「我覺得我無所不能。我永遠都不想放棄那種感覺。」

她搖搖頭。「接下來的故事，你們都知道了。我吸甲基安非他命，以便徹夜不眠地工作。但我不工作的時候也在吸。我知道我有問題。」她繼續說：「但我之所以會來，還是因為一位同事威脅說，如果我不自己主動處理毒癮問題，她就要舉發我。」

另一個病人痛罵她：「你在吸毒的時候動手術！你應該被舉發！你可能會害死人。」

諮商師轉向這個病人，仍然聲音平穩地說：「你不是說你有一次酒醉駕車，結果在駕駛座睡著了？你也很可能會害死人的。」

有些故事實在讓我們難以理解。一個矮小的神經質女人整個人幾乎淹沒在寬大的毛衣和運動褲裡。她記起她兒子上次生日的時候。「我吃了快克。」她回憶說。「我離開家，離開我兒子，把他留給我先生。為了快克。他現在三歲。」

一個膚色蒼白，金髮披散，金色眼睛霧濛濛的女人對團體說，法官要求她先生參加這個計畫，否則就要坐牢。她先生，理著平頭，短袖襯衫釦子扣到領口的一個大兵，僵硬地坐在她的右手邊。他眼神空洞地直視前方。

她說，他在吸了甲基安非他命時毆打她，抓她的頭去撞地板。她在昏過去之前，勉強打了緊急求救電話。之後，輪到他講話時，他感謝上帝，讓法院允許他嘗試戒毒，而不用坐牢。「我還是無法相信我攻擊我太太。我愛她勝過我自己的性命。」他說。「但現在我了解我的問題了。我下星期就要畢業，我很期待回家，展開新生活。」

他太太不肯與他目光相接。她顯得非常驚恐。

之後是休息時間。

尼克跟我們坐在咖啡廳裡，提到那個女人的丈夫時，眼睛裡一閃。他對我跟凱倫說，他如果去坐牢，他太太會比較安全。「他是個很可怕的傢伙。」尼克對我們說。

聚會再度開始。更多讓人心碎的故事，更多的眼淚。

在每次聚會結束時，諮商師都會問在散會前還有沒有人想說什麼。家屬經常會說他們對自己的親人多引以為傲，以及對方似乎進步了很多。病人有時候會為這次聚會分享的病人加油。這一天，在五十個以上的人擠在一起，椅子形成彎曲橢圓形的房間裡，尼克開口了。他的話是針對那個曾經攻擊他太太的軍人。

「凱文，很抱歉，但我一定要跟你說一些話，因為如你說的，你下個星期就要離開了。」尼克直視著房間對面的他。「我從到這裡以後，就一直跟你一起參加團體諮商。雖然每個人都好像很真誠、開放、真心地嘗試去了解自己的上癮問題，但是卻沒有跡象顯示，你真的了解這一切。這個計畫要我們謙卑，但你卻很傲慢。你似乎並不是真的了解，而且承認你對上癮無能為力。你經常打斷別人。你一直說個不停，卻從不聽人說話。」

然後尼克看著那個男人的太太。她睜大的眼睛湧出淚水，顫抖得像一隻受驚的動物。尼克對她說話。

「我說這些話是為了你，因為我擔心凱文需要多待一點時間，才能回家。我不希望你發生什麼事。」

沒有人，包括諮商師在內，開口說一個字。那個男人像是要衝到圓圈的對面，撲向尼克。然後他和我們其他人看著他太太在不斷的啜泣當中喘氣。在止不住的淚水中，她終於開口了。她堅強起來，挺直腰桿，對尼克說：「謝謝你，我知道。我不信任他。」她身邊的一個女人伸出手摟住她的肩膀。

她轉向她先生，憤怒尖銳地對著他大吼：「如果你敢再碰我或孩子一下——」

她說不下去。吼叫因突來的啜泣聲中斷。

那個男人看著太太。他臉上的表情不是懊悔，或愛，或哀傷。他像是受傷、尷尬，而且憤怒。他挺直腰桿，眼神快速地掃視房間四周。

諮商師終於開口，結束了這次會談。她感謝所有分享的人，宣布散會。凱文的太太突然出人意料地穿過圓圈，筆直地走過來，一邊哭泣，一邊擁抱了尼克，謝謝他。

她先生坐在椅子上動也不動，惡狠狠地瞪著房間這頭。

我們離開的時候，凱文低聲對尼克說：「你小心一點。」

14

復健計畫的每個病人都要寫日記，而尼克跟我們分享了他的一篇日記：「我怎麼會落到現在這個地步？似乎不久以前我還在那支該死的水球隊。我還是校刊編輯，在春季話劇中演出，一天到晚想著我喜歡那個女孩子，跟我的室友聊著馬克斯跟杜斯妥也夫斯基。我的同班同學現在都上大學了。這一切與其說是令人難過，不如說是令人困惑。在當時，一切似乎都是這麼正面，這麼無害。」

這是尼克待在醫院的第三個週末，我則是再次在家庭日來看他。在早上的團體時間後，尼克得到一天的外出許可，要去看看我們待的旅館。

尼克顯得充滿感情，也暢所欲言，甚至說他很感激有機會進行這個計畫。他似乎很誠懇。接下來他提出一個新的話題。他想知道他還有沒有可能上大學。他知道他犯了天大的錯，但他願意做任何事，只求還能去漢普郡。他很喜歡那所學校。他了解自己的嗑藥問題，所以他承諾會固定參加「匿名戒酒者」聚會，並且請一位支持人幫忙。他也得知許多大學院校都有禁毒宿舍，他會要求住這樣的宿舍。他也了解如果他再度復發，我就會貫徹我的威脅，不再資助他，他就得離開學校，經濟獨立。

我們開車要去旅館見凱倫、傑斯柏跟黛西的途中，尼克告訴我，他為什麼改變主意。在團體諮商時，其他人聽到他父母願意送他去上大學，就全部聯合起來圍剿他。他們一致的意見可以用一個男人的話總結。這個男人因為酒癮和藥癮，而已經與父母和手足形同陌路。他對尼克大吼：「你他媽的瘋了嗎？你還有父母？他們還愛你？而且還願意送你去念大學？快去念大學啊。別當個他媽的白癡。如果有機會念大學，我願意做任何事。」

我考慮了尼克的要求。「我會跟凱倫討論一下。」我說。「我們也會跟你母親談。我們得把彼此同意的事講清楚。如果這真的是你想要的，而且你覺得你做得到，那麼或許可以。」我仍舊幻想一切都會好起來。尼克會保持清醒。他了解自己的問題。感謝上帝，還好他沒有對自己的生命——對自己的身體和頭腦——對自己未來的選擇，造成更大的傷害。他仍舊可以去念大學，拿到學位，找到好工作，擁有一份美好的關係……一切都會好起來。

我開到旅館，一個沒落的度假莊園，裡面有葡萄園、有裂痕的游泳池、龜裂的網球場，還有幾匹老馬在莊園裡遊蕩。我們穿過大門時，尼克有些緊張。這是他將近三個月前住進歐霍夫之後，第一次見到傑斯柏和黛西。

尼克一看到傑斯柏和黛西就興奮不已，而傑斯柏和黛西一開始雖然有些不情願——他們上次看到尼克時，尼克正從吸毒亢奮期墜落，心情沮喪，並且憤怒地準備前往歐霍夫——但還是很高興看到他。他跟他們在冰冷的水裡玩，在網球場上來回擊球。我坐在葡萄藤架下的一張野餐椅上，看著凱倫加入他們的行列，四個人玩起槌球。他們一邊敲球，尼克一邊問兩個小朋友學校和朋友的事，還告訴他們住在醫院院子裡的一隻貓的故事。到了該帶尼克回醫院的時候，傑斯柏和黛西似乎很不解。我們不斷盡力解釋尼克發生了什麼事，但在他們眼中，他似乎好好的。他們不懂為什麼他不能跟我們一起回家。

在返回聖海倫娜的途中，尼克告訴我們這星期發生的另外兩件事。第一件事很令人沮喪。史蒂芬離開了復健計畫——在某個下午沒有經過正式程序，突如其來地走上通往卡里斯托加的那條長路，就這樣離開。院裡的病人不久就得知他立刻在一間酒吧復發了。尼克很難過，但並不全然意外。「表面上看起來，他似乎決心要保持清醒。」他說。「他知道他可能會失去他太太，和那個可愛的寶寶。但是他從來沒有真的認真看待這件事。他把問題怪到他太太頭上。他也怪他的父母。他責怪所有人，就是不怪自己。他始終沒搞清楚。」

他的另一則消息則比較難以置信。每次有人完成了二十八天的計畫，他們就會邀請病人一起舉行道別儀式。畢業生會請另一位病人「站起來」，為他說一些話，送他回去現實世界。這些儀式的目的在於鼓舞畢業生和激勵新進者。

這天早上凱文，那位大兵，即將畢業，而他走到尼克面前。「你是個勇敢的傢伙。」他說。「我必須說實話。」然後，他請尼克站起來，在他的畢業典禮中說話，讓尼克十分驚訝。「我尊敬你。」凱文說。「我一直在觀察你，我知道在我們所有人當中，你會是成功的那個。你還年輕，還沒有把自己的人生搞到完蛋。你還有愛你的家人，而且你聰明得不得了。我想成功保持清醒，這比我以前做過的任何事都重要。我會證明你錯了。我會成功的。」

尼克同意了。「於是我為他站起來。」他說。「我說我希望，也祈禱他會成功——能繼續維持復健。我說：『為了你，還有你太太跟你孩子，我希望你會成功。』後來我看著他們離開——他跟他太太。他們都擁抱了我。他們走出去的時候手牽著手。」

一個星期後，尼克自己也畢業了。我在典禮後接他回家，仍舊忍不住有些緊張。車窗搖了下來，空氣很溫暖。尼克開心地講著未來的計畫。他的樂觀不只表現在他的清醒上，也在他自信強壯的身體姿勢上，還有他再度充滿光芒的眼神裡。他說他決心遠離毒品。我跟他一樣充滿希望，但我知道在安全的、有限制規範的環境裡，保持清醒要容易得多，所以我的希望有所保留。我需要相信一切都會好起來，但同時我又無法接受真的會如此。

家裡的生活比以前輕鬆一點，雖然偶爾還是有些緊繃。尼克出門去參加「匿名戒酒者」聚會時，我會擔心。他似乎心不在焉或心情低落時，我也擔心。到了八月，他要離家去念大學，而且離家三千英里時，我更是擔心。

漢普郡學院的校園過去是一座蘋果園，現在也還保留著田園氣氛。這所學校提供了非常優秀、能刺激學生思考的文理計畫，還有數百種主修學門和課程。而且不只如此，漢普郡學院還屬於五所大學的聯盟，聯盟成員包括麻州大學、愛默思特學院、史密斯學院，和荷由克學院。尼克可以選擇其他這些學校提供的課程。有一輛交通車往返這些校園之間。

我跟凱倫陪尼克飛到東部，幫他安頓下來，準備上新生訓練。我們在我跟尼克一年多前參觀這所學校時發現的一家印度餐廳吃飯。

「在紅綠燈右轉。」尼克大叫。「右轉，右轉，右轉！」

第二天早上，我們開車來到校園。這天天氣晴朗，陽光普照。許多家長在各個宿舍前放下他們的孩子。他們開著休旅車、廂形車，其中還有一輛高級轎車，車上裝滿了手提箱、行李箱、一套音響、一套鼓，還有好幾台電腦。

尼克在「無毒宿舍」的房間雖然小，但很舒服。放下他的行李箱後，我們循著貼在牆上的海報來到校園中央，參加迎新烤肉會。我跟凱倫在這群新生當中搜尋有沒有人可能是藥頭。

用餐接近尾聲時，幾位主任對聚集在一起的新生家庭說了些話。之後我找到學生事務主任，請問她校園裡的毒品狀況，並解釋我兒子才剛剛結束兩輪的復健計畫。她承認大麻在校園裡很猖獗，但也提出一件明顯的事實。「美國所有大學、所有城市，都已經被毒品入侵，所以年輕人必須學會如何在毒品當中生活。」

她指引我去找學校的醫療服務主任，這位主任寫下了她的名字和電話號碼，並表示她會盡可能幫助尼克。她會引導他去參加十二步驟聚會，並介紹他認識其他也在復健的學生。「他不是唯一一個。」她說。「對於任何需要的人，我們都會提供最大的支持。」

∞

「嘿，爸，是我，尼克。」尼克在我跟凱倫回到加州後，在電話裡說。

他是從宿舍裡打來的。我聽著他說話，想像他穿著一件舊T恤，骯髒鬆垮的褲子用一條有刺釘裝飾的黑色皮帶繫在臀部，腳上穿著Converse球鞋，遮住眼睛的卷曲長髮被撥到後面。他似乎對新學校很興奮。我這次充滿希望，跟以前一樣充滿希望地，在掛掉電話後，繼續幻想他會完成學業，想像他在校園裡，背著背包走去他的教室。我可以在腦中聽到他跟同學激烈討論關於方言至上主義、尼采、康德、和普魯斯特。

一個月後，他聽起來還好，但我察覺他的呼吸有些焦躁。在他掛斷電話之前，我聽到他嘆了一口氣。我知道這不容易。他失敗過一次，現在正在重新嘗試。

除了上課之外，他還要固定去看學校推薦的一位戒毒戒酒輔導員。他也按照我們的協議，去參加「匿名戒酒者」聚會，並找到一位麻州大學的研究生擔任他的支持人。這位研究生每個星期天早上會請一群學生到他家喝咖啡、吃鬆餅，進行聚會。

他定期回報消息，我胸口的大石頭也逐漸減輕。他會講到他的新朋友，也講到他一整個星期參加的「匿名戒酒者」和「匿名戒毒者」聚會。

一個月後，尼克突然不再回我的電話。我認定他的毒癮復發了。即使尼克信誓旦旦，決心改過（雖然我並不確定），又即使他住在「無毒宿舍」，他成功的機會還是很小。何況尼克抱怨過，這宿舍並非真的無毒品。他說他經常在週五很晚的時候和週六晚上聽到喧鬧狂歡、跌跌撞撞，和嘔吐的聲音。

在離開戒毒中心之後這麼快就送他去上大學，確實是個賭注。但所有人，包括他在聖海倫娜醫院的諮商師，都贊成這個計畫，因為他看起來是那麼全心投入。

我拜託一個要去愛默思特的朋友去看看他。結果他發現尼克窩在宿舍裡，顯然吸了毒。

我準備遵照之前的要脅，收回對他的經濟支持，但我先打了電話給漢普郡的健康諮商師，跟她討論。我想像她坐在辦公桌前，暖氣達達地響，窗外白雪堆積。

我告知她尼克復發了，但我告訴她之後，她的反應讓我很驚訝。她勸我要有耐心，她說：「復發經常是康復過程的一部分。」

這是違反直覺的概念。這就像是說，墜機是對飛行員很好的訓練一樣。我在歐霍夫之家和聖海倫娜醫院都聽過，上癮者在之後復發時，可能會更難戒除，因為這種疾病會持續惡化。但是一個人經常要在花時間和犯錯後，才能了解毒癮的恐怖力量，更重要的是，了解復發有多麼容易。我可能聽過這些說法，卻沒有真正了解這種疾病的可怕本質，包括它的永久性。但同時我也還沒有徹底了解，失敗，甚至是一連串的失敗，都可能會導向最後的成功。

「雖然在重度毒癮患者當中，有些人確實會經歷過一次治療後，就無限期地不再碰毒品，但是大多數人都會經歷反覆的循環，就像有些吸菸的人要試很多次，才能戒菸，或減肥的人要反覆努力，才能瘦下來一樣。」羅森博士說。加州大學洛杉磯分校毒品濫用研究中心的副所長，道格拉斯．安格林博士，為《紐約時報雜誌》一篇談戒毒的文章，接受珮姬．歐斯坦的專訪時說道：「治療計畫最終還是會迎頭趕上。吸毒五年的海洛因上癮者，可能要接受治療十年到十五年，才能真正脫離毒品。但是如果你在他們二十五歲時，開始幫助他們，那麼等到他們四十歲時，通常已經完全脫離毒品了。但如果治療沒有及時開始，他們多數人都會在五十歲時因毒癮而過世。」

這並不令人欣慰。但是，如果治療被認為是一個持續的過程，而非一種一勞永逸的解藥，那麼我們對於何謂成功，就可以有比較樂觀——而且務實許多的——新的看法。根據全國治療進展評估研究所顯示，雖然上癮者可能會復發，但在接受治療一年之後，他們的吸毒量會減少百分之五十，而違法行為也會減少達百分之八十。他們也會較少從事高風險性行為，或需要被緊急送醫治療。其他研究也顯示他們比較不會需要社會救濟，整體的心理健康也會改善。

然而毒癮復發有可能致命。事實上，一個上癮者確實可能在復發後戒除毒品，並持續保持清醒——但前提是他沒有死掉。這項恐怖的事實實在無法令人安心。

在我朋友的勸告下，尼克打了電話給我。他承認他「搞砸了」，也答應會停止吸毒。

「尼克……」我聽到自己聲音中的那種口氣，那種嚴肅、譴責、失望的，父親的語氣，然後我感覺他立刻變得防衛。

「不要說了，我知道。」他說。「我必須經歷這些——才能學會。」

等候很讓人煎熬，尤其是我們分別在東西兩岸。但是我知道如果他能自己脫離毒癮，不需要我把他拖進復健中心，這將是很重大的一步。

復發經常是康復過程的一部分。我在腦海中說了一遍又一遍，想了一遍又一遍，然後等待。

他保持著緊密的連絡，也在寒假時回來。那次寒假很輕鬆愉快。他似乎比之前好多了。他失足了一次，如此而已。復發經常是康復過程的一部分。他用漂白水把自己的頭髮漂白，在染髮時灼傷了自己的頭皮，但他似乎都還好。

尼克回漢普郡去上春季課程。有一天晚上，他打電話回來，說他很想選修一位備受景仰的知名教授的一門寫作課。「一年級和二年級生幾乎不可能進這門課，但我要試試看。」他說。「我寫了一篇故事——昨天晚上熬夜寫的——要交給教授看。」這位教授會在週五，把接受的學生名單公布在他辦公室的門上。

週五傍晚，尼克打電話來，雀躍地說他的名字在那張打字的名單上，但是只有他的名字前面有個星號，而星號對應到這張紙最下面的一個備註。備註寫著：「來找我。」

尼克立刻到這位教授的辦公室去。他很緊張——「緊張得要命」。他在這位教授面前坐下，而對方完全沒有說別的，就直接問他是不是吸毒者。他會這樣懷疑，是因為尼克交出的文章的主題。他用虛構的方式，描述了他在歐霍夫復健之家，和聖海倫娜醫院認識的一些特殊的人。

尼克說是，他確實是正在復健的吸毒者。

「我的要求是，」這位教授說，「如果你保持不碰毒品，我會跟你一起努力，幫助你寫得更好。但如果你吸毒，你就得離開。你自己決定。」尼克在週一出現在老師面前，跟他握手約定。

從尼克電話中的描述聽來，他似乎正全心全力投入這門課和其他課程。他似乎很穩定，固定參加十二步驟聚會，跟支持人見面。聽起來他在課堂上仍舊表現良好，也剛跟一個女孩子墜入愛河。她會載他去參加聚會。

我在隆冬時造訪波士頓。尼克和他的女友茱莉亞從愛默思特過來，跟我共進晚餐。他們在下雪的夜晚，來到我在劍橋的飯店，兩個人都裹著厚重的外套和圍巾。

我們走過哈佛廣場，找到一間壽司吧。他們的手臂緊摟著對方，身體緊緊依偎，步伐一致地走著。我們三個吃了晚餐，然後又繼續散步。他們興奮地談論書——黑格爾、馬克思、湯瑪斯．曼——還有政治跟電影。尼克在「凱文．貝肯六個連結遊戲」中，把我們打得落花流水。但茱莉亞出了「浩克．霍肯」這個題目，差點難倒他，讓他用到多達五個連結。

「好，」尼克說，對挑戰興致勃勃，「他跟席維斯．史特龍合演《洛基第四集》；席維斯．史特龍跟雷．里歐塔合演《警察帝國》；雷．里歐塔跟傑森．派屈克合演《緝毒特警》；傑森．派屈克跟基佛．蘇德藍合演《粗野少年族》。」尼克慢慢露出一個滿意的微笑。「而基佛．蘇德藍跟凱文．貝肯合演《別闖陰陽界》。」

我跟我們家一位親近的朋友一起到波士頓。他平常住在上海，在上海工作，也是我正在寫作的書的主角。我們三個跟他見面喝了咖啡。我的朋友對尼克和茱莉亞印象很好，而在這對小情侶要回去愛默思特之前，他問他們有沒有興趣去中國過暑假。他可以幫他們安排教英文的工作，他們可能也可以在幼稚園做些志願工作。他甚至有地方給他們住。他們對這個提議顯得興奮又感謝。我在飛回去的路上滿心雀躍。尼克終於往前走，將他的吸毒問題拋在腦後了。

學年即將結束，去中國的計畫也逐漸完成。這對情侶將在上海工作六個星期，然後到雲南和西藏旅行。在此之前，尼克會在五月底先回來，在這裡工作賺點旅費。然後茱莉亞會過來，跟他一起出發去中國。尼克對這一切計畫和即將回家，都顯得很興奮——尤其高興要見到傑斯柏和黛西。兩個孩子也欣喜若狂。他即將回家，雖然帶來一些慌亂，但也帶來希望。也因為如此，當尼克坦承他在家的這段時間一直都在吸毒，整個學期都在吸毒時，才會對我造成這麼大的打擊。

他摔門，離開了家。我無法置信。不，我想。不，不，不。傑斯柏和黛西放學後衝進家門，卻找不到大哥時，問道：「尼克呢？」

「我不知道。」我說。我的淚水止不住地落下來。

尼克離開之後，我陷入痛苦又熟悉得令人作嘔的疲憊委靡中，又間斷出現讓我動彈不得的恐慌——分分秒秒地都感覺到他不在的事實。

到了早上，天窗下的交叉橫格在流理台上投下條紋狀的陰影。我在客廳的一個窗邊座椅坐下來，反覆重讀一篇文章的第一段。這時候剛起床、頭髮亂七八糟的傑斯柏拿著一個緞面盒子走進來。他把他存的八塊錢放在那個盒子裡。他顯得很困惑。「我想尼克拿了我的錢。」他說。

我看著傑斯柏，他越來越強壯的身軀和他不解的眼睛，然後伸出手，讓他爬到我的腿上。你要怎麼對一個八歲大的孩子解釋，他敬愛的大哥為什麼偷他的錢？

第四部　如果

酒醉——讓人對這緩慢但確切的毒藥感到憤怒，讓人踰越所有考量，將妻子、兒女、朋友、幸福和地位棄置一旁；驅趕著他的受害者朝向墮落與死亡。

查爾斯・狄更斯，《博茲札記》

現在比較好，死亡接近了，
我不再需要尋找它，
不再需要挑戰它、
嘲弄它，與它玩耍。
它就在這裡陪著我，
像隻家貓或牆上的月曆。

查理・布考斯基，〈七十一歲的思索〉

15

五月底的一個星期三晚上，我跟凱倫請了一位保母。我們要出門。又是貢獻給尼克毒癮的一次約會。我們不情願地開車到海濱區北邊邊緣的一個鄉下城鎮諾瓦托，去參加一個「戒酒者家人」聚會。我無論如何都不會想到自己會去參加這類夜晚的聚會。這些聚會就跟「匿名戒酒者」聚會一樣，在全國各地的教堂地下室、圖書館，和社區活動中心舉行。我不是喜歡加入團體的人。我會盡可能避開要求參加者分享感受的聚會。但是我卻在這裡。

有很長一段時間，我隱瞞著我們家的這個祕密。我並不是覺得羞愧，而是想保護尼克——想保留我們的朋友和其他人對他的好印象。但我終於了解「匿名戒酒者」的諺語是對的：隱藏多少祕密，就有多重的病。我也學習到，談論我兒子的毒癮，對此加以思索，以及傾聽和閱讀別人的故事，會帶來多大的幫助。在我跟凱倫去參加過的諮商會談中，大多數諮商師都推薦「戒酒者家人」聚會，但我們還是過了一段時間，才決定前去。

這次聚會在一間昏暗的房間舉行，十幾個人坐在塑膠椅上，圍成一個圓圈。又是一個圓圈。他們供應廉價咖啡和糖粉甜甜圈。日光燈在我們頭頂上閃爍，發出嘶嘶聲響，角落則有一台搖搖晃晃的電風扇緩緩轉動。聚會開始。接下來又是一些簡直令人厭惡的陳腔濫調。「戒酒者家人」跟「匿名戒酒者」一樣，似乎都要仰賴這些陳腔濫調。他們說：「放手，讓上帝接手。」還說那三個C的說法會有幫助，即使我不相信：「你沒有導致毒癮，你無法控制毒癮，你無法治療毒癮。」不論他們怎麼說，一部分的我始終相信這是我的錯。我很容易就停止了嗑藥，但是尼克沒辦法。或許我像個偽君子般，警告他遠離毒品時，同時也等於默許了他，而讓他開始嗑藥。現在我想起自己曾經跟他一起抽大麻，就覺得心驚膽戰。上癮者都想責怪某個人，而許多人都有一大堆人準備承擔罪責。不論我做了什麼，都是因為我的無知、愚蠢和不成熟，但這都不重要。我怪我自己。外面的人可能中傷我、批評我、責怪我。尼克可能也會。但是他們所說所做的，都不會比我每天對我自己所做的更糟。「你沒有導致毒癮。」我不相信。

我在這次聚會中的第一個本能感覺是自以為跟他們不同。我環顧四周，心裡的感覺近乎厭惡，同時在想，我為什麼要跟這些染了頭髮、穿著套裝的女人，和穿著卡其褲、短袖襯衫釦子扣到領口，挺著大肚腩的男人在一起？但是等到我離開時，我覺得跟這裡的每一個人都有親密的聯繫——這些毒癮者的父母、子女、丈夫、妻子、愛人、兄弟姊妹。我為他們心碎。

我也是其中之一。

我並不打算開口，但我還是開口了。「我兒子不見了。」我說。「我不知道他去哪裡了。」淚水湧出。我再也說不出一個字來。我對自己公開顯露情感，覺得十分震驚，但同時也如釋重負。

在聚會即將結束時，他們唸誦寧靜禱告辭：「願上帝讓我平靜，接受我所無法改變的，讓我有勇氣改變我能夠改變的，並讓我有智慧分辨兩者。」

求求你，讓我平靜，接受我所無法改變的，讓我有勇氣改變我能夠改變的，並讓我有智慧分辨兩者。

我在心中反覆默唸。

然後他們一起說：「要繼續回來。」

我回去了，這次是去比較奢華的社區。這裡有比較好的咖啡。這一次我終於聽到一個有趣的故事。一個穿著桃紅色風衣的男人說，為了不讓他兒子拿到他的藥——樂復得、乙型阻斷劑、高血壓藥丸、安眠藥、威而剛等——他把所有藥都放在同一個瓶子裡藏起來。房間裡其他人都理解地點頭：我們都曾試圖把藥（和酒）藏起來，不讓某些親人拿到。

這個男人說，有一天他要上台演說，在趕著出門時，從瓶子拿了一顆乙型阻斷劑吞下。至少他本來是打算吃一顆乙型阻斷劑。但結果他吞下的是威而剛。這顆藥丸就在他即將上台講話前，開始生效，而講台上沒有桌子讓他躲。

但歡樂氣氛很快消失，因為一個非常畏縮的女人用破碎的聲音透露，她幾天前才企圖自殺。她提到她「執業」的事，所以她可能是一位醫生或律師。她的臉色蒼白，幾乎帶著綠色，沒有化妝，頭髮蓬亂，眼睛顯露嚴重失眠的痕跡。她說她開車到金門大橋，停在橋邊，然後走到橋上。「風冷到我的骨頭裡，眼淚從我的臉上流下來。我看著下面的河水。」她說。「我得爬過圍欄，然後圍欄另一頭還有安全網。所以我還得爬過網子。因此我決定用槍比較容易。我父親就有一把槍。他把槍鎖在他家裡床邊的一個抽屜裡。我有鑰匙。我父母家的鑰匙，跟那個抽屜的鑰匙。用槍會比較快，也比較不那麼冷。」

她沿著橋邊走回去她停車的地方，但是沒有馬上找到車子。她以為一定是自己忘記停在哪裡了。她在空地上四處張望，但她的車子真的不見了。她抬起頭來，看到一張告示。原來她停在不准停車的區域，車子被拖走了。

「我居然大笑起來，真的好病態。」她說。「我同時又哭又笑。就在這時候我突然想到，如果我還能笑，就不該結束自己的生命。」淚水滑下她的臉頰，我們其他人都跟著哭起來。

我又回到諾瓦托，到那間教堂參加聚會。我現在已經認得其中許多人。我們互相擁抱。在其他地方，別人會問我過得好不好。在這裡，他們都知道答案。

一位母親一邊講話，身體一邊輕輕搖晃。我盯著白色的地磚，駝背坐在灰色金屬椅子上，雙手交疊在膝上。這位女士穿著簡單的套裝，輕啜紙杯裡的咖啡。她的長髮編成辮子，臉上塗了淡淡的桃色腮紅，畫了黑色的眼線。她聲音顫抖地說，她女兒因為持有毒品被抓，現在在坐牢，刑期可能長達兩年。她縮起身體，整個人縮小起來。淚如泉湧。

現在我去的每個地方，都會有人哭。

到處都是淚水。

她說：「我很高興。我知道她在哪裡。我知道她還活著。去年我們為了她進哈佛大學而興奮不已。現在我因為她在牢裡而鬆了一口氣。」

一位滿頭白髮的母親插進來說，她知道另外這個女人的感受。「我每天都感謝上帝讓我女兒坐牢。」她說。「我真的要感激上帝。她半年前因為吸食和販賣毒品，還有賣淫而被判刑。」她停下來吸了一口氣，然後像對團體、但更像對自己說：「她在那裡比較安全。」

我想：所以最後我們都會淪落到這個地步。當然不是我們所有人，但是我們當中一些人確實會淪落到，孩子在監獄裡居然是好消息。

我無法控制毒癮，我無法治癒毒癮，但是我仍持續想著，一定有什麼我可以做的事。「前一刻一絲希望閃爍微光，下一刻絕望的海洋波濤洶湧；而痛苦永遠都在，痛苦，還有煩惱，同樣的事不斷反覆。」托爾斯泰寫道。

我沒有尼克的消息，而每一刻，每一天，和每個星期都像是沉默的、肉體的折磨。很多時候我覺得自己彷彿全身著火。或許痛苦確實會鍛鍊意志，但也確實會傷人。「戒酒者家人」聚會中的人都受了傷，其中一些人從外表就看得出來，但所有人都有心裡上的傷。但在此同時，他們也是我認識過的人裡面，最開放、最有活力、最願意付出的一些人。

我試著遵循「戒酒者家人」的勸告，「脫離」——放手，讓上帝接手。但為人父母的怎麼能放手？我就做不到。我不知道怎麼做。

過去這幾個月來，甚至包括尼克在家時，我怎麼會完全沒注意到他在嗑藥？我因為他的毒癮而飽受創傷，甚至把超現實和現實都混為一談。我已經無法區別什麼是正常、什麼是過分。我這麼善於合理化和否認，以至於根本分不清何者是何者。或者真正的原因是毒癮者在反覆練習後會變成說謊天才，謊言毫無破綻，加上父母也越來越容易接受他們的謊言，兩者搭配得天衣無縫。我相信尼克，因為我想相信他——我不顧一切地想相信他。

我的兒子到底發生了什麼事？我哪裡做錯了？根據「戒酒者家人」的說法，這不是我的錯。但我覺得我要負最大的責任。我心中不斷重複叨唸：如果我設下更嚴格的界限；如果我更堅持原則；如果我更努力保護他不受我成年人生活的干擾；如果我沒有吸食過毒品；如果我繼續維繫跟他母親的婚姻；如果她跟我在離婚後住在同一個城市裡。

我知道離婚和監護權的安排是童年生活中最艱難的部分。父母離婚的孩子，在十四歲前嗑藥或喝酒的比例，高於完整家庭的孩子。在一項研究裡，離婚家庭裡的孩子有百分之八十五在高中時有嚴重吸毒行為，而完整家庭的孩子則只有百分之二十四。父母離婚的女孩子會比較早有性行為，而不論男女，父母離婚的孩子都有比較高的憂鬱症比例。在美國，由於超過一半的第一次婚姻和百分之六十五的第二次婚姻都是以離婚告終，因此很少人願意面對事實，願意承認離婚對孩子而言，經常是一場大災難，而且可能導致毒品濫用和其他嚴重問題。但是這樣臆測或許太過荒唐，因為許多孩子雖然經歷過離婚——而且遠比我的離婚更充滿爭端——也沒有求助於毒品。而我見過的許多吸毒者也都是來自完整的家庭。我們根本無法確定真正的原因。我們會比大多數家庭更瘋狂嗎？非常不可能吧。或許。

我還能怪罪什麼？有時候我覺得出身富裕的孩子基於許多明顯的理由，應該是毒品上癮的最佳候選人，但是為數眾多、成長在極端貧窮環境的毒癮者，又該怎麼解釋？我們或許很容易可以怪罪到貧窮上，但我們在戒毒中心和「匿名戒酒者」聚會中卻又遇到過來自各式各樣社經階層的孩子。如果公立學校的毒品問題較少，我就會責怪私立學校，但研究結果證實並非如此。毒癮是一種機會公平的疾病——它可能侵襲任何人，不論其經濟環境、教育、種族、地理位置、智商高低，或其他任何因素。或許某些因素——先天與後天某些未知但強大的因素結合起來——的共同作用，是導致毒癮的可能原因。

有時候我知道不能夠怪罪任何人或任何事。但接著我又會完全翻盤，覺得自己要負全責。而有時候我又知道，關於尼克，我唯一可能知道的是他得了一種很可怕的病。

我還是很難接受這個論點。我會不斷在心中重複支持和反對的理由。得了癌症、肺氣腫，或心臟病的人不會說謊和偷竊。因為這些疾病而性命垂危的人會願意盡一切力量活下去。可是毒癮的問題是，得了這種病的人會因為疾病本身的特質，無法做到外人看起來似乎是很簡單的解決之道——不要喝酒。不要嗑藥。只要做這樣一點小小的犧牲，你會得到其他性命垂危的病人求之不得的恩賜：生命。

但是，羅森博士說：「這種疾病的症狀之一就是喝酒或吸毒。無法控制自己，必須滿足那種渴望，都是疾病的症狀。」這是一股強大的力量。在一次聚會中，一個毒癮者就把這種感覺比喻成「像一個飢餓的嬰兒需要吸吮母親的乳房——吸毒就像這樣的需求，不是你所能選擇的。」

要讓社會大眾了解毒癮是一種疾病，其實還有一項務實的理由——因為保險公司會支付疾病所需的治療費用。保險公司這樣做是對的，因為如果他們等到這項疾病更加惡化——而且它絕對會惡化——那麼結果他們就得支付換肝、換心、換腎的費用，更不用說毒癮者惡化到精神失常和失智等精神疾病的代價，還有家人無法工作、家庭破碎的代價，以及跟毒癮相關的犯罪的代價。

但還是有人無法相信。他們認為毒癮是一種道德上的缺失。吸毒的人想要感覺亢奮，就這麼簡單。沒有人逼他們。在綠洲毒品治療診所擔任專職心理師，同時也是美國企業研究院研究學者的莎麗．薩特爾說：「我並不是駁斥毒癮者在想到古柯鹼或真正吸食時，腦中某些區域確實會亮起來。但這件事試圖說明毒癮跟多重硬化症一樣，完全是生理上的疾病。可是真正的腦部疾病並不包含意志的成分在裡面。」

但我提醒自己：吸毒時的尼克，並不是他自己。在這樣的折磨當中，我盡一切努力要去了解這種拐騙了我兒子大腦的力量，而我有時候也會懷疑他不斷再犯是一種道德缺失或性格弱點。我有時候也會責怪治療計畫，但接著又會責怪自己。我不斷翻來覆去，但最後總是回到這些結論：

如果沒有生病，尼克不會說謊。

如果沒有生病，尼克不會偷竊。

如果沒有生病，尼克不會恐嚇他的家人。

他不會背棄他的朋友、他的母親、凱倫、傑斯柏，和黛西，也不會背棄我。他絕對不會。他生了病，只是毒癮是最令人困惑的一種疾病，最獨特的地方就是相伴而來的怪罪、愧疚和羞辱。

生病不是尼克的錯，但是復發是他的錯，因為他是唯一能夠盡必要的努力，防止復發的人。而且不論是不是他的錯，這都是他的責任。雖然這持續飛轉的噪音反覆在我腦中播放，但是當尼克在聖海倫娜醫院承認他希望自己生的是別的病，就沒有人會怪他時，我真的能夠了解。然而，舉例來說，癌症病人一定會對此感到厭惡，也理應厭惡。一個有毒癮或酒癮的人唯一要做的，就是停止喝酒，停止吸毒！但癌症病人並沒有類似的選擇。

毒癮者的父母也跟孩子有同樣的困境：我們必須設法接受這種疾病的不合理性。不曾面對這項難題的人，不可能完全理解其中的矛盾。既然大多數人都無法理解，因此我們很難得到真正的理解，頂多只有一點憐憫，伴隨著幾乎不加掩飾的自以為是。除了在「戒酒者家人」聚會裡，以及面對聽說我們經歷的事而打電話來同病相憐的家長以外，我經常覺得格格不入，也無時無刻都難以遏止自己腦袋裡試著了解的企圖。范．莫里森唱道：「不是為什麼、為什麼、為什麼、為什麼。不是為什麼、為什麼、為什麼。而是事實就是如此。」

事實就是如此。

但無論如何，相信毒癮是一種疾病仍有幫助。全國藥物濫用研究院院長諾拉．沃考說過：「我研究過酒精、古柯鹼、甲基安非他命、海洛因、大麻，最近也研究了肥胖。這類強迫行為都有相同的模式。我從來沒有遇過任何一個有上癮症的人說他們希望上癮。他們的腦袋裡必定發生了某些事，而導致這整個過程發生。」

我和維琪在洛杉磯住了一年的期間，有一次尼克的爺爺來看我們。在從機場到我們公寓的路上，他請我們在一家商店停一下，讓他去買香菸。雖然他企圖隱藏，但我們還是看到他出來時，紙袋裡裝了一瓶波本威士忌。等到晚餐結束時，整瓶酒已經喝光了。兩年後，他就過世了。他本來是個善良、慈愛、工作勤奮的愛家男人，一個農人，後來的人生卻悲慘地不斷走下坡。但因為他上癮的是酒精，而不是迷幻藥或海洛因，因此他的健康在數十年後才消耗殆盡。他死的時候六十多歲。「酒精也會有同樣的影響，只是時間拖長許多。」有人在聚會上這麼說過。「而毒品花的時間比較短。這是唯一的差別。」

除了選擇的毒品效力和毒性不同以外，到頭來，吸毒者和酗酒者可能相差無幾；他們最後都會有同樣的結局，同樣身心耗損，同樣孤單寂寞——同樣死路一條。我正在讀《夢斷白莊》，而我很震撼地發現一百年前，艾佛林·渥夫已經寫道：「對賽巴斯汀而言，那是不一樣的。」這是茱麗亞在講她的弟弟。「如果沒有人阻止他，他就會變成酒鬼……這流在他的血液裡……我從賽巴斯汀喝酒的樣子就看得出來。」書中主角布萊德雪德說：「一個人如果想喝醉，你是無法阻止他的。我母親就阻止不了我父親。」把他們說的話換掉幾個字，討論的內容就變成了我兒子：「對尼克而言，那是不一樣的。如果沒有人阻止他，他就會變成毒蟲……這流在他的血液裡……我從他吸毒的樣子就看得出來。」

「一個人如果想吸毒，你是無法阻止他的。」

當你在復健計畫中度過一段時間之後，你看到喝醉或吸毒恍惚的人時，就會有不同的看法，不論是在派對上、書裡，或電影裡。我再也不覺得杭特·湯普森對自己狂吃藥狂喝酒的描述有趣。這是病態。「瘦人」系列電影中的主角尼克·查理斯狂飲馬丁尼——在早餐、午餐、晚餐，還有每一頓之前、中間，和之後，大口吞下馬丁尼——在我看來也一點都不有趣。（尼克說：「親愛的，好啦，我們去吃點東西吧，我口渴。」）在其中一部電影裡，諾拉開玩笑地說她老公是「間歇性酗酒者」。他確實是。許多人都很喜歡二〇〇五年時，描述一位葡萄酒迷的電影《尋找新方向》，但我很討厭。對我而言，這部電影講的是一個悲慘酒鬼的故事。

確實有些酗酒者和吸毒者能夠維持正常生活，至少在他們失去生活功能之前。或許他們跟在街頭流浪的酒鬼和毒蟲唯一的不同是他們還有點錢——足以支付房租、水電瓦斯、一頓飯，和下次喝酒的錢。

有些人認為，說上癮是一種腦部疾病，而非行為問題，會給上癮者復發的藉口，不論他們濫用的是酒精、快克、海洛因、甲基安非他命，或處方藥物。國家藥物濫用研究院前所長，現任美國科學發展協會執行長的艾倫·李希納博士也同意不該讓上癮者毫無責任。他於二〇〇一年時，在《科學與科技議題》中寫道：「稱上癮是一種腦部疾病，其危險在於會讓人認為你是無辜的受害者。但事實並非如此。原因之一是，既然上癮一開始來自於自願的行為，那麼你事實上就是自找的。」

諾拉·沃考博士則不同意。「如果我們說一個人有心臟病，就等於卸除了他們的責任嗎？並非如此。我們會叫病人運動，會希望他們節食、戒菸。指出上癮事實上是一種疾病，只是肯定上癮者的身體某部分出現了變化，在此就是腦部。跟其他任何疾病一樣，病人必須主動參與自己的治療與復健。比如一個人膽固醇很高，卻還繼續吃炸薯條，我們會說他的疾病受到他的行為影響，所以不是生理疾病嗎？沒有人一開始就想成為上癮者，他們只是喜歡吃藥而已。沒有人一開始就想有心臟病，他們只是喜歡炸雞而已。我們想要浪費多少心力去生氣，怪罪上癮的人是自找的？這確實可能是腦部疾病，也確實可能是你自找的，但無論如何你都必須主動參與治療。」

我努力不責怪尼克。

我不怪他。

但有時候我還是怪他。

16

在陽光普照的這個六月早晨，儘管尼克答應過傑斯柏和黛西，但他並沒有出現在他們進階典禮的觀眾席上。

他們學校的校長穿著駝色的運動夾克，打了顏色明亮的領帶，帶著溫暖的微笑，眼神流露出對自己責任的濃厚情感，還有安撫人心的聲音。他在這些孩子和家長面前，顯得容光煥發。他站在一支麥克風後，指揮典禮進行，逐一點名每個年級。孩子們在他指揮下，一整群地站起來，從原來的階梯站上更高的一階。穿著有領子的白襯衫，棕色頭髮在前額整齊梳成瀏海的傑斯柏，站在朋友當中，整個人神采奕奕。他現在是三年級生了。

校長說：

「今年的一年級生請站起來。」

學生們站起來。然後他說：

「明年的二年級生請往上進一階。」

接著輪到黛西的年級了。

「今年的幼稚園生請站起來。」

黛西穿著打著小縐褶的淡藍色洋裝——南希小時候穿的洋裝——跟她的同班同學一起站起來。

「明年的一年級生請往上一階。」

周圍響起震耳欲聾的鼓掌聲和踩腳聲。這是這所學校的傳統。黛西和其他幼稚園生在進階到一年級時，會受到如雷的喝采聲歡迎。但是看到最下面一層階梯變成空盪盪的，只剩下幼稚園老師時，不免讓人有點心痛。他們孤單地待在那裡，期待著下一批五歲大的新面孔在秋天時到來。

我心底有一種痛徹心腑的空虛感。站在那上面的天真孩子，和我不知去向的兒子，兩者的對比大到幾乎無法容納在同一個腦袋裡。

進階典禮之後是演講和八年級生的畢業典禮，他們即將在秋天開始上中學。淚水盈眶的家長不只有我，但我忍不住想到我的感慨與他們不同。我看著傑斯柏跟黛西盛裝打扮——傑斯柏穿上領子讓他覺得脖子很癢的白色牛津斜紋布襯衫，黛西則穿上她外婆的洋裝、白色長襪，和娃娃鞋——跟同學們站在一起，純真無邪，興奮緊張。而我想起尼克也曾身材高 ，容光煥發站在那裡，面對著美好的人生。此刻他會在哪裡？

外面的天空塗上了幾抹藍色，但是暴風雨已經過去——而且夏天即將來臨——的跡象，並沒有提振我的心情。我在廚房裡燒水泡茶。電話鈴響。我明顯地緊張起來。誰會一大早打電話來？一定是尼克。但是我伸手去接電話時，仍告訴自己：「不，不是尼克。」以便防堵萬一不是尼克時，痛苦的失望情緒。

不是尼克。

「我是希薇亞．羅柏森。」一個女人說，聲音很愉快。「我是強納生的媽媽，是『憤怒鮪魚』游泳隊的保母。」

傑斯柏的游泳隊保母問我們能不能在下星期的聚會上，在點心吧幫忙。

「當然，我們很樂意。」

我準備要掛電話。

「『憤怒鮪魚』加油。」她興高采烈地說。

「『憤怒鮪魚』加油。」

廚房一片寂靜。

水槽上方的開放式架子上，除了茶杯、玻璃杯和瓷盤以外，最明顯的就是一張照片。在這張快照裡，我們在某個湖裡，坐在一艘船上。我父親戴著太陽眼鏡和漁夫帽，揮手微笑。坐在凱倫大腿上的黛西還是個小嬰兒，小臉被一頂寬邊遮陽帽擋住。男孩子們坐在最前面，對著鏡頭微笑。傑斯柏剛剪過頭髮，棕色瀏海緊貼著他熱切的臉。理著平頭的尼克戴著閃閃發亮的牙套。我的兒子們。這張照片後面蓋了一個印章：「10, 12'96」，表示照片中的尼克是十四歲。

他在哪裡？

在這時候，在山的那一邊，凱倫父母親位於陡峭峽谷旁的家裡，唐恩剛從他的巢穴鑽出來，安頓到客廳裡，他經常坐的那個陽光灑落的角落。他穿著舊帆船鞋、脫線的T恤跟短褲，坐在一張嘎吱作響的搖椅上，看關於英國海軍上將納爾遜勳爵的書。南希正在她蜿蜒的花園小徑盡頭忙著，突然想起衣服可能洗好了。她把修剪花木的剪刀塞進腰帶上的皮套，蹣跚地走回屋子。

南希脫下園藝手套，穿過低矮的小門，下樓到塞滿東西、瀰漫著發霉和洗衣粉特殊混合氣味的地下室。在洗衣機和烘衣機後面，有一個縫衣間，還有一間小臥室，是她兒子十幾歲時睡的房間。房間牆上架了她父母的朋友——黑腳印第安原住民——送的弓箭。現在這房間空著，他們的孫子來過夜時就睡在這裡。

她要把洗乾淨的床單和枕頭套放到烘衣機去，但首先要將烘好的乾淨衣服拿出來。她把衣服堆到床上，打算等一下再折。

然後她倒吸了一口氣。在一疊羊毛毯下，有一個身體。她鎮定下來，仔細察看，發現是尼克。他骨瘦如柴的身軀顫抖著，沒有被她的叫聲驚醒，繼續沉睡。

「尼克，」她驚叫，「你怎麼……」

猶如被鬼附身，雙眼發黑，穿著牛仔褲和長袖襯衫的尼克抬起眼看她。他坐了起來。

「南希，怎麼……」

他們兩人都呆掉了。

「你在幹什麼？」

「南希，」他試著開口，「我……」

「你還好吧？」

他站起來，抓起他的袋子，支支吾吾地道歉。

「尼克，沒關係。」南希說。「沒事的。只是你差點把我嚇死。」

「我……對不起。」

「尼克，你吸毒了嗎？」

他沒說話。

「你隨時想來這裡住都可以。沒有關係。但是要告訴我，不要偷溜進來。你差點害我心臟病發。」

他離開房間，往樓上走。

她跟在他身後。

「你吃過了嗎？我幫你弄點東西好嗎？」

「不用了，謝謝。不然一根香蕉就好了，如果可以的話。」

「尼克……我可以幫什麼忙嗎？」

她眼睛湧上淚水。她眨眨眼。「告訴我該怎麼做。」

尼克喃喃地說了一些不連貫的話，道歉，從廚房的籃子裡拿了一根香蕉。他說了謝謝，咕噥地說對不起，然後就快速走出前門，到車道上。

「尼克！」

她趕上去，喊叫他，但他沒有停下來。

等到南希走到馬路上，他已經不見了。

南希打電話告訴我發生了什麼事。此刻唐恩已經在附近到處察看，一邊聽著新聞。南希大有權力感到憤怒，但她卻向我道歉。「對不起。」她說。「我不知道該怎麼辦。」

我安慰她，她真的不可能做什麼。

「很抱歉他嚇到你。」我說。「很抱歉讓你看到他那個樣子。」

南希沒有在聽我說話。「我想要把他留下來。」她說。「他的樣子……」她停下來，哽咽起來，「讓我好生氣！」

進階典禮幾天後，一個涼爽的下午，我在一個公園裡。黛西所屬的年級在這裡舉行學年結束派對。一個朋友——學校老師，也是黛西朋友的父親——正帶著孩子玩他從羅琳的書中得到靈感，發明的一種遊戲。他發明的魁地奇足球賽包括四種不同大小的球，來代替「搏格」和「快浮」，還有一個飛盤代替金探子。

假。

我人在，但心不在。一句古老的諺語說，父母的快樂程度取決於最不快樂的孩子。這句話恐怕所言不

黛西氣喘吁吁地跑向我。「我們需要你加入我們這邊。」她說。「快點。」她抓住我的手，把我拉進球賽裡。

又一個星期音訊全無之後，尼克打電話給他的教父。他的教父邀請他到他鄰近雙峰的家。他被尼克的樣子嚇了一大跳——「好像一陣強風就會把他吹走」——煮了一鍋燉肉給他吃，而尼克立刻狼吞虎嚥地吃完。他懇求尼克求助。

「我會好起來的。我會停止嗑藥。」尼克說謊。「我只是需要自己一個人過一陣子。」

尼克離開之後，我的朋友打電話來。他告訴我整個過程，然後沉默下來。「至少我讓他吃了點東西。」他說。

又是兩個星期毫無音訊，沒有任何消息，只有揮之不去的焦慮。

我再度向各個監獄確認，看他有沒有被逮捕。我再度打電話給各個醫院的急診室。然後凱倫的哥哥在海特街上看到他，或覺得好像看到他，縮在一個角落裡，神經兮兮、鬼鬼祟祟的樣子。

我近乎瘋狂——無法理解，驚恐萬分。我這一輩子經歷的一切，都無法幫助我承受不知道他在哪裡的憂慮。我擔心到無法正常生活。我想像尼克在舊金山的街道上，像一隻野生動物，受傷而絕望。尼克就像負責監督自己大腦手術的冒失麻醉師，試著控制達到亢奮狀態所需的藥量。但這樣的過程很快，也必然會演變成不再是為了獲得幸福感，而只是為了避免藥效消退時的地獄。

我在他房間一張舊書桌的抽屜裡，找到他在一本大理石花紋的作文本裡，潦草寫下的某一天的日記。

裡面列出了他一天典型的藥單。

一又二分之一克安非他命
八分之一盎司蘑菇
兩顆可那氮平
三顆可待因
兩顆煩寧
兩顆搖頭丸

我回到辦公室，想要寫東西，但是我整個人動彈不得。凱倫進來，看到我。她坐下來，看著我，然後嘆了口氣。她拿著一小張紙。

「你看。」她說，遞給我一張被註銷的支票。支票收受人是尼克。顫抖的簽名顯然是偽造的。

我說：「他不會……」但是我一說出口，就知道自己錯了。凱倫很愛尼克，而她非常震驚、受傷、憤怒。

「可憐的尼克。」我說：「他頭腦正常的時候，絕對不會做這種事。」

「可憐的尼克？」

她憤怒地轉身要離開。我叫她：「但是這不是尼克。」

她看著我，搖搖頭。她不想聽。我不能再幫他找藉口了。

我又過了好幾個痛苦恐懼的夜晚。

然後，某天晚上，孩子們都睡了。凱倫之前唸了《天方夜譚》給他們聽，現在拿了報紙上床。而我在辦公室裡，突然聽到某個聲音。

前門的聲音？

我心臟狂跳地出去察看，結果在玄關跟尼克撞個正著。

他咕噥地說了聲「嘿！」就匆匆穿過我身邊，往他的臥室去。但在我質問「尼克，你去哪裡了？」時，他短暫地停了一下。

他表現出受夠的樣子，「你有什麼毛病？」

「我問你一個問題。你去哪裡了？」

他盡他所能的表現出難以置信的憤慨，然後往後瞄我一眼，嘀咕著說：「沒去哪裡。」便繼續往他的房間去。

「尼克！」我跟著他，進入那昏暗的紅色洞穴，尼克正在裡面，對著抽屜櫃翻箱倒櫃。他掃視櫥櫃裡的書架。他穿著一件T恤，褪色的紅色T恤，和有破洞的牛仔褲。他的紅色Jack Purcell帆布鞋沒繫鞋帶。他沒穿襪子。他的動作很瘋狂，顯然在找什麼東西——我想是錢，和毒品。

「你在幹什麼？」

他瞪著我。

「不用擔心。」他說。「我已經清醒五天了。」

我抓起他放在床上的袋子，拉開拉鍊，翻遍他牛仔褲的口袋，打開他捲起來的襪子，抖開他的毯子，轉開一支手電筒（裡頭裝滿了電池）。我做這些事的時候，尼克就靠在門框上，無動於衷地看著，雙臂交叉在胸前。最後，他露出一個幾乎難以察覺的刻薄微笑，說：「好了，你可以住手了。」他收起一堆衣服，把它們塞進那只帆布袋裡。「我要走了。」

我請他坐下來談一談。

「如果是關於戒毒中心，就沒什麼好談的。」

「尼克——」

「沒什麼好談的。」

「你一定要再試一次。尼克，看著我。」

他不看我。

「你在毀掉一切。」

「那也是我自己的決定。」

「不要把一切都毀了。」

「沒有什麼可以毀掉的。」

「尼克！」

他穿過我身邊，不看一眼地說：「對不起。」他衝過走廊。

他走過凱倫旁邊，說：「嘿，媽媽。」她盯著他，無法理解是怎麼回事。

凱倫站在我旁邊，手上還拿著報紙。我們一起盯著窗外，看著他消失在空無一人的街上。

除了把他制伏在地以外，我還能做什麼？

雖然我想緊抓住他，雖然我害怕他不在時那縈繞不去的空虛感，和讓我無法正常生活的憂慮，我卻什麼也沒做。

我在凌晨四點醒來，跟其他有吸毒孩子的父母一樣。此刻我們的孩子——不知道在哪裡。又是一個月亮高掛的漫漫長夜。我突然想到，今天是尼克的生日。我的兒子今天滿二十歲了。我努力抵抗自我懷疑的椎心衝動。一定還有什麼我可以嘗試。我根本不應該讓他離開。我應該努力找到他。

到現在我們已經聽了一百遍，毒癮是一種會不斷惡化的疾病。但是直到第二天早上電話響前，我還沒有真正了解其中的意思。電話那頭是茱莉亞，我去年冬天在波士頓見過，尼克的女友。現在尼克失蹤了，他們的中國行計畫也告吹了。她從她在維吉尼亞州的家打電話來，聲音哽咽。她之前在哭。「我們上個月去我媽媽家玩時，尼克偷走了皮下注射的針筒。」她告訴我。

「針筒？」

「那是我母親做癌症治療用的。他還偷了嗎啡。」她泣不成聲。

「我不知道該說什麼。」

「我也是。」

停了一會之後，她說：「我可以告訴你一件事。不要幫他。不要給他任何錢。他會想盡辦法要你幫他。然後是他媽媽。如果你幫他，只會更快害死他。這是我們經歷我姊姊毒癮的事之後，學到的少數教訓之一。」

「我完全沒想到。我真是蠢。我以為他都還好。我以為他在學校一整年都保持清醒。」

「你希望相信他，我也是。」

她準備掛電話。

「根據我們家人面對我姊姊的經驗，我唯一能勸你的，就是好好照顧自己。」

「你也好好照顧自己。」

即使經歷這麼多事，我還是驚愕不已。尼克在注射毒品——把毒品注射到他的手臂裡，而那雙手臂不久前還在丟棒球，蓋樂高城堡，繞著我的脖子，讓我在晚上把他從車上抱到屋子裡去。

我們答應兩個小朋友第二天帶他們去蒙特利灣水族館。我們的兩個世界如此格格不入，讓我們不斷感到震撼而難以招架。有時候我們實在很難相信這兩個世界會同時存在。

坐在家裡等著不會響的電話，實在沒有意義。

我們努力繼續正常生活。

我們開車到蒙特利，途中在聖塔克魯茲停了一會。我們走下一個懸崖，踩在一連串突出崎嶇的立足點上，來到一個洞穴裡，下方就是波濤洶湧、泛著白色泡沫的太平洋。較下面的岩石因為泡到海水而濕滑。孩子們在科利斯海灘附近游泳。我的孩子們——三個孩子——在海裡都跟在陸地上一樣自在。他們就像海豚一樣。

在水族館裡，我們看了一部影片。影片裡是一片氣氛慵懶的海灣，數萬隻鵜鶘正在覓食。這些鳥兒彷彿在浪花間嬉戲玩水。然後，突然之間，水花噴出，冒出邪惡的灰暗影子，一張長滿利牙的大嘴，一隻大白鯊出現，而一隻鵜鶘被整隻吞下。鯊魚的尾巴像猛然一抽的繩索，回身一拍，消失無蹤。

我覺得自己就像那隻鵜鶘。一隻大白鯊已經從深處浮現。我盯著牠，無助地看著牠逼近——帶來尼克性命岌岌可危的事實——然後看到尼克離死亡有多近。雖然這影像讓我覺得噁心，我卻無法轉開眼睛。

離開水族館之後，我們往南沿著一號公路到卡密爾鎮，讓孩子到海灘上玩，然後在公園裡，爬上一棵樹皮像被曬傷脫落的古老北美石南樹。我看著他們，放鬆了一下，但焦慮已經在我的體內永久住下。

我們開車回家。我們不談論尼克。但這不表示我們不想到他。他的毒癮，和伴隨而來的，他死亡的陰影，瀰漫在我們呼吸的空氣中。凱倫跟我努力作好準備，面對萬一有一天，一通電話帶來最壞的消息。

尼克仍然不見蹤影。但生命並不因此停止。

凱倫在她的工作室加班，我帶傑斯柏跟黛西進城，去松果餐廳吃飯。晚餐之後我們走路到賣場去。皇宮超市幾乎空無一人。我推著推車走過走道。傑斯柏跟黛西不斷把可可泡芙跟奧利歐餅乾丟進推車裡，我則不斷把它們拿出來，直到我喝斥他們停下來為止。我派他們去不同的方向拿我們真正需要的東西，牛奶、奶油、麵包等。我在一個走道上，隨意看著一整個牆面的義大利麵麵條，突然廣播開始播放艾瑞克・克萊普頓唱的，回憶亡子的歌。

「如果我在天堂看到你，你會知道我的名字嗎？」

這已經超過我的忍耐極限。我就在超市中崩潰。傑斯柏和黛西各自抱著自己負責採買的商品，同時從兩邊角落跑回來，正好看見我淚流滿面。他們嚇壞了。

我想在這裡提醒有吸毒兒女的父母：慎選你聽的音樂。避開拍立得或柯達廣告，或其他任何廣告中的路易・阿姆斯壯的〈多美好的世界〉，還有〈回頭〉、〈日出日落〉這些歌——還有其他幾千首歌。避開辛蒂・露波的〈一次又一次〉，還有這一首，艾瑞克・克萊普頓憶亡子的歌。李歐納・柯恩的〈哈雷路亞〉有一次也讓我猝不及防。不一定要是感傷的音樂才危險。布魯斯・史普林斯汀也可能很危險。約翰・藍儂跟小野洋子。碧玉。巴布・狄倫。我後來一聽到超脫樂團就無法承受。我想跟科特・柯本一樣嘶吼。我想對他嘶吼。但是會偷襲你的還不只是音樂。我還經歷過一百萬個悲慘的時刻。例如我開車在一號公路上，看到一道翻騰的海浪。或者我來到靠近尼卡西歐農場附近兩條路相遇的岔路口，我們以前共乘接送孩子時左轉的地方。或者在寂靜的黑夜，一顆流星從歐萊曼山丘的山頂劃過。或者我跟朋友聚會時聽到一個好笑話——尼克會欣賞的笑話。或者孩子們做了什麼好笑或貼心的事。一個故事。一件穿舊的毛衣。一部電影。或者我騎著車，感覺風吹過，抬起頭來的時刻。一百萬個悲慘的時刻。

又過了兩個星期，仍沒有他的任何音訊，然後他寄給我一封電子郵件。我最初的反應是如釋重負——他還活著，至少還算清醒，有行動能力，足以到一間公立圖書館去使用電腦。他拜託我幫忙，給他一些錢，讓他不用流落街頭。我回信說我會幫助他回去接受治療，但僅止於此。我並不是在盲目地照抄「戒酒者家人」所說的任何嚴格的愛的說詞，也不是已經變得麻木無情，而是我已經被甲基安非他命擊敗了，俯首認輸了。保釋他出來，還清他的債務，拖他去看精神科醫生、治療師，把他從街上撿回來——全都徒勞無功；甲基安非他命是無敵的。我一直以為保持警覺和付出愛就可以確保我的孩子擁有像樣的人生，但我已經學到，這並不足夠。

他拒絕了我的提議。

尼克在漢普郡的寫作老師，就是在握手約定後，接受尼克進入他班上的那位老師，聽說他復發了，寫信給我：「清醒時的尼克才華洋溢。但這些年來我已經看到太多人葬送在毒品中，而不會對這個消息感到心痛了。」

又過了痛苦的一個星期，尼克打電話來，對方付費的：

「嘿，爸，是我。」

「尼克。」

「你好嗎？」

「那不重要。你呢？」

「我還好。」

「你在哪裡？」

「城裡。」

「你有地方可以住嗎？你住在哪裡？」

「我很好。」

「聽我說，尼克，你想見面嗎？」

「我覺得不太好。」

「只是見面而已。只是吃午飯而已，我不會設什麼圈套。」

「可能吧。」

「拜託你。」

「好吧。」

我為什麼想跟他見面？不管多麼不切實際，我還是殘存著一絲希望，但願他聽得進去我說的話。但這樣說並不準確，我知道他不可能聽進去，但至少我的手指可以摸到他的臉。

尼克選擇了「羅馬階梯」，哥倫比亞大街上的一間咖啡廳，作為見面地點。這裡位於北灘，是我帶大他的地方。他小時候就在聖彼得與聖保羅教堂對面的華盛頓廣場玩耍。我們會在「城市之光」書店裡看書，然後倒退走下近乎垂直的街道到碼頭，坐在這裡的人行道旁，看街頭點唱藝人吹小喇叭，然後到吉拉德立巧克力工廠吃香蕉船。在百老匯對面的中國城裡，我們會買一些大白菜和甜瓜，然後在回家路上，去德里亞斯特咖啡館喝咖啡和熱巧克力。有時候我們會提早在一家壽司吧吃晚餐，而尼克會點特別訂製的只有橘色蔬菜（胡蘿蔔跟番薯）的天婦羅。或者我們會去一家名叫「凡妮莎」的義大利餐廳。在那裡，穿著深紅色背心跟打摺黑長褲的侍者，會把一頭淡黃色頭髮、門牙間有一個縫的尼克舉起來，放在疊了電話簿的高腳椅上。尼克會眼睛睜得大大地，看著甜點廚師對著燉鍋淋下白蘭地，變魔術一樣地引發燦爛的煙火。酒精燃燒起來，尼克興奮不已。廚師會牢記他點的餐：小朋友分量的凱撒沙拉、三角形的義大利餃子、還有在銅碗裡攪拌的蛋黃甜酒點心。回家的路上，我們會經過在百老匯脫衣舞俱樂部外面晃蕩的女孩子，而尼克根據她們的服裝知道她們分別是神奇女超人、神力女超人、貓女等等。他相信她們是在北灘巡邏的超能力英雄。如果他累了，我就抱著他回家，讓他小小的手臂繞在我的頸子上。

我坐在「羅馬階梯」角落裡的一張桌子，焦慮地等候他。既然我這一輩子仰賴的，理性與愛這兩種力量，都背叛了我，我現在已經身處未知的領域。「羅馬階梯」裡，除了兩個在吧台摺餐巾的侍者以外，幾乎空無一人。我點了咖啡，絞盡腦汁，希望想出我還沒想到的，可以觸動他的那一樣東西。

我一直等到已經過了我們約定時間的半個小時，感覺到令人窒息的憂慮，還有心痛和憤怒。

四十五分鐘後，我決定他不會來了——不然我還期待什麼結果？——並起身離開。但是我不願意放棄，於是我在附近繞來繞去，回到原地，瞄一眼咖啡廳裡面，然後又拖著腳步在附近亂逛。又過了半小時，我準備要回去了，真的走了，或許，但我在此時看到他。他走向我，但頭低著，瘦長的手臂無力地垂掛在身側。他比以往更像奧地利畫家埃貢．席勒的鬼魂般的自畫像，放蕩頹廢，形容枯槁。

他看到我，停下腳步，然後小心翼翼地走近。我們猶豫地擁抱，我的手臂環抱住他像要隨時蒸發的脊椎，親吻他的臉頰。他像紙一樣蒼白。我們像這樣擁抱了一會，然後在窗邊的一張桌子坐下。他無法直視我。沒有為遲到道歉。他把一根汽水吸管折了又折，在椅子上不安地搖晃，手指發抖，下顎打顫，緊咬著牙。我們點了東西。他搶在我問問題前開口：「我——很好。我在做我應該做的事，生平第一次為自己負責。」

「我好擔心你。」

沉默。然後：

「凱倫跟小鬼還好嗎？」

「他們都沒事，但我們都很擔心你。」

「喔，是。」

「尼克，你準備要停止了嗎？準備要回來正常生活？」

「不要又開始。」

「傑斯柏和黛西很想念你。他們不——」

他打斷我的話。「我現在沒辦法面對，不要讓我覺得歉疚。」

尼克用湯匙邊緣刮乾淨盤子上的所有東西，喝光了他的咖啡。他把瀏海往後撥時，我注意到一道傷痕。他用手指摸了摸自己的傷痕，但我沒有問。

道別之後，我看著他起身離開。他全身顫抖，手抓著肚子。在經歷尼克吸毒之後，我體悟到父母幾乎能夠忍受任何事。每一次我們到一個點，覺得自己再也受不了時，卻還是會繼續忍受。我很震驚自己居然能合理化並容忍過去我覺得難以想像的事。合理化的程度會越來越高。他只是在嘗試。他只是在經歷一個階段。只是大麻而已。他只有在週末才吸毒。至少他沒有在吸食會生理成癮的毒品。至少不是海洛因。他絕對不會墮落到使用針頭注射的毒品。至少他還活著。我也從痛苦的教訓中（因為沒有其他方法可以學到這些），了解父母對孩子的期望與夢想，遠比我們以為的更有彈性。在尼克日漸長大時，我以為我可以欣然接受他為自己人生做的任何選擇。但事實上，我全心期望他會上大學。當然他一定會上大學。毋庸置疑。我想像他擁有一份令人滿足的工作、美好的親密關係，最終並擁有自己的孩子。但是隨著他越來越沉迷毒品，我也修改了我的期待和希望。上大學似乎不可能了，我學會接受他先不念大學，直接去工作。畢竟許多孩子都要經歷迂迴的路，才能找到自我。但是當這個期盼也開始變得不切實際，我於是認定只要他能找到內心的寧靜，我就心滿意足了。而現在，我必須接受一個想法，根本不用去想最低微的正常或健康生活的定義是什麼，我兒子甚至可能活不到二十一歲。

夏天結束了。

每次電話響，我的胃就緊縮起來。在甲基安非他命帶來的幸福感再也不可得之後許久——就像田納西．威廉斯在《朱門巧婦》中描述的酒精的效果一樣：「我再也得不到那種快感。」——吸毒者仍會感到焦躁困惑，而多數人會停止進食和睡眠。吸毒者的父母也同樣難以入睡。

17

在某些小鎮，正午時分會由教堂響起的鐘聲，或鐘塔悠揚的聲響標示出來。在雷斯岬，宣布正午的則是「西部大廳」屋頂上，公共播音系統發出的一聲雞啼，及緊接著傳出的和諧牛叫聲。

雞啼和牛叫聲讓我們稍微停了一下。

我帶著傑斯柏跟黛西在「托比美食穀倉」的當地農產品商店裡，而周圍就像電影《奧克拉荷馬》裡的一景。我們的鄰居朋友們正在採買番茄、小黃瓜、沙拉生菜，和牧羊女乳品店的乳酪。

我們在裝著可栽種的小番茄、羅勒、和其他香草的一排籃子前，遇到我太太的弟弟和弟妹。籃子排在描繪著當地場景的一幅壁畫前，壁畫裡有戴著針織帽的托比，還有當時在襁褓中的我的小外甥女。

到現在，幾乎我們在鎮上認識的所有人都聽說了尼克的事，因此大家都相當焦急地詢問他的狀況。蘿拉，同樣經歷過這類事的一個母親，最近海洛因上癮的女兒才出了車禍，差點喪命。她擁抱了我一下，便哭了起來。我很慶幸傑斯柏跟黛西已經跟他們的表兄弟姊妹跑開，去聽一台綜合小提琴跟貝斯的自動樂器演奏鄉村音樂。

我的手機響起，我知道是尼克打來的。我到處想找個地方，遠離人群，結果來到托比美食穀倉的倉庫裡，關著一群小雞的籠子旁邊。

我接了電話，但那一頭沒有人。

我檢查了留言，有一則，是尼克打來的。他的語氣傲慢，口齒含糊。

「好啦，好啦……抱歉。天哪，真的很難啊。我要停。可是解毒，還是叫什麼的過程，還有要專心工作……我得睡很多，因為我的身體對我不太爽。我整個星期五都在睡覺……星期六醒來，根本不知道一整天過去了。所以休息這方面，我真的不知道。我搞不清楚。」

然後就沒了。

穿著T恤跟卡其短褲的傑斯柏跑過來。「我們可以買薑餅嗎？」

他發現有什麼事，停了下來。

「怎麼了？」

他憂慮的眼睛看到我手上的電話，然後問：「是尼克嗎？」

大約一個星期後，尼克跟他母親連絡，向她求助。「說實話，聽到我的生活方式，你一定會覺得很恐怖，而且我現在又碰到更多倒楣事。」他在一封電子郵件裡寫道。「我碰到麻煩了。過去幾個月很瘋狂，結果害我被趕出家門。我沒有錢，什麼都沒有……除非我回去復健，否則不能回家。但我根本做不到。我已經學過那些玩意……但是至高力量對我真的不管用。他們讓我比以前更覺得空虛地恐怖——」

信在此戛然而止。

另一封寫給維琪的電子郵件：「我的身體和腦袋都一塌糊塗，所以請原諒我的表達可能不是很流利。」他寫道。「等時間晚一點，我會打電話給你。但是我想先寫下幾件事，先把事情說清楚。」他解釋說，他偷了他朋友母親的幾張支票。「法院可能已經對我發出拘票了，我必須還錢，不然我就得一直躲起來。」

維琪跟我對於怎麼做才是最好的處理方式，有不同的看法。我了解她的驚恐，但是當她幫忙還清他的債務時，我會驚慌不已。我害怕在他吸毒時，她的支持只會延後不可避免的後果，讓他繼續走在這條危險的路上。但至少她說幫他還債是一回事，她不會給他現金。給正在吸毒的上癮者現金，就像給一個瀕臨自殺的人一把上膛的槍一樣。

我把這些信件的內容告訴凱倫，以及我無法理解尼克怎麼會做這麼可惡——這麼自我毀滅——的事情時，她的反應是憤怒。

「我好厭倦這一切。」

「不然我該怎麼辦？」

「我只是好厭倦這一切。」她走出房門。

尼克再度失蹤，又再度出現，跟他母親保持零星的連絡，但沒有找我。當家裡的老友剛好從紐約到舊金山來玩時，維琪安排了尼克去見他們。她懇求他去他們的飯店一趟。他真的去了。他蓬頭垢面，顯然吸了毒，因此不被允許進入飯店大廳，直到他說服一位保全人員打電話給我們的朋友。

當他如蒼白的骷髏一般，搖搖晃晃地走進他們的房間，並且不時抽筋、胡言亂語時，他們都被他行尸走肉的樣子和手臂上的針孔嚇壞了。他們哀求他去紐約，跟他們住在一起，戒除毒癮。

或許他對舊金山街道的愛戀已經消失，或許他恐懼又疲憊，又或許只是搬到紐約的想法吸引了他。他同意去，但去之前又消失了一次，再次嗑藥。他的藥頭送給他一份臨別贈禮，給了他一堆多得誇張的甲基安非他命。尼克全都吸進去，才搭上飛機，飛越整個美國。

到紐約之後，我們的朋友說服尼克去見一位專治毒癮的精神科醫師。這位醫師開給尼克安眠藥，他有一個星期大多數時間都在睡覺。他忍受著生理上毒癮戒斷的痛苦，以及伴隨而來的心理折磨——「懊悔、羞愧、難以相信、想再吸毒、想死。」他在打給我的電話中說。

除了告訴他我愛他，我很難過戒毒這麼困難以外，我不知道還能說什麼。

一星期過後，我接起電話。打來的是我以前開過帳戶的一家銀行的行員。有人用這個結清的帳戶，開了一張五百美金的支票。

每一次新的背叛都會引爆新一波的情緒，在我腦中相互猛烈撞擊。無論如何，被人搶劫都是一種極為創傷，痛徹心肺的經驗。而搶我的人還是我兒子……先是凱倫受害，現在輪到我了。

大約一個月之後，尼克打電話來時，聽起來似乎不那麼淒慘了。維琪幫他搬進了布魯克林區的一間公寓，他也找到一份工作。在曾經認定念大學很愚蠢之後，他現在決定做最低薪資的工作更蠢，因此他說他打算重回學校。「這一次我要靠自己。」他說。「我以前搞砸了很多機會，但這次我不會再搞砸了。」

尼克告訴我，他不能再吸甲基安非他命了，他知道。但根據他的說法，他的醫生說他可以抽大麻，或喝一杯葡萄酒，這可以幫助他「保持平衡」。所以我再度神經緊繃。我大有理由擔心。加州大學洛杉磯分校的一項研究顯示，甲基安非他命上癮者如果抽大麻或喝酒，復發的機率會變成十二倍。

然而，我並沒有心理準備會在週日清晨五點接到那通電話。我跳起來，心臟狂跳。凱倫抬頭看我。

「怎麼了？」

我抓起電話，虛弱地說：「喂。」

打來的是尼克的繼父。尼克的繼父？我二十年來只跟他講過幾次話。而他在這個時間打來？他說布魯克林的一位醫生剛打電話來。尼克因用藥過量而被送進醫院急診室。「他有生命危險，現在接上了呼吸器。」

我一直在等這通電話，但是即使預習過這麼多次，我也沒有好過一點。

我掛掉電話，告訴凱倫。

「他會好起來嗎？」

「我不知道。」

我開始向我從來不相信的上帝禱告，懇求。

「上帝啊，別讓他死。求求你別讓他死掉。」

我打電話給那個醫生，他說前一晚尼克昏迷不醒，因此事發時跟尼克在一起的孩子之一打了一一九。一輛救護車被派來尼克的公寓。尼克的房東看到救護車，便打電話給維琪，因為尼克的租約上有她的名字。這位醫生告訴我，如果不是救護人員立刻急救，尼克應該已經死了。但現在他有機會活下去。

我已經學會接受許多折磨人的矛盾，例如知道上癮者不可能為自己的狀態負責，但他又是唯一該負責的人。我也接受了我面對的問題是沒有解藥、可能也沒有解決之道的。我知道我必須在沙上畫一條線——我能接受什麼；我會做什麼；我不能做什麼；不能再做什麼——但是，我又必須有足夠的彈性，能夠把線擦掉，重畫一條新的。而此刻，當尼克在醫院裡，我發現我比以前更愛他、更同情他。

我作好安排，打算飛去紐約，並且把一些東西丟進行李箱裡。

電話再度響起。是同樣的那位醫生。他的口氣嚴肅但同情。他告訴我，尼克應該可以撐過來。他的生命跡象正轉趨正常。

「他非常、非常幸運。」醫生說。「他會有重來一次的機會。」

我的兒子會有重新再來的機會。在接到那通清晨的電話之後，這是我第一次真正吸了一口氣。

傑斯柏跟黛西醒了。他們進來房間，看到我的樣子。凱倫跟我告訴他們發生了什麼事。我們說，我們都希望尼克可以平安無事。

我打電話到醫院，問我能不能跟尼克講話。那位醫生說不行，尼克在睡覺，我應該幾個小時後再試試看。我來回踱步。我在花園裡散步。維琪跟我通了幾次電話，互相安慰。我們的兒子剛剛差點死去。傑斯柏和黛西再度問尼克會不會好起來。

我在一個小時後打到醫院去，然後被轉接到尼克病床旁的電話。他頭腦不是很清楚，講話顛三倒四，但他顯得走投無路。他要求再進另一個戒毒計畫，說這是他唯一的機會。我告訴他，我正要出發去紐約。

一小時後，我出門前往機場。我在開車途中打電話去醫院，看他現在怎麼樣了。

值班護士告訴我，他已經出院了。

「他出院了是什麼意思？」

「他不顧醫生反對，自行出院了。」

他拔掉靜脈注射管和導尿管，離開了。

我掛掉電話，下了高速公路。我知道如果連這次用藥過量都不能讓他停止，那麼沒有任何東西可以。

我渾身顫抖地回家。

晚上，我躺在床上，聞著敞開的窗戶飄進來的毛茉莉花香，凝視黑暗。

「凱倫，你醒著嗎？」

「你呢？」她問。

我們兩個都睡不著。

我無法理解究竟發生了什麼事，但最可能的情況是尼克受不了戒斷的過程，或者他受不了想到以後的復健治療，又或者他太過痛苦，因此出去找毒品。另一個已知的恐怖情景在我腦海裡浮現。尼克終於承受不了最近發生的這些事，身心俱疲，而離開醫院去自殺。

他沒有接電話。毫無音訊。

他第二天早上打電話來。他聽起來虛弱無力，極為沮喪。

「尼克……」

「我知道。」

「你在哪裡？」

他說他在他的公寓裡。

「可是發生了什麼事？你為什麼出院了？」

「我突然恐慌起來。我也不知道。我就是得離開那裡。」

我想像他在我去看過他一次的，那間布魯克林區褐石建築的地下室公寓裡——沒有任何裝飾或家具，只有地板上的一張床墊，和尼克在街上找到的一個抽屜櫃，窗簾拉得緊緊地，遮住外頭的陽光。他沒有花力氣脫衣服，只脫掉他從醫院病房衣櫃裡抓走的那雙靴子。他的手臂上還留著固定靜脈注射針筒的膠帶的痕跡。他走到他的公寓，設法進門，面朝下地倒在床墊上，彷彿一頭栽進墓穴裡。

他問我是不是要過來。我會過來嗎？

「你打算怎麼辦？」

這次尼克不需要脅迫，自己選擇回去接受復健。他懇求我。

這就是碰到谷底的意思嗎？專家都說上癮者會碰到谷底，然後以全新的方式投入復健。

我飛到紐約，以便幫他住進海瑟頓基金會的曼哈頓中心。我在微暗的淡紫色天空下，在雨中搭上計程車。在進城途中，我試著揣想我看到他時會有什麼感覺。因為他活著而欣喜若狂。因為他差點白白丟掉自己的性命而怒不可遏。

我在我住的飯店大廳等他。我們約好在這裡見面。

突然他就站在我面前。

「嘿，爸！」

尼克出現的時候，總是非常戲劇性。

儘管他努力擺出容光煥發的樣子，但他的樣子就像在大饑荒中倖存下來的災民。他的臉像皺紋紙，跟鬼一樣蒼白。他在T恤外面套了一件開綻的運動外套，穿著有裂縫的牛仔褲、還有裂開的球鞋。我們僵硬地擁抱。我對他的恐懼，壓抑了我對他的感情。

他當晚跟我住在飯店裡。為了消磨時間，我們去看了一場電影：《戀愛雞尾酒》，在一間咖啡館吃了披薩。他試著解釋之前發生了什麼事，但我們只是在殺時間，因為這一趟的目的是明天早上，讓他住進戒毒中心。再一次。

晚餐後，尼克跟我一起看電視。其中一個節目裡，幾個年輕人互相拍攝對方做一些荒唐的、羞辱的事。他們請職業投手對著頭髮油膩的男孩子的胯下投出時速一百英里的快速球。當球打中目標時，他們都痛得彎下腰。為什麼會有人把這種東西放到電視上？為什麼我們要看？

我們有兩張雙人床，都有很厚的白色棉被，而我們都把頭靠在高高的枕頭上。電視上在播《賴特曼談話節目》。在節目播出當中，尼克說他去海瑟頓之前，有一些正事要辦。我看著他，覺得他似乎瘋了。他確實瘋了。

「正事？什麼樣的正事？」

他說：「沒什麼。我出去一下，很快就回來。」

「不。」我說。「你現在要辦的任何事一定都是麻煩事。」

「我一定得去。」他說。「我得處理幾件事。」

他穿上球鞋。

我沒辦法勸阻他，於是我說：「我跟你去。」

我套上鞋子，然後我們走進冰冷的黑夜中。我們搭地下鐵來到東村，在破舊的公寓建築前停下來，按了一些電鈴，但（還好）沒有人回應。我們跟著一個拿著食物雜貨的印第安女人進入一間大樓，爬了五層樓梯。我站著尼克旁邊，看著他用力敲一扇門。他說他要拿回一些錢。

最後他終於放棄。當一輛計程車在將近凌晨兩點，把我們載回飯店門口時，我終於鬆了一口氣。我們搭電梯上樓，盯著一個小小的電視螢幕上播放的金絲雀與貓咪的華納卡通。

到了早上，我們在四周散步，直到他在海瑟頓的入院預定時間來臨。海瑟頓紐約中心是一座壯麗的褐石建築，可以看到司徒佛遜廣場公園。他在接受訪談時，我則坐在公園的一張長椅上等候。我看著一群男孩子窩在公園，靠近金屬柵門的一個角落裡。一樁毒品交易正在進行。

海瑟頓可能是全美國最知名的毒品與酒精戒除復健中心。他們最主要的基地在明尼蘇達市，但在紐約、奧勒崗，和芝加哥都有分支機構。這裡進行的不是初級計畫。尼克已經接受過兩次初級計畫了。這裡的計畫是持續性的，為期半年，甚至可能更長，視尼克的進展而定。這裡提供的不是四週的初級復健速成班，並且會要求病人上班或上學。主要的理念是希望病人學會將復健融入生活當中。他們要參加駐院治療師主持的定期聚會、團體治療，還有規定的「匿名戒酒者」聚會。病人也必須分擔家事雜務。這裡有一大堆規定，但是跟其他計畫不同的是，病人可以隨意進出，只要他們在晚餐以及規定的聚會和會面中出現，並且在宵禁前回來即可。

尼克在建築敞開的門前對我招手。時間到了。我走上樓，我們一起坐在排滿櫻桃木書架的寬闊門廳裡。我們沒有什麼話要說，但一起在皮沙發上坐了一會。當一位接待員叫尼克的名字——說他得道別，去辦理住院手續時——我們站起來，看著對方。

我們擁抱。他的身體感覺好單薄，似乎隨時會碎成千萬片。

18

我在遠處看著他的復健進行了好幾個星期，然後是好幾個月。在等待中，我繼續研究甲基安非他命，這次是四處拜訪全美各地最傑出的研究專家，詢問對我而言最重要的問題。如果一個家庭成員對這種藥物上癮，你會怎麼辦？

他們意見一致地認為第一步應該是評估。如果上癮者已經產生甲基安非他命精神異常，那麼就應該讓他服用鎮靜劑和其他藥物。（「他們有時候會像個瘋子一樣，而這些行為必須加以處理。」加州大學洛杉磯分校的林博士說。）雖然甲基安非他命上癮者會有比一般人高出三到四倍的機率同時有精神異常的狀況，但是這些症狀很難跟甲基安非他命戒斷時的症狀區分開來。有些醫師在治療上癮者時，都一律視病人有憂鬱症。但這是一個代價高昂的做法。有些研究者認為病人至少應該戒斷甲基安非他命一個月後，才就其他疾病接受診斷跟治療。

專家對於住院計畫或門診計畫，何者較可能有效，也有相當大的歧見。住院計畫比較昂貴，但會提供病人安全的、受控制的環境，對病人加以嚴密的監視。但是病人離開復健中心後，恐怕很難過渡到真實世界，因此出院的病人經常會復發。門診計畫把戒毒復健工作融入上癮者的生活中，但病人有太多機會失足。所以絕大多數的專家認為，最理想的方式是選擇長期的住院復健計畫，時間越長越好，接著漸進地過渡到持續一年以上的、完全的門診計畫。門診計畫一開始可能是病人每星期花四個或五個白天或晚上來看診，然後逐漸縮減到每週一次。

這些專家也一致認為，不論是在住院或門診計畫中，在最初的戒斷階段就開始進行行為治療和認知治療，其實沒有任何意義。諸如按摩、針灸、體能活動，和小心監控的鎮定劑用量，都更可能幫助病人度過戒斷時最難受的階段。在門診計畫中，協助上癮者訂定他們能遵循到下次會面的作息表，似乎很有幫助。毒品檢測，以及復發時嚴格的懲罰，也是專家認為不可或缺的。行為和認知治療應該慢慢加入。而在加入時，則應該仔細控制，以便符合病人參與的能力。有些醫師贊成精神治療，有些則反對。「效果恐怕很有限。」加州大學洛杉磯分校的羅森博士說。「談話並不能深入神經連結的問題。」林博士補充說。「了解事情並不能改變上癮者的生活。但是用不同的方式做事情，則會帶來改變。」但是當病人顯然符合兩種診斷，例如同時有憂鬱症、躁鬱症、急性焦慮症，或其他症狀時，醫師也會要求病人接受精神治療和開立精神藥物。

接下來的第一個目標是要讓上癮者待在治療計畫裡夠長的時間，以便接受認知和行為治療，給予自己訓練或再訓練。羅森和他加州大學洛杉磯分校的同事創辦的戒毒復健中心「母體」，就實施並測試過一系列的這類治療。原本為古柯鹼上癮者設計的「母體」經過調整後，也適用於甲基安非他命上癮者。該計畫的治療目的包括了教導上癮者盡可能避免，或在無法避免時，「重新定義」過去會導致復發的情境。理論上，新的行為最後就會成為習慣。在以「母體」為基礎的計畫中，上癮者會被訓練去打破自己原本對憤怒、失望，和其他情緒的反應。他們也會學習到上癮症的元素，例如經常會導致復發的「暗示」(priming)和「提示」(cueing)。所謂「暗示」是讓單一或偶發的吸毒演變成全面性復發的一種心理機制。由於上癮者在復健過程的某些階段都有可能一時大意，因此該計畫便訓練他們重新定義這類事件。上癮者可以學會不對「暗示」回應，而在「選擇點」停止接下來的過程。上癮者可以把這一刻視為嘗試不同行為的機會。「提示」則是指上癮者遇到引發事件，而開啟強烈渴望毒品的循環，最後經常就導致復發。我是想到尼克跟我對《噩夢輓歌》這部電影截然不同的反應，才真的了解所謂「提示」是如何作用的。尼克很愛達倫・阿隆諾夫斯基這個講一對母子的殘酷陰暗的故事。劇中母親是海洛因與安非他命上癮者。我覺得這部電影簡直叫人不忍卒睹。而我認識的人當中，即使有人喜歡這部電影，對於當中的晦暗和墮落也感到沮喪。但是尼克卻是興奮不已。後來尼克告訴我，那些配上科洛諾斯四重奏，充滿警示意味，大多數人都覺得難以下嚥的吸毒場景，居然會讓他很想吸毒。

研究顯示：「提示」會大幅改變上癮者的生理跡象。「提示」不一定是像針頭那樣明顯的東西，而可以是任何東西，從甲基安非他命在菸斗裡燃燒後留下的化學氣味，到跟毒品連結在一起的任何「人、地、物」。對有些上癮者來說，可能是發薪日、某個街角、某一首歌，或某一個聲音——除了上癮者自己以外，對其他人而言完全隱微不顯。許多甲基安非他命上癮者會把毒品跟性連結在一起。就像《六呎風雲》第一集裡的那個高中獵豔高手說的，甲基安非他命「會讓一切都燃燒得更明亮，而且讓性變得無與倫比。」雖然大多數嚴重嗑藥的人到後來都無法再有性行為，但性刺激——從色情影片到含有性愛暗示的情境——都仍舊是強大的引發物。「想在這個階段中斷吸毒，就像想擋下火車一樣。」羅森博士說。但是加州大學洛杉磯分校的沙柏特博士一直在研究一些特定的治療法，以協助會把毒品跟性連結在一起的同志上癮者，重新定義對性刺激的反應。背後的理論是，人的任何行為，包括看似不自覺的或強迫性的行為，都可以變得自覺，並且可以中斷。吸毒者可以被教會藉著打電話給「匿名戒酒者」支持人或毒品諮商師、參加復健聚會、去健身中心運動，或選擇做其他建設性的事，藉此停下啟動的火車。同樣的，要達成大幅的改變，就必須待在治療計畫裡夠長的時間——通常是好幾個月，甚至好幾年的時間。在過程中，吸毒者的大腦可能會重生新的細胞，而多巴胺的濃度也可能會恢復正常。遠離毒品的循環可能會取代上癮的循環。

新近的臨床實驗也顯示，如果利用史金納行為療法，在甲基安非他命上癮者的尿液樣本檢驗乾淨（也就是不含毒品）時，給予小額現金，或給予兌換券，兌換給上癮者孩子的預防接種，或兌換溜冰場入場券，或可免費修理壞掉的除草機等，都有很好的效果。在加州大學洛杉磯分校進行的一項研究中，如果在認知與行為治療計畫中增加這類「外在誘因管理」，則受試者維持清醒的比例，是單獨使用認知行為療法的兩倍。

藥物也可能有幫助。美沙酮被認為有助於作為海洛因的替代劑，但目前還沒有針對甲基安非他命吸食者的類似解毒劑。也沒有藥物可以在甲基安非他命服用過量時加以中和，或抑制大多數症狀，或治療其毒性，或中斷它帶來的亢奮——這些作用都可能在不同的治療階段有幫助。或許一部分的原因是目前學界對甲基安非他命的研究還不及對海洛因與古柯鹼這兩種早在美國東岸，尤其是紐約到華盛頓之間氾濫的毒品。甲基安非他命目前還沒有正面撲向有權分配研究資金的政策制定者，不過隨著甲基安非他命慢慢往東前進，這點也已經在改變了。另一個因素則可能是海洛因是單分子的結構，與甲基安非他命大不相同。「甲基安非他命沒那麼乾淨。」一位研究者解釋。但不論原因為何，由於這種毒品會導致特別嚴重的傷害，甚至勝過海洛因和古柯鹼，加上目前的治療成功率極低，臨床治療者都迫切地希望能有藥物增加上癮者康復的機會，不論是恢復多巴胺濃度、幫助修補神經損傷，或治療或控制症狀。然而這個領域的頂尖研究者都承認，儘管他們一再努力，結果仍不樂觀。一項可能幫助甲基安非他命戒斷的藥物在開始進行實驗時，負責的醫師就承認：「成功的機率？可能會對少數病人有些許效果。我預期的效果是從零到極低，所以只要有極低，我就很滿意了。」而他當時研究的還是比較有希望的一種藥物。

由於戒斷初期會產生非常明顯的憂鬱，因此有些研究者認為抗憂鬱劑應該有幫助。但是初步實驗的結果，都顯示百憂解、樂復得，和其他血清促進素再吸收抑制劑類的藥物效果極為有限。研究者現在也在研究其他抗憂鬱藥物，包括bupropion類藥物（威克倦）和一種名為ondansetron[12]的藥。bupropion類藥物會跟血清促進素和多巴胺傳導素及接受器的特定次系統交互作用。其他還有許多實驗都在計畫中。我從北美各地的許多研究者口中得知，有相當多種藥物可能有幫助。其中一種是左多巴（L-多巴）。該藥物目前用來對抗巴金森氏症所導致的腦部退化，主要是可以讓消失的多巴胺再生，雖然經過長時間後效果似乎會遞減。對古柯鹼上癮者進行實驗時，這種藥物沒有帶來任何改變。但是主持該項實驗的研究人員認為該藥物可能會對甲基安非他命上癮者有較強的效果，因為他們腦中的多巴胺濃度近乎零，而古柯鹼吸食者的多巴胺濃度只有些許降低。

不過，即使之後藥物能有助於甲基安非他命的戒斷，或復健的其他階段，研究者葛特·葛洛威仍相信，藥物終究也只能扮演次要的角色。「永遠都不會有一種藥物，可以讓你先從貓眼確認外面是你的藥頭，而不要開門。」他說。「而且即使你完成了完美的解毒，進行了很成功的藥物治療，讓一個人的大腦恢復成跟吸食甲基安非他命前一模一樣，整個過程還是會從頭再來一遍。就像《今天暫時停止》這部電影，這一天將永無止盡地循環。你還是必須在這個點介入，利用行為和認知治療，教一個人如何用不同的方式過自己的人生。」

尼克不時會向我報平安。他每天晚上跟一群海瑟頓的病友去參加「匿名戒酒者」聚會。他發揮他典型的辛辣幽默感，描述他們出去時的情景。「我們走在一起的樣子真是引人注目。」他說：「我們是心存感激的社會邊緣人。」

12 俗稱卓弗蘭，止吐藥，減少噁心嘔吐感。

我也回去參加我自己的聚會。「戒酒者家人」聚會不是萬靈丹，但跟過去一樣，帶給我些許慰藉，即使聽著別人的故事總是讓人哀傷。我在一次午餐時間的聚會裡，簡短地說了幾句話——我顫抖地開口：「我兒子又開始戒毒了。」之後一個女人來找我，怯怯地遞給我一本名為《戒酒者家人的三種觀點》的小冊子。「這對我有用。」她說。

回到家之後，我打開冊子看。冊子裡的〈一個上癮者的信〉寫著：「不要接受我的承諾。為了脫身，我會承諾任何事。但我生的病的本質讓我無法遵守承諾，即使當時我是真心承諾……不要相信我告訴你的任何事；那可能都是謊言。否認現實是我生的病的症狀之一。更有甚者，我可能對我能夠輕易愚弄的人失去尊重。不要讓我佔你的便宜，或以任何方式剝削你。缺乏正義的愛不可能長久存在。」

尼克再度戒毒復健之後，凱倫跟我去圖書館借了給兒童看的，關於毒癮問題的書，唸給黛西和傑斯柏聽。我們盡力鼓勵孩子們談論自己的感覺——發洩出來。我們也跟他們的老師見面，討論他們的狀況。據我們到目前為止所知，他們似乎都還好。

到十二月，海瑟頓在紐約的住院計畫宣告結束營業，並表示原因是經濟因素——他們找不到付費客戶填滿這棟褐石建築的三十六張床。但該組織仍繼續在曼哈頓經營門診計畫。尼克不敢回到會讓他連結到甲基安非他命的舊金山灣區，因此在他的諮商師協助下，決定搬到洛杉磯，住在維琪附近。

「賀柏特之家」是在庫佛市的一個清醒生活社區，這個社區由一棟棟漆著白牆的可愛單層小屋組成，每棟小屋窄小的門廊上擺著情人座和搖椅，處處種著九重葛和玫瑰。所有小屋都面對一個鋪著地磚的中庭，中庭裡種了棕櫚樹、擺著野餐桌和庭園家具——有點像是上癮者版本的《飛躍情海》影集中的社區。

尼克安頓下來，也很喜歡這裡。他跟其他病人變成好友，跟該計畫的主任尤其親近。這位名叫傑斯的主任是個充滿同理心的男人，致力於幫助毒癮者和酗酒者。賀柏特之家有很嚴格的規矩，也要求住戶做雜活，並且必須參加每天晚上的聚會。尼克還參加了附近的一個門診計畫，去看新的心理師，並且跟另一位「匿名戒酒者」支持人藍迪合作。藍迪經常跟尼克一起騎自行車，沿著太平洋海岸公路騎很遠的路。藍迪有雙專注的藍眼睛。他已經保持清醒超過十五年了。尼克說藍迪對他的激勵很大，「讓我知道生命可以有多麼美好。」

他在電話中聽起來就像以前的尼克，頭腦正常時的尼克。這樣的尼克，跟吸毒時的那個人，幾乎讓人無法聯想到一起。我想，尼克已經藉著嘗試和修正、堅持的毅力、海瑟頓好幾個月來的幫助、賀柏特之家的朋友的支持、門診治療會談、「匿名戒酒者」、藍迪，和他復健中的朋友，建立了一個全面性的戒毒計畫。而根據我從研究人員身上學到的，這應該是所有甲基安非他命吸食者都該有的計畫。

尼克在「匿名戒酒者」聚會的朋友幫他在「承諾」計畫中，找到一份助理的工作。「承諾」也是一項知名的毒品和酒精戒除復健計畫，而他工作的這個分支機構位於馬里布。他負責開車載病人去參加聚會或看醫生，分發藥物，並在許多方面協助諮商師。這項工作帶給他充實感。他可以在當中給予——他可以幫助別人，而這份工作又對他有幫助。

七月時，尼克滿二十一歲。為了慶祝他生日，我到洛杉磯去看他。我在一個溫暖的夏日午後，到賀柏特之家的門口接他。他跳進車子裡。我們擁抱。他又像是完整的人了。二十一歲在任何人的生命中，都是一個里程碑。對父母而言，孩子滿二十一歲也是重大的里程碑。但對我而言，這簡直就像另一個奇蹟。

凱倫還要過一段時間，才說得出她已經準備好見他。除此之外，我們也還沒讓他見黛西跟傑斯柏。我們不想讓他們再度受傷。我們仍舊身在恐懼和愛互相拉扯的戰爭中。我們想保護黛西和傑斯柏，但是他們愛他，他也愛他們。我們再度懷疑：怎樣才能知道，何時可以信任他？

最後，當夏天快結束時，我開車沿著海岸線南下，要去洛杉磯出差，而凱倫跟孩子也一起來。我們一家人在沙灘上團聚。尼克、傑斯柏跟黛西堆沙堡，在浪花裡玩。那次之後，我們連著好幾個週末都去看他。我們也去他上班的地方看他。他介紹我們認識他的同事。他同事顯然很喜歡他，他也喜歡他同事。他帶我們去另一個海灘，鄰近馬里布的一個隱祕地點，必須健行走一段很陡的小路才到得了。還有一次，我們跟他母親和他繼父的狗，沛森和安德魯（尼克在幫忙遛狗），一起健行穿越一個峽谷。我們還走過一條路，通到一個鳥瞰點，可以從好萊塢一直看到海邊。我們租了遊艇，然後他騎著越野車來跟我們會合，一起騎下威尼斯海灘步道，中間停下來看塗鴉藝術家和在這裡練肌肉的男女。跟以往一樣，我們會一起去美術館和畫廊——去看在洛杉磯當代美術館的皇家藝術小屋會的特展，以及在聖塔蒙尼卡的洛杉磯畫廊，尼克．塔格特十三年來每天早晨在他妻子及合作夥伴蘿拉．庫柏醒來之前，為她拍攝的數千張照片的展覽。我們通常都在同樣幾家餐廳吃飯，一間韓國烤肉餐廳，或一間播放很大聲雷鬼音樂的小小的壽司吧。我們大部分時間都會去海邊，但也會像以前一樣去看電影。尼克已經看過《佳麗村三姊妹》的動畫電影，但為了帶傑斯柏和黛西去看，他又看了一遍。看完電影之後，傑斯柏和尼克就用印第安人的腔調，合唱電影前的廣告，學得唯妙唯肖。

尼克先唱：「電影票全賣光了嗎，我的老公？」

傑斯柏：「琦特拉，我的女王，我跳了方當果舞曲。」

尼克：「我的幸福是一首金色的詩。」

傑斯柏：「我會去買爆米花。」

尼克經常打電話。我們維持緊密的電話關係。有時候我們只是隨口瞎扯，有時候則會談到他的復健。但我們一定會聊電影跟書。尤其是電影。每次我們其中一人看了我們最喜歡的導演最新的作品，包括史派克・瓊斯、大衛・羅素、陶德・索朗茲、康恩兄弟、安德森、魏斯・安德森、阿莫多瓦或勞勃・阿特曼，以及查理・考夫曼的所有電影，都會迫不及待地跟對方討論。我會推薦他去租一些片子——例如談英國景觀藝術家安迪・高茲沃斯的紀錄片《河流與潮汐》——他也會向我跟凱倫推薦電影——例如佛朗索瓦・歐容的《八美圖》，以及他現在的最愛，德國導演法斯賓達的《佩特拉的苦淚》。「你看了安東尼・藍恩就新的《星際大戰》寫的評論嗎？」尼克有一天問我。於是他唸道：「『還有，既然我們現在談的是絕地大師尤達，那麼那顛三倒四的語法是怎麼回事？他顯然擁有銀河系中最高深的智慧，卻像是拿著日常會話書到國外一日遊的觀光客在講話：「你是對的，我希望。」拜託，饒了我吧。』」

有時候他也會報告對其他人而言沒什麼了不起，對他而言卻是艱鉅任務的成功事蹟。這些小事情例如：他有了一個銀行帳戶，並申請到了信用卡。他開始存錢了。他用四百美元買了一輛第五手的馬自達汽車，後來還買了一輛新的腳踏車。他搬進一間公寓，室友是藍迪的支持者，一個非常和藹的老先生，白髮白鬍子，走路時得撐著一根拐杖。泰德已經復健三十年，幫助過許多年輕的上癮者。

但尼克有時候還是很煎熬。我可以從他的聲音聽得出來。他很寂寞。他有藍迪和一些好朋友，但他希望生命中能有一個特別的人。他會對未來充滿憂慮，難以自拔。他會情緒起伏，渴望藥物。他對我描述這些起起伏伏時，有時帶著堅忍的決心，有時則是強忍淚水。「有時候我滿腦子都是吸毒的念頭。」他說。「有時候真的太難受。我覺得自己真的撐不下去了。但是我會打電話給藍迪。照他們說的去做，真的很有幫助。」

九月時，尼克慶祝保持清醒一週年。這個週年對我而言，就像一般父母看待孩子的生日，或我看待自己的二十一歲生日，一樣意義重大。

在這高低起伏的過程中，他告訴我們，他跟一個女孩，Z，陷入情網。但之後有一天，他打電話來，幾乎泣不成聲。她跟他分手了。如果在以前，尼克一定會打電話給藥頭，或他某個嗑藥的朋友，或想辦法弄到大麻或啤酒。但現在他打電話給藍迪。

「尼克，你過來。」藍迪說。「我們去騎自行車。」

他們騎上三小時，騎上塔馬士高峽谷。兩次。之後尼克打給我，聽起來很振奮。「我不會有事的。」

一個月後。尼克不再回我的電話。一定出事了。

我們上次講話時，他承認他仍舊為那心碎的分手很傷痛。他說：「我沒辦法不想她。」

那是那次對話後的第三天早上。黛西和傑斯柏吃過法國土司後，在房間裡玩了一會，然後不顧下著小雨，又跑到外面去。等我把他們抓回來，我們已經快遲到了。他們沖澡換衣服，然後我提醒他們要刷牙。黛西問我，她可不可以用原音牙刷。

「原音牙刷？」

「普通的，不插電的。」

黛西對刷牙看得很認真，因為她已經拿掉牙套，不過還要戴維持器。「我忍不住一直用舌頭去玩。」她說。

「盡量不要。」我說。

「可是很好玩啊。」

兩個孩子在屋子裡衝來衝去，收集作業本跟文件夾，塞進背包裡。凱倫對付黛西打結的辮子，然後出門載他們去學校。等他們離開，我終於可以崩潰。再一次。

我怎麼知道出事了？不只是因為他沒有回電嗎？是因為做父母的直覺？有什麼警告預兆悄悄鑽進我的意識裡嗎？是我潛意識裡探測到他的話裡的什麼線索嗎？還是他話中欲言又止的留白？

他在哪裡？我不願接受最可能的答案：他復發了。

他一直維持得很好。狀況雖不完美，但他有一群支持他的朋友，還有一份好工作。他經常騎腳踏車和寫東西。他持續參加「匿名戒酒者」聚會，包括在賀柏特之家的聚會，還會在那裡見到傑斯跟其他朋友。在藍迪，他這輩子可能最親近的朋友的協助之下，他努力地進行自我評量、補償，和他稱為「人格重建」的十二個步驟。整體而言，他似乎很投入自己的人生。我知道他有時候覺得寂寞，但誰不是？有時候他會心情沮喪，但誰不是？有時候他會覺得承受不了，但誰不是？

但是他一定是復發了。還有什麼理由可以解釋他為什麼毫無音訊？是我太緊張嗎？我有充分的理由過度警覺，提防任何出事的徵兆，但我還是得讓他自己前進，讓他擁有自己的生活。或許他交了新的女友。或許他只是心情不好，需要一點時間，不和家人連絡。我自己也曾經有過一些時候，需要躲起來，不跟父母連絡。

我打電話給維琪，她安慰我說她前一兩天才看到他，他沒事。

但我還是請她去尼克的公寓看看。

她一小時候後回電，說他的室友有一段時間沒看到他，他的床也沒有睡過的痕跡。我們打電話給「承諾」，他的同事說他已經兩天沒來上班。我們打給他的朋友，他們也沒有他的消息。其中一人昨天跟尼克約好吃午飯和騎腳踏車，但他根本沒出現。我再一次打給警察局，詢問有沒有發生什麼意外。我也打到醫院急診室。他母親開車到聖塔蒙尼卡警察局，要求協尋失蹤人口。

他是：

男性。

白人。

二十一歲。

他小時候的金色頭髮已經轉變為帶紅銅色的棕髮。他的眼珠呈淚珠形，顏色是綠色帶咖啡色，皮膚則曬成橄欖色。他笑起來很開朗。他的身高是六呎多一點，身材纖瘦，但有肌肉強壯的上臂和游泳選手的胸肌，還有腳踏車選手的強壯大腿與小腿。除了穿著騎車專用短褲和上衣以外，大部分時候他都穿著T恤、牛仔褲，和Converse球鞋。他的右肩有一塊草莓般的胎記。

在傑斯柏和黛西面前，我試著保持鎮定——擺出沒事的樣子。

凱倫跟我想等到知道多一點狀況，再告訴他們尼克的事。我們不想讓他們更擔心。他們才七歲跟九歲大。我們能說什麼？「你們的哥哥又不見了。他可能又復發了。我們也不知道。」

但是我們很快就得說些什麼。痛苦和歇斯底里將再度席捲我們的家，我們不可能隱藏多久。我需要用盡力氣，才能維持日常生活的例行公事。我的胃部緊縮，心跳加速，還有高解析度的犯罪現場畫面不斷在我腦中播映，揮之不去：夜晚發生在街頭孩子身上的，最恐怖污穢的場景。

我繼續打尼克的手機，但每次都只聽到他毫無情緒的語音信箱留言：「嗨，我是尼克，請留言。」我不斷跟他母親確認有沒有消息，但毫無音訊。我臨時起意，打到我們共同的行動電話公司的客戶服務專線，問尼克的手機號碼最近有沒有發話或收話的紀錄，但是接線生說她無權取得這樣的資訊。但她解釋說，她可以告訴我，他的號碼現在是否接上網路。「這是違反規定的，」她說，「但是我自己也有個十幾歲的孩子。」在聽到一些鍵盤敲擊聲之後，她說：「他的手機開著，連接到沙加緬度的一個塔台。」

沙加緬度？

我打給他母親跟他的朋友。沒有人知道他為什麼會在沙加緬度。沒有人認識住在那裡的朋友。

兩小時後，那位接線生回電給我。「我又查了一次。」她說，「電話現在轉成震動。訊號在雷諾。」

「雷諾？」

一個刑警告訴過我，雷諾是甲基安非他命的首都，這就可以解釋為什麼了，雖然有點離譜，因為他不需要去到雷諾才拿得到藥。

不，他不可能是復發了。他只是在慶祝自己一年又五個月沒有嗑藥了。不只如此，他還在一間戒毒中心幫助上癮者。

我試著工作，但沒辦法。一整天都沒有其他消息。傑斯柏跟黛西放學後，我跟凱倫分別送他們去不同的游泳池參加游泳訓練。訓練過後是隨便湊合的一餐，然後是回家作業、洗澡、睡前故事，兩個孩子上床睡覺。

我再度打給那位行動電話公司的接線生——她給了我她私人的手機號碼。她說她會在早上，從公司打電話過去，於是我只能再經歷一夜無止盡的等待。她打來，告訴我尼克的手機還是開著，但現在已經在蒙大拿州的比林斯。

我絞盡腦汁尋找合理的答案。他被綁架了嗎？他死了，屍體在某個瘋子的後車廂裡，而他正畏罪潛逃，往東橫越美國？我打了電話給比林斯的警方和聯邦調查局。

19

外面在下雨。孩子們還在學校。凱倫跟我陪著月光狗，坐在廚房的水泥地上。獸醫來了，也坐在地板上。狗的頭枕在凱倫的腿上。她輕撫牠絲絨般的耳朵。

月光狗的癌症已經佔地為王——牠連站都站不起來了。牠因為疼痛而顫抖哭號。該讓牠解脫了，但我們傷心欲絕。凱倫發抖哭泣。醫生來到家裡，讓牠在家裡安樂死。當獸醫把某種東西注射到月光狗體內，讓牠陷入深沉的睡眠中，我的眼淚也流了下來。牠的呼吸變得很困難。第二次注射後，牠就不再呼吸了。獸醫陪我們坐了一會才離去。凱倫跟我用一條毯子裹著月光狗沉重的身軀，費力地將牠抱到花園裡，一棵紅杉木下我們挖的洞裡，然後將牠埋葬。

黛西跟傑斯柏放學後，跟凱倫一起在雨中為月光狗建造一間祠堂。我們為月光狗，和我們家裡所有的哀傷哭泣。在上床時間，我們讀了一本名為《狗天堂》的圖畫書給他們聽：「有時候一個小天使會陪一隻狗回去凡間走一走。於是這隻狗就會安靜地、隱形地，聞一聞牠以前的後院地盤、察看隔壁家的貓、陪孩子到學校……」

尼克在哪裡？他失蹤後第四天的早上稍晚，我繼續打他的手機。終於有人接起了電話。男人的聲音。不是尼克。

「喂……？」

「尼克？是尼克嗎？」

「尼克不在這裡。」

「你是誰？」

「你又是誰？」

「我是尼克的父親。尼克在哪裡？」

「他把他的電話給我了。」

「他把電話給你？他在哪裡？」

「幹，我怎麼會知道？」

「他給你電話的時候，是在哪裡？」

「我根本不認識他。那時候是在洛杉磯城裡的巴士站。他把電話給我，後來我就沒有再看過他了。」

「他把電話給你？為什麼他會把電話給你？」

沉默。他掛斷了。

我打給那位電話公司接線生，請她把電話斷線，告訴她顯然電話被偷了，也謝謝她的幫忙和同情。

維琪跟我急瘋了。跟過去一樣。我們打了許多電話，希望得到一點消息，任何消息都好。最後維琪打給Z看看，結果沒錯，Z剛接到他的消息。尼克打了電話給她——從舊金山。又來了。她說他打來時，嗑了藥。不出所料。

我希望這一切停止。我再也受不了了。我希望我可以把尼克從腦袋中刪除。我渴求查理．考夫曼在他寫的電影劇本《王牌冤家》中發明的那種手術。裡面的一個醫生可以提供某種服務，幫人解脫某段傷痛的人際關係引起的痛苦。他可以真的抹去關於這個人的所有痕跡。我幻想我能接受這樣的手術，把尼克從我腦中抹去。有時候我真的覺得，除了切除腦葉以外，其他的方法都無濟於事。尼克在哪裡？我再也受不了了。但每一次我覺得我再也受不了了，卻還是繼續承受。

我衝動瘋狂地想要做些事，什麼事都好，結果帶來的卻是徹底的消沉。我知道這不是好方法，但我急切地想找到他。凱倫聽到我的打算，搖了搖頭。「如果他不想被找到，找到他也沒有用。」她說。她看著我，眼中帶著憂慮，還有——那是什麼？憤怒。哀傷。「你只會失望而已。」

我說：「我知道。」然後我就不再說什麼了，即使我腦中計算著：如果他不想被找到，找到他也沒有用，但是他可能會死掉，到時候一切就太遲了。等待有如凌遲。凱倫意識到我的傷痛，終於讓步。「去吧。」她說。「去找他吧。反正不會有壞處。」我可以察覺她努力不去評斷我或尼克，但她對這無止盡的折磨越來越憤怒和沮喪，也痛恨這對傑斯柏和黛西的影響。對我們的影響。對我的影響。她痛恨我陷入憂慮中。「去吧。」她說。「或許你會盡了一切努力而覺得好過一點。」

於是我又來到城裡，開車沿著傳道街，從商店、墨西哥小吃店，和酒吧敞開的門往裡看。我仔細看每張臉，不斷看到尼克。每一兩個人當中就有一個人像是他。接下來我停在艾許柏利，沿著海特街慢慢走，在街上之字形地來回穿梭，察看毒品店、書店、披薩店、咖啡館和阿米巴唱片行。我回到金門大橋公園，走到我遇見那個甲基安非他命上癮、來自俄亥俄州的女孩的空地。除了兩個女人，和她們在一張毯子上玩耍的幼兒以外，這裡空無一人。

回到家之後，我打電話給藍迪。他耐心地傾聽我聲音中的傷痛，然後安慰我說：「尼克不會待在外面太久的。他不會覺得開心的。」我希望他說的沒錯，但是我還是一樣擔心他會因為藥物過量或其他事，而造成無法彌補的傷害。

尼克失蹤一星期了。然後又一個星期。無止無盡的白天跟黑夜。我試著讓自己忙碌。我試著工作。我們跟朋友計畫出去玩——尼克被逮捕時，正要跟凱倫和孩子們一起去海邊的那些朋友。在一個清爽的週六早晨，我們把單車架在車後的車架上，在小熊谷的停車場跟他們會合。我們兩家加起來，總共有八輛單車，從時髦的十四段變速車到小女生喀噠作響的小腳踏車都有。

小熊谷是一片翠綠色和金黃色，而從樹葉縫隙間露出的天空則是藍天白雲的晴空萬里。我們沿著泥土路騎車來到一片草地，然後從這裡沿著石頭路下到著名景點「大拱石」下。最後一英里路我們得丟下單車，改成健行。

這條沿著溪流開闢的森林小徑，兩旁都是樅樹、松樹、矮栗樹、和盤根錯節的橡樹。最後，我們爬上一片近乎垂直的懸崖，看到俯瞰海面的驚人美景。一塊崎嶇的岩石像冰河從海中突出，海豹在附近探出頭來。

接下來，我們沿著另一條路走，兩旁夾道的是黏黏的猴面花、桃金孃，還有鳶尾花。鐵鏽色的青苔長在巨大的花崗石上。傑斯柏說這好像《魔戒》裡佛羅多的旅程。到了最下面，在大拱石下方，我們算好時間，在海浪被吸回海中，還沒再度撲上來之前，穿越一個突出的岩石點，然後爬到一小片海灘上。海灘上鋪滿了磨亮的石英石，和鬆軟的海草。

這條小徑又延伸回原來的山路開端。傑斯柏跟我最先回到這裡。我們騎上單車，繼續往前。大家已經約好在那片草地會合。

我們到草地之後，便把單車靠在樹上，坐在一棵橡樹下倒下的枯木上休息。傑斯柏突然指向草地——「你看！」那裡有一整片令人震驚的粉紅色花朵，是許久前廢棄的花園留下的豔麗遺蹟：粉紅非洲堇，像棉花糖一樣的粉紅色。

我們安靜地坐在那裡，聽著鳥兒歌唱，和樹林間的風聲。突然我被似曾相識的感覺淹沒。我來過這裡。坐在同樣這根木頭上。但是，是跟尼克。超過十年以前。我的心臟狂跳，淚水盈眶。尼克爬過這棵樹。他一邊爬，一邊對我喊：「爸，你看我！我在這麼上面！」

他心不在焉地唱著《愛麗絲鏡中奇緣》裡著名的無意義詩歌。

他越爬越高，然後開始搖搖晃晃地爬到伸到草地上方的一根粗枝上。「爸，你看我！你看我！」

「我看到了。」

「我在天空中。」

「好棒。」

「我比雲還高。」

他沿著糾結的枝幹更往外滑。「拔雜草。」他唱著。「撿石頭。我們是夢跟骨頭做的。」一陣風搖撼了樹幹；樹葉顫動，枝幹擺動。「我想下來。」尼克突然說。

「沒事的，尼克。你沒問題。慢慢來就好。」

「我下不來。」他喊叫。「我卡住了。」

「你可以的。」我說。「你做得到的。」

「我下不來。」他哭了起來。

「慢慢來。」我說。「一次找一個地方踏穩。慢慢來。」

「我不行。」

「你可以的。」

他瘦長的腿和手臂繞住枝幹，抱得更緊了。

「我會掉下來。」

「不會的。」

「我會。」

我站在他正下方，對他大叫。「你沒問題的。慢慢來。」我這樣說，但是我想，如果你掉下來，我會接住。

我跟傑斯柏坐在那裡，回憶著，幾滴眼淚滑出我的眼眶。傑斯柏立刻發現了。「你在想尼克。」他說。

我點頭。「對不起。只是這地方讓我想到他。我記得他像你這麼大的時候，我們也來過這裡。」

傑斯柏點頭。「我也常常想到他。」我們一起坐在那棵古老的樹下，什麼都沒說，直到凱倫、黛西，和我們的朋友叫我們。

接下來那週的某一天早上，凱倫發現屋子裡有些不對勁。只是幾樣東西不在原位。一把梳子掉在地上。沙發上散亂著幾本書跟雜誌。一件毛衣不見了。

我在辦公室裡工作，但我來到客廳。「你在說什麼？」我問。我立刻變得防衛起來。我的本能反應是凱倫反應過度，太神經質——隨時都想怪到尼克頭上。

「不，有人——」她說：「回來了。」

我跟著她，心情從防衛轉為接受。尼克來過了。他闖了進來。我們一起察看整間房子，結果在我們的臥室裡發現一扇落地窗的門閂被撬開了。窗上的紅木半圓裝飾殼已經裂到不可能修理。這時候我才注意到我的書桌抽屜被胡亂翻過。

凱倫跟我每發現一處他侵犯過的地方，就再一次被夾雜哀傷和憤怒的情緒襲擊。他怎麼能這樣？他在支票上偽造我們的簽名時，我們關閉了銀行帳戶。他偷走我們的信用卡時，我們又把信用卡取消。現在我們又得再做一次。這一次，我打電話給鎖匠，和防盜保全公司。

我也打電話到警局，報警遭小偷。在我與毒癮交手之前，如果有人告訴我，我有一天會打電話報警抓我兒子，我一定會認為吸毒的人是他。我不希望尼克被捕。想像他在牢裡，就讓我覺得很難受。讓他坐牢會有什麼好處嗎？突然間，我跟我在「戒酒者家人」聚會上遇到的那些家長有了同樣的感覺。他們的孩子在牢裡，而他們說：「至少我知道她在哪裡。」或「這樣還比較安全。」悲哀而諷刺的是，儘管監獄可能很暴力、晦暗、絕望，但對尼克而言，可能還是比流落街頭安全。

前來的鎖匠是一個穿著牛仔褲和工作襯衫的壯漢。我給他看有哪些門窗需要換鎖。這是一次昂貴又難堪的經驗，因為當他問：「是預防措施，還是你們遇到問題？」我很誠實地回答。

我說：「是我兒子。」聲音卡在喉嚨裡。

第二天，我們住在茵莫尼斯的朋友跟我們連絡。他們住在過去是狩獵旅店，現在是知名餐廳的「蒙卡」餐廳下面。今天早上一個工頭過來等他的工人，結果看到兩個男孩子從他們家的窗戶溜出來。這兩個孩子側身逃跑，鑽進一輛車身被曬得褪色的老舊馬自達車裡。他們逃得很快，但是我們認識的這個男人認出了尼克。我過去他們家。尼克在這裡過夜的痕跡原封不動：他跟他朋友睡在客廳地板上。沒有太多東西被動過，但地上留下了棉花球、銀色錫箔小包，還有其他吸食和注射甲基安非他命的配備。

尼克還可能闖進哪裡？要猜透有毒癮的人的動機，絕不是容易的事，但我突然想到，尼克似乎會被引回他被愛的地方——我們家、我們的朋友家、他祖父母家。或許只是因為方便而已，因為他不知道還有什麼別的地方可去。但會不會也可能是他下意識地想回家，想回到安全的地方？但無論是什麼原因，當他的瘋狂傷害到我們時，我們就更難對他感到同情了。我們變得怕他。

第二天早上，凱倫在外面，突然，感覺非常超現實地看到尼克開著馬自達經過面前，黑煙從排氣管冒出來。他們四目相接。他用力踩油門加速，讓車子蹣跚爬上屋子前面的上坡路。

凱倫困惑地再確認了一次。沒錯，確實是尼克。她叫我。

我跳進車子裡追他。我要做什麼？我想我只會告訴他，我們有多麼心碎。同時警告他，我們已經報警，他最好別再闖空門，尋求幫助，打電話給藍迪。

我開上我們屋子上方蜿蜒的山坡路。大約十年前，這裡發生過一場野火，燒毀了四十五間住宅和超過一萬兩千英畝的土地。慢慢長回來的橡樹、松樹，和道格拉斯樅樹現在都只有小型聖誕樹的大小。我開上繞著峽谷、沿著山脊的彎曲山路，但我找不到他。

我回頭下山，開進我們的車道，同時發現我們的另一輛車不見了。我跑進屋裡。傑斯柏跟黛西告訴我，凱倫看到尼克開下山——我不知道我為什麼跟他錯過——便跳進車裡。她開著我們家的老爺車，破舊生鏽，幾乎開不到時速四十英里的富豪旅行車，去追他的老爺車。

我打凱倫的手機，但它在臥室裡鈴聲大作，拼命震動，距離我只有幾呎。孩子們看起來很擔心，因此我安慰他們。現在他們知道尼克復發了，但是他們怎麼可能了解，母親為什麼會跳進車子裡，把他們單獨留在家裡，去追哥哥？

她過了快一小時都沒有回來。這時候我已經擔心得快瘋了，但為了兩個小的，我只能假裝一切正常，並再度安慰他們。我們在客廳裡等。凱倫開上車道時，我們全都衝到外面。她說她跟著尼克開上一號公路，然後開上山巒起伏的史汀森海灘路。最後她終於發現，這實在太可笑了——就算追上他，她又能做什麼？——於是她停下來。

「那如果你追到他，你會怎麼辦？」傑斯柏問。

「我不確定。」她說。她看起來很煩惱；她剛哭過。

後來，當我們獨處時，她對我坦承：「我想叫他去求助，但我最主要是在趕他——把他趕離開我們家——遠離傑斯柏跟黛西。」

我們並不需要更多提醒，但那個荒謬的早晨更清楚告訴我們，我們的生活有多麼失控。去追他確實很愚蠢，但我們已經在不知不覺間，屈服於毒癮所滋長的瘋狂。

三天後，星期天的早上，電話響了，但電話那頭沒有人講話。然後同樣的事又發生了一次。來電顯示上出現一個號碼，但我不認得。

我利用黃頁網站上的反向尋人功能，找到這個號碼登記在一個熟悉的名字下。我花了一點時間，才想起來那是尼克在高中認識的一個女孩子的父母。我打電話過去，但只接到答錄機，因此我留了言。「我在找我兒子。他叫尼克．薛夫。他從這個號碼打了電話過來。」

這個女孩子的繼母回了電話。我對我聽到的話不敢置信。「你是尼克的爸爸？真高興可以跟你講話。」她說。「你有個好兒子，我們都很喜歡他。我們本來一直很擔心艾波，但他對她有很正面的影響。」

「正面的影響？」我嘆了口氣，告訴了她尼克毒癮復發跟失蹤的事。她驚愕不已。她解釋說，她的繼女因為毒癮而好幾次進出戒毒中心，而尼克似乎一直很支持她戒毒。

尼克在下午打電話來。他告訴了我一切——他復發了，現在吸食甲基安非他命和海洛因。我已經預習過要怎麼回答。我顫抖地告訴他，我沒辦法做什麼，隨便他自己決定。我說警方在找他，他母親在聖塔蒙尼卡警方那裡，將他登記為失蹤人口，而馬林區的管區警方會固定巡邏他闖過空門的地方，包括我們家和我們朋友的家。「你想進監獄嗎？因為你很可能就要進去了。」

「天哪，」尼克說，「求求你幫我。我該怎麼辦？」

「我能夠告訴你的，都是你已經知道的。戒毒中心都是怎麼告訴你的？打電話給你的支持人。打電話給藍迪。除此之外，我不知道還能說什麼。」

他在哭。我沉默不語。這不是我想給他的回應。我想做的是開車到城裡去接他。但我重複：「打電話給藍迪。」我告訴他，我愛他，希望他振作起來。我聽起來或許是意志堅決，無奈放棄。但我根本不是。

我掛掉電話。我的太陽穴疼痛欲裂。我想打回去。我想告訴他，我要去接他。但我沒有。

藍迪在大約半個鐘頭後打電話過來。他說他接到尼克的消息，也鼓勵他回洛杉磯。「我告訴他，我很想他。」藍迪說。「我確實想他。我叫他趕快滾回來——我等他。他的口氣似乎是已經準備好回來。」

我深呼吸。我謝謝藍迪時，他說：「不需要謝我。我自己也是這樣活下來的。」他又補了一句：「而且我真的想念那個笨蛋。」

維琪跟我在電話上談。我們聽到尼克同意回洛杉磯，回藍迪身邊，回到戒毒計畫，都鬆了一口氣。但我們都有創傷後遺症，不能夠也不願意接受一切又都會好起來。一切都顯得岌岌可危，隨時會四分五裂。

到了晚上，維琪打電話來。尼克還有足夠的錢坐計程車到機場及買機票。他終於回到了洛杉磯。她到機場接他，把他送回他的公寓，而他的室友拍了拍他的背，歡迎他回來。

尼克立刻躲到他的臥室裡，睡起覺來。我打電話時，泰德說尼克想用睡覺撐過去。「解毒一點都不好玩，但他一定得撐過去。」他說。「你也沒有辦法幫他。就禱告吧。」

尼克在早上打電話來。他聲音沙啞。我問他覺得怎麼樣時，他忿忿地回答：「你以為會怎樣？」他敘述他離開舊金山的狀況。「我照藍迪說的做。」他說。「我禱告。我一直說：『求求你幫助我。』我一直重複這句話。等我終於準備好離開時，艾波看到我要走，就抓狂了。她抓住我的腿，又哭又尖叫，說我不能走。我告訴她，如果我留下來，我們兩個都會死，但根本沒用。」他哭起來。「我真的搞砸了。」

接下來幾天，我盡量保持樂觀，但我只覺得困惑瘋狂。我在黛西和傑斯柏面前仍舊表現得像是我很好，但我會在凱倫面前崩潰。

我去柯特．馬德拉，參加在一間教堂的房間裡舉行的「戒酒者家人」聚會。我在發抖，無法抑制地發抖，而在輪到我時，我雜亂無章地拼湊出過去幾個星期的經過。我在不斷湧出的淚水和恐慌中一邊說話，一邊想著，是別人在講話。這不是我的人生。最後，筋疲力竭之後，我說：「我不知道這房間裡的所有人是怎麼熬過來的。」然後我哭起來。許多人也是。

聚會後，我在幫忙折疊收好金屬椅子時，一個我不認識的女人走過來擁抱我。讓我震驚的是，我居然在她懷裡哭了起來。「你要繼續來。」她說。

有時候我很驚訝生活還是繼續往前走，但事實上日常生活確實是不可改變地照常往前。傑斯柏走進我的辦公室。他穿著短的法蘭絨睡褲，和毛茸茸的拖鞋。黛西穿著T恤和彩虹條紋長褲，頂著剛睡醒而亂七八糟的頭髮，抱著她的獨角獸絨毛玩具。然後凱倫、孩子們，跟我一起做鬆餅。吃完之後，傑斯柏跟黛西玩躲迷藏。傑斯柏當鬼，黛西跑到走廊另一頭。他喊：「好了嗎？」然後開始去找她。他發現了她，像隻貓似的蜷起身體，躲在她老是躲的同樣那個籃子裡。傑斯柏把籃子弄倒，把她倒在水泥地板上，然後被她伸展的手腳絆倒，也倒在她身上。他們像土狼似地尖聲大笑。黛西張開身體，跳起來狂奔，傑斯柏緊追在後。他們急速衝過我們身邊，鑽進尼克空著的房間裡。這是他們指定的基地，即使不愉快的記憶彷彿已經永遠滲進了牆壁裡。

接下來他們穿好衣服，到外面去，兩人來回丟接棍網球的球。幾分鐘後，就跟平常一樣，他們又把球弄丟了。這花園對球類有神奇的吸力：棍網球、網球、足球、橄欖球、棒球——甚至不只是球，還有紙飛機、模型火箭、飛盤。他們在樹叢和圍籬下找了一會，但是球已經消失到花園的黑洞裡去。兩個小鬼放棄了，坐在碎石地上。我們聽到他們玩起拍手的遊戲：「檸檬汁、碎冰塊。吃一塊，吃兩塊。」接下來我們聽到傑斯柏說：「你覺得尼克長得像巴布．狄倫嗎？」前幾天晚上，我們在一部影片中看到巴布．狄倫二十歲左右時，在格林威治村的表演。

黛西沒有直接回答，而是問：「你知道那個人為什麼吸毒嗎？」

傑斯柏說：「他覺得這樣會比較開心吧。」

「才不會。毒品會讓他覺得難過又不舒服。」

傑斯柏回答：「我覺得他不是想吸毒，只是他忍不住。就像卡通裡面，有一些人物一邊肩膀上有惡魔，另一邊肩膀上有天使。惡魔會對尼克的耳朵講話，有時候它講得太大聲，他只好聽它的話。」傑斯柏繼續說：「天使也在，但是它講話比較小聲，所以尼克聽不到。」

到了晚上，尼克回報說，藍迪幾乎得用拖的，才能把他拖下床，拖上自行車。「我覺得我好像快死了。」他說：「但是藍迪不管。他說他會來接我，所以我只好準備好。藍迪到了之後，我坐上自行車，但覺得糟透了，我覺得我騎不過一條街，更不用說騎到海邊去了，但後來我感覺到風，身體的記憶佔了上風，所以我們騎了一會。」尼克的聲音恢復了一點生氣，因此我腦中留下了一個帶來希望的影像：尼克在南加州的陽光下，在海邊騎著自行車。

到了週末，尼克再度打電話時，似乎迫不及待地想講話。他說他對自己的復發非常驚訝。「我清醒了一年半。」他說。「所以我變得自以為是。這是毒癮的把戲。你會覺得，我的生活並不是我不能控制的，我過得很好。你會不再謙卑，認為自己夠聰明，應付得來。」他承認他對自己這次復發感到很羞愧——很懊悔——並保證他正在加倍努力。「我現在每天去兩個聚會。」他說，「我必須重新再走過這全部的步驟。」我當然（再一次）鬆了口氣，也（再一次）燃起希望。我總是在評估：這次有什麼不一樣？有任何不一樣嗎？確實，他有進步，是那種你後來學會每一天去衡量的微小進步。藍迪幫他找到一份新工作。他們一起從頭複習十二步驟。每天上班前或下班後，他們會一起騎車騎很久。

而在茵莫尼斯的家裡，我跟凱倫也努力進行類似的復健。經由「戒酒者家人」聚會和我跟凱倫偶爾會去看的一位治療師的協助，我們發現在某些方面，我們的生活也已經變得不受控制。至少我的生活如此。我的身心健康取決於尼克的身心健康。當他吸毒時，我就陷入混亂；當他沒吸毒時，我就都還好，但那放鬆是非常微弱的。治療師說，有吸毒兒女的父母經常會罹患某種形式的創傷症候群，而且會因為毒癮一再復發的特性，而更加嚴重。對於戰爭中歸來的士兵而言，狙擊手和炸彈的砲火存在他們的腦海裡。但對吸毒者的父母來說，新一波的攻擊砲火可能隨時襲來。我們試圖事先防範。我們假裝一切都還好。但我們等於隨身攜帶著一顆不定時炸彈。讓自己的生活取決於別人的情緒、決定，和行動，會讓人身心俱疲。我聽到「相互依賴」這個詞就覺得反感，因為心理自療書籍中實在太常看到這個陳腔濫調。但是我確實已經變得跟尼克相互依賴——我的身心健康必須仰賴他的身心健康。為人父母的人，身心健康怎麼可能不取決於孩子的健康或不健康？但是一定還有別的替代方法，因為這真的不是人過的日子。我終於了解，我擔憂尼克對他並沒有幫助，而且還會傷害到傑斯柏、黛西、凱倫——還有我自己。

一個月過去。兩個月。六月時，我要去洛杉磯採訪。我問尼克想不想跟我碰面吃晚餐。我到他公寓前接他。我們一見面就互相擁抱。我後退一步看著他，試著看清楚眼前所見的。現在我已經明白，到某個程度之後，毒癮者，尤其是有甲基安非他命毒癮的人，就不會復元了——至少要經過很長很長的時間後才可能復元。有些人則永遠不會康復。身體上的傷害可能會是永久性的，更不用說對頭腦的傷害了。但尼克的棕色眼睛閃閃發亮，身體似乎也再度強壯起來。他還年輕，還可能復元，至少他現在看起來如此。他的笑聲顯得輕鬆真誠。但我以前也看過這樣的轉變。

我們一起散步閒聊——即將舉行的選舉，這類的話題。電影永遠是安全話題。「我想道歉。」他說，但他的聲音卡住，沉默下來。他似乎暫時還說不出來。或者是因為有太多要道歉的事。

我們第二天晚上再度見面，我陪他去一個「匿名戒酒者」聚會。我們一邊用紙杯喝著溫溫的咖啡，一邊自我介紹。「我是尼克，我有毒癮和酒癮。」他說。輪到我時，我說：「我是大衛，一個毒癮和酒癮者的父親，我是來支持我兒子。」

聚會的主講者說他已經復健一年了。台下響起掌聲。他說到這件事對他生活的影響。他說，上星期，他跟一個朋友的女友單獨在一起，而他多年來都很喜歡這個女孩子。對方主動對他示意。如果是過去任何時候，他都會立刻興奮不已，毫不考慮地跟她上床，但他開始親吻她後，卻停了下來。他說：「我不能這樣。」便離開了。他走路回家，並且就在她的公寓外頭，無法控制地哭起來。他說：「我突然想到，我又有道德觀念了。」尼克跟我看著對方，表情中有……有什麼？猶豫。以及已經很久沒有的溫柔。

我不斷被提醒，對尼克而言任何事都不容易。我記掛著他。我想幫助他，卻沒有什麼能做的。我希望他承認過去的種種創傷，並保證絕對不會再發生，但他也不能。事實上，在談話中，我明白尼克發現了剛開始戒毒的階段中，最痛苦的反諷。努力復健所得到的回報，是必須正面面對之前你想用毒品擺脫的痛苦。他說他有時候覺得很樂觀，但有時候則憂鬱又寂寞。「有時候我覺得自己不可能辦得到。」他說。他對這次復發感到難以承受。「我怎麼會搞得這麼糟？」他問。「我不敢相信自己會這樣。我幾乎失去了一切。我覺得我沒辦法重新再來。」

尼克承認他有時候會幻想復發。他會夢到。又來了。又跟過去一樣。他的夢都真實又恐怖。他同時感受到毒品的可憎和誘惑。他可以嚐到毒品的味道。他嚐到、聞到甲基安非他命的味道。他感覺到針頭刺穿他的皮膚，感覺到毒品注射進來，於是夢變成夢魘，因為他停不下來。他經常喘息著，滿身大汗地醒來。

我知道，對尼克而言，保持清醒比我想像的困難。我對他的努力感到同情和驕傲。當我對過去憤怒時──那些謊言、闖空門、背叛──我會壓制自己，不去說什麼，甚至不反應。因為那沒有什麼好處。我記得應該是在紐約的時候，我跟尼克去看了《天才一族》。妮可──聲音中飽含痛楚──唱著傑克森．布朗的〈這些日子〉。我聽到她唱著那縈繞不去的歌詞：「不要拿我的失敗來質問我。我並沒有忘記。」我必須提醒自己，如果說尼克的復發讓我驚恐不已，他的感覺只會比我更糟。我痛苦，維琪痛苦，傑斯柏跟黛西痛苦，我父母痛苦，凱倫的父母痛苦，愛尼克的其他人也痛苦，但是他比我們都更痛苦。「不要拿我的失敗來質問我。我並沒有忘記。」

今天特別難受，尼克打電話來時說。他的聲音聽起來確實是身心俱疲。他要去面試一份他很期待的工作時，車在半路上拋錨了，結果害他錯過了面試。我總是擔心這類正常的、日常生活中的挫折，就會讓尼克無法承受，但是他跟藍迪去騎車。他們騎了好幾個小時，談論戒毒計畫、「匿名戒酒者」、十二步驟，以及坦然開放地面對世界有多麼困難，但是做到之後又會帶來多大的收穫。清醒只是開始，也是唯一的開始方式。

凱倫、傑斯柏跟黛西雖然已經在電話上跟尼克講過話，但是在他這次復發之後，他們都還沒見過他。我們不斷向傑斯柏跟黛西解釋。但是「他得了一種病」這種說法，對他們毫無安慰作用。這是一個很讓人困惑、絲毫無法令人滿意的解釋。從他們的觀點來看，疾病的症狀是像咳嗽、發燒，或喉嚨痛這類的事。他們最接近事實的理解是傑斯柏描繪的景象，惡魔跟天使在爭奪尼克的靈魂。但無論如何，黛西和傑斯柏都想念他。我跟凱倫不想讓尼克來茵莫尼斯看我們。我們還需要多一點時間。尼克似乎能諒解。經過上次的事之後，我們還沒有準備好讓他再度回家。經過支票被偷，開車追逐，他偷闖進我們家和我們朋友的家，偷竊，不知道他在哪裡——想像他被塞在車子行李廂裡，往東橫越美國，經過沙加緬度、雷諾、貝林斯、蒙大拿——帶來的創傷之後。但在夏末時，我們決定到夏威夷的摩洛凱島度假，住在沙灘上方的帳篷型小屋，而凱倫建議我們用累積的里程數換機票，邀請尼克一起去。她終於準備好見他了。我們兩個都覺得在中立的地方見面比較安全，而度假期間似乎也比較單純，比較容易試著團圓。

尼克抵達的那天，我們四個人開車到只有一條跑道的摩洛凱機場接他。一如往常，重聚的時刻總是混雜著興奮和強烈的緊張。

「黛西，你有個塞住的小鼻子，褲子小姐。」尼克一看到黛西就一股腦地說，然後把她整個人抱起來，在空中轉了一圈。「真高興看到你，小搗蛋鬼。」

「還有你，先生。」他說著，蹲下來跟傑斯柏面對面。「我比太陽想念月亮更想你。」他也緊緊地抱了他。

在開回營地的長途路程上，大家都有些尷尬異常，但之後傑斯柏要求尼克講一個睡衣烏龍偵探的故事，於是我們又回到了安全區域。

尼克開始說：「睡衣烏龍偵探，倫敦最偉大的偵探，睡醒了。」他帶著英國腔，音高和音色則是模仿卡通《飛鼠洛基和麋鹿布溫可》中旁白的聲音。「大家都知道，睡衣烏龍偵探是全倫敦最偉大的偵探。但萬一你們當中有人一輩子都住在洞穴裡，或被雪埋起來的小屋裡，那我就這麼說吧，不管你不見了什麼東西——小鸚鵡失蹤、小偷闖進房間裡，或吃鬆餅時少了糖漿——只要打電話給一個人，就全都解決了。那個人，你可能已經猜到了，就是獨一無二、無人能比的睡衣烏龍偵探。小孩子都想學他，男人都對他忌妒得要命，而女人一聽到他的名字，就會興奮得昏過去。」

尼克多年來一直分期連載似的，講述睡衣烏龍偵探和潘尼洛普小姐的故事。孩子們都很愛聽。「這男人又高又瘦，」尼克繼續說，「又細又瘦，兩條腿跟棒棒糖的棍子一樣，還有仔細梳理的八字鬍鬚。他的鼻子又大又勾，跟純種獵犬一樣會追蹤氣味。他的耳朵同樣敏銳，不是普通的大。他的頭髮開始灰白，頭頂也變禿了，他的眼睛也需要一副圓圓的鋼絲眼鏡來協助。他時髦俊俏又膽大心細，雖然逐漸年老，但老得有品味。他的手很大，手指像打節的繩索。他的喉結圓滾滾的，而且驚人地突出。」

開往營地的路上，幾乎全都在講烏龍偵探的故事。等故事結束——烏龍偵探逮捕了邪惡的「爛鞋子」沒用傢伙朱利安博士——孩子們接著告訴尼克學校和朋友的最新消息。

「塔莎比以前更壞，而且老愛學我。」黛西說。「理查一天到晚跟著她，可是她都不理理查，害他都哭了。」

「那個瞧不起人、自以為了不起的傢伙。」尼克回答，仍舊是烏龍偵探的英國腔。

我們繼續往前開，四周是一片紅土風景。過一會後，傑斯柏安靜地問：「尼克，你還會吸毒嗎？」

「絕對不會。」尼克說。「我知道你很擔心，但是我會好起來的。」

他們沉默下來。我們凝望著紅色黏土，瞥見第一波海浪。

在海灘旁的營地裡，我們五個人騎著租來的自行車，在沙裡玩，在海水裡游泳。凱倫在棕櫚樹的樹蔭下大聲讀《金銀島》。

有一天下午，我們去城裡一間店吃冰淇淋，店裡椅子的金屬椅背和椅腳都是扭曲的。各式各樣的口味都是獨特的夏威夷風味：番薯、綠茶，以及巧克力夏威夷果。

我很驚訝我們的雙重現實再度變得記憶模糊。或許這是從遠古時代遺傳下來的生存機制。我不再記起排山倒海而來的災難與邪惡，而是完全沉浸在孩子們齊聚在這裡的美好，與大自然的美景。我覺得我們彷彿被海水和溫暖的熱帶微風徹底洗滌乾淨。我對尼克的未來充滿希望，因此能將他黑暗的上癮症擺到一旁——不是遺忘，而是放到一旁——同時能欣賞身邊的美麗。一次落日、清澄的綠色海水、車上CD唱出的詩句——約翰．藍儂唱著〈茱利亞〉，還有范．莫里森的〈繁星般的幾週〉。至少在此刻，邪惡被暫時壓制。

夜晚充斥著蟋蟀叫聲和小老鼠飛跑過木頭地板的聲音。我們也聽到有三張單人床的帳篷裡，尼克正在唸書給傑斯柏和黛西聽。他選的是他兩年多前沒唸完的《女巫》。

在機場道別後，我們搭上不同的飛機。尼克要往洛杉磯，我們要往舊金山。

一週後，我跟傑斯柏去雷斯岬站拿郵件。裡面有一疊帳單、他們學校寄來的新學年的時間表，還有一封寫給傑斯柏的信——尼克寫來的。傑斯柏小心打開信封。他打開信紙，雙手拿著，大聲唸出內容。尼克在筆記本撕下來的一張紙上，用他工整的字跡寫著：「我在找尋一個更好的方法向你道歉，而不只是說對不起這幾個沒有意義的字。我也知道這些錢永遠都不能取代我從你那裡偷走的一切，不能彌補我在你幼小的生命中，帶來的恐懼、憂慮，和瘋狂。但事實是，我不知道該怎麼說對不起。我愛你，但這點從來沒有改變過。我關心你，但我一直如此。我以你為傲，可是這都不會讓這一切變好。我想，我唯一可以給你的是：在你長大的過程中，不論你何時需要我——講講話，或是其他任何事——我現在都可以在你身邊支持你了。這是我以前從來不能承諾你的。我會在這裡守著你。我會活下去，重建我的生活，成為一個你可以依靠的人。我希望這會比這封愚蠢的信，和這些八美元的支票，都更有意義。」

第五部　永遠不知道

喬：「今天晚上到底要怎麼進行？」

（米爾茲瓦克說話時，房間的色彩開始褪去。米爾茲瓦克的聲音也隨之改變，變得平板單調。）

米爾茲瓦克：「我們先從你最近的記憶開始，然後回溯——人類的每一段記憶都有一個情感的核心——當我們去除這個核心，記憶就會開始瓦解——等到你早上醒來，我們所處理的這些記憶，就都已經萎縮消失了。就像睡著前做的夢一樣。」

喬：「這會不會造成某種腦部損傷？」

米爾茲瓦克：「嗯，技術上來說，整個手術本身就是對腦部的損傷，但是跟喝一整夜的酒差不多。你什麼都不會記得。」

查理．考夫曼，電影《王牌冤家》

20

我的文章：〈我的嗑藥兒子〉在二月時，刊登在《紐約時報雜誌》上。尼克跟我都收到來自朋友和陌生人的訊息，分享他們的感想。我們兩人都備受鼓舞，因為我們家的故事似乎感動了很多人——而且，根據某些人的說法，還幫助了他們，尤其是幫助了那些曾經歷過，或正在經歷類似故事的人。

尼克受邀寫作他自己的回憶錄，並立刻興致勃勃地接受了。而文章得到的反應也激勵我想就這個主題寫得更多——更深入。不久就有出版社給了我截稿時間，雖然即使沒有截稿時間，我也會繼續寫下去。寫作是極為痛苦的，而寫這個故事有時候簡直是酷刑。我每天寫，一邊經歷這些故事發生時的情緒。我重新體會身在煉獄的感覺，但也重新感受那些充滿希望、奇蹟，和愛的時刻。

二月底時，我們計畫去太浩湖滑雪度週末。尼克的工作可以請假幾天，所以他來跟我們共度假期。孩子們一起滑雪。晚上尼克則在火爐邊跟他們說烏龍偵探的故事。

在我們談到時，尼克似乎很堅決要維持清醒的生活。我已經學會壓抑自己的樂觀態度，但是聽到尼克討論自己在洛杉磯重建和新建立的生活，我還是感到欣慰。除了書以外，他還幫一家網路雜誌寫作短篇小說跟電影評論。寫影評似乎是很適合他的工作，畢竟電影在他的生活中佔了很大的部分。在洛杉磯時，他每天都會騎腳踏車，或游泳，或跑步。有時候他甚至三種都做。尼克和藍迪會騎著腳踏車穿過高低起伏的聖塔蒙尼卡海岸。他們還騎車走過峽谷、山路、市中心，和海岸邊。

在他來山裡看我們之後，我開車載他去機場。他在途中告訴我，他愛他的人生。他是這麼說的：「我愛我的人生。」

他說跟藍迪一起騎車給予他活力和毅力。「那種亢奮的感覺比毒品帶來的任何一種亢奮，都要好太多太多了。」他說。「那是一種生命很充實的亢奮感。我真的好愛騎車。」

是的，我覺得樂觀。但我不再擔心了嗎？並沒有。

那天是六月二日。再過幾天，黛西和傑斯柏的學校就要舉行進階典禮——黛西要升上四年級，傑斯柏升上六年級。凱倫跟我在茵莫尼斯的家裡。突然間我覺得我的腦袋要爆炸了。

大家都會用這種比喻的說法。但這次不是。我真的覺得我的腦袋炸開了。

她盯著我一分鐘，不了解我在說什麼。「你是不是……」

「凱倫，打一一九。」

她打了電話。

過了十或十五分鐘，三個男人帶了一些箱子、機器，和一具擔架抵達。他們在客廳裡，我的身旁，架好儀器。他們問了一些問題，做了初步的檢查，同時在我身上裝好血壓和心跳監視器，然後問我想去哪家醫院。

我在救護車的後面。

我躺在救護車上，兩個男人在我的上方打轉。他們跟我說話，但我無法理解。我覺得噁心，不斷朝一個塑膠容器裡嘔吐，一邊道歉。

救護車抵達醫院時，凱倫已經跟她父親等在急診室裡。一個負責入院診斷的醫生或護士討論著有哪些選擇，而我聽到唐恩說了一些話。

「你們考慮過蜘蛛網膜下出血嗎？也許你們應該做電腦斷層掃描。」

那位醫生或護士有些不確定地瞄了他一眼，但是說：「會，我們會立刻做斷層掃描。」

我被推過走廊，進入一具電梯。我並不驚慌或害怕，認為自己會死，因為我神智不清，無法這樣直接的思考。我感覺到一種奇異的安詳。

我從擔架被移到一個長長的塑膠板子上，然後再移到一具擔架上，而這具擔架像輸送帶一樣地移動，直到我的頭進到一個小隧道裡。我被告知不要動。白光，一陣隆隆的噪音，然後是一道藍光。

我被推回急診室。到這時候，我已經什麼都不知道了。什麼都不知道。

我的病情惡化。我聽到「腦出血」這個詞。我只知道我聽過這個詞，可以大致理解意思是腦子裡面在流血。

當天很晚的時候，凱倫過去她父母家，傑斯柏和黛西已經在那裡睡著了。第二天早上一大早，電話響了。沒睡多少的凱倫接了電話。一個護士——我的護士——打來的。「我必須先警告你。他不能說話。」在醫院裡，一位神經外科醫師把凱倫請到旁邊，告訴她，他想在我的頭骨上鑽一個洞，插入一個引流管。「這可以減輕他腦內的壓力。」她同意了。

凱倫的姊姊在加州大學醫學中心當護士，而那裡的一位神經腫瘤醫師是她的好友。這位醫師到醫院來看我，並在跟我的外科醫師商討過後，安排我轉院到加州大學洛杉磯分校的神經科加護病房。我又坐了一次救護車，這次是穿過金門大橋，到舊金山市區裡。

神經科加護病房。

我輾轉反側，渾身不舒服——太熱，沒辦法安靜躺著，只能服用藥物來抵抗藥物的副作用——抗嘔吐劑、抗腫脹劑、抗凝血劑、止痛劑——因焦慮而血壓升高，服用更多藥物，又導致更多焦慮。我身上到處是膠帶、束帶、插了許多針頭，管子從我身體伸出來——從我的手臂、陰莖，和我的頭頂——像《駭客任務》裡的尼歐。到後來我的陰毛也被剃光，以便做血管造影。我因為注射嗎啡而全身發癢。我被強光轟炸，不斷聽到監視儀器傳來的，我的身體發出的尖銳聲響。

尼克。

尼克在哪裡？尼克在哪裡？尼克在哪裡？我得打電話給尼克。

我想不起來他的電話號碼。

三一〇。

然後呢？

在床頭桌上一個方形時鐘上，輻射著藍綠色微光的數字變形，一變成三，而五跟九分解成兩個盒子般的阿拉伯數字「〇」。凌晨三點。

三一〇。那是他的區域號碼。

真希望我可以壓制那無止盡的聲納般的砰砰聲響。真希望我可以消滅那嗡嗡作響的冰冷光線。真希望我能記起尼克的電話號碼。

護士責罵我亂動從我頭頂鑽出的引流管。

我忘記了。我很抱歉。

她離開之後，我伸出沒受到限制的那隻手，找尋從我頭頂剃光頭髮的地方，像梨子的梗一樣突出來的那根塑膠管。

那細細的管子像彎曲的水道一樣環繞向上，通往掛在一個金屬架上的S形掛鉤，然後從這裡俯衝而下，插入一個密封的塑膠袋中。

我把頭向右轉。只轉一點點。然後我看到那管子像偏離正軌的血管，輸送著帶一絲紅色的清澈液體。那緩緩滴進袋子裡的液體是被抽出的脊髓液和腦部積液。那抹紅色則是出血的血液。一位護士又解釋了一次：我的腦部深處，蜘蛛網膜下方的地方正在出血。這種狀況發生時，原因幾乎都是血管瘤，也就是動脈中某個脆弱的地方出血。我猜測這種出血通常都會致命；也會導致暫時或永久的腦部損傷。

來了一個新的護士。她按了監視器上的一些按鈕。「拜託你，你可以幫我打電話給我兒子嗎？我不記得他的電話號碼。我一定要打電話給他。」

「你太太早上就會過來。」她說。「她會知道號碼。」

我現在就需要他的電話號碼。

「睡一下吧。而且現在太晚了，也不適合打電話。」

護士站傳來嗡嗡聲響。

三一〇。

他的電話開頭是三一〇，洛杉磯最靠近海灘地區的區域號碼。

海灘。

白沙。

尼克在跑步。他變成一道火光，穿過峽谷上方的草叢，靠近可以遠眺馬里布的一個杳無人煙的小海灣。他瘦長的身體和強壯的雙腿跑著。

他綁著頭帶。

大大的球鞋、跑步短褲，還有一件T恤貼著他肌肉發達的胸部。

他的眼睛是茶的顏色，而且清澈無比。

我需要他在電話裡的聲音，來撫平折磨我的憂慮，即使我知道他的聲音已經慣於欺騙。我已經再也不知道真相，但我願意選擇被安撫，只要我能聽到他的聲音。

嘿，爸，是我。怎麼回事？你還好嗎？

我確定他平安無事。我從來沒辦法確定他平安無事。

三一〇，然後是……

有些時候，當尼克不是平安無事的時候，我會難受到想要抹去、消除、一筆勾消我腦子裡所有關於他的記憶，讓我可以不必再擔心他，不必再因為他而失望，因為他而受傷，因為他而責怪自己、責怪他，也不必再承受在我腦中一再放映、揮之不去的一連串影像，看到我親愛的兒子，吸了毒，身在我所能想像的最污穢的、最恐怖的場景中。我再一次，暗自希望可以切掉腦中的一部分。

我深陷悲慘的痛苦中，渴望解脫。

我渴望有人能刮掉我腦中有關尼克的所有痕跡，刮掉知道自己失去一切的失落感，刮掉我的痛苦，還有他的痛苦，還有心底燒灼的疼痛，就像我可以刮掉太熟的甜瓜裡的種子和多汁果肉，絲毫不留下腐爛肉體的痕跡。

除了腦葉切除術以外，似乎沒有其他方法可以減輕那持續不斷的痛楚。

我突然想到：我正因為腦出血而待在神經科加護病房裡。這不是腦葉切除術，但也很接近了。

我在舊金山的加州大學醫學中心裡，被聲納監視儀器和和善的護士們糾纏著。他們一直問我記不記得自己的名字（我不記得），還有今年是哪年（二〇一五年？）。

我的腦袋像被刮了一遍，有可能致命。我記不得自己的名字，今年是哪年，但我還是擺脫不了擁有吸毒兒女的父母——或者任何孩子身處致命危險的父母——才能理解的憂慮。

他是否正處於致命的危險中？他美好的腦袋，被毒害、被附身、吸食了甲基安非他命的腦袋。我想要從腦中移除他刪除他忽略他，但他依舊在裡面，即使在這樣的腦出血後。我們無論如何都跟孩子血脈相連。他們跟我們的每個細胞糾纏交織，跟我們的每根神經難解難分。他們取代了我們的意識，跟我們最原始的本能一起居住在我們的每個空隙、凹洞、細縫裡，比我們的身分認同還深刻，比我們的自我還深刻。

我的兒子。除非我死，其他任何事物都不能抹去他。或許甚至我死了也一樣。

他的電話號碼是幾號？

尼克。

一個監視器像木槌般敲擊我的頭顱。

「睡一點。」

「什麼？」

「稍微睡一下。」

一位護士。吵醒了我。

「尼克？」

「親愛的，冷靜下來。沒事。你的血壓上升了。」

更多的藥丸，還有一個紙杯的水，幫助把藥丸沖下去。

「尼克——」

「睡一下吧。睡眠比什麼都有用。」

「我兒子呢？」

「睡一下吧。」

「你可以幫我撥——」

「睡一下吧。」

我很煩躁——顯然是——我去拉扯那根引流管。那位護士衝了進來，她顯得疲憊又沮喪。她說她會再幫我打一針止痛劑。

藥物不能減輕我的恐懼。我要打電話給他，確定他平安無事。我必須打電話給他。我想不起來。他的電話是幾號？號碼開頭是三一〇。

「親愛的，拜託你睡覺吧。」

第二天早上，凱倫來了。一位醫師進來。「你可以告訴我，你的名字嗎？」

我再度難過地搖了搖頭。

「你知道你在哪裡嗎？」

我想了很久，然後問：「這是一個哲學性的問題嗎？」

這位醫生沒有立刻回答。最後他終於開口，他決定了，不，給他直截了當的答案就好了。

凱倫已經淚流滿面。

「現在的美國總統是誰？」

我茫然看著他。

我說：「你可以跟我的編輯說行李箱的事嗎？行李箱壞了。跟他說鎖壞了。」

「行李箱？」

「對，鎖不能用了。行李箱壞了。」

「好，我會告訴他。」

壞掉的行李箱，我的腦袋。裝滿了代表我是誰的一切。我不記得我的名字，我不知道我在哪裡，我也想不起來他的電話號碼，那些數字從行李箱散落出來了，伴隨著一桶樂高積木翻倒的聲響和混亂，或是尼克從中國海灘收集來的小貝殼，那時候他——他四歲嗎？它們散落一地，因為鎖壞了。

我兒子有危險。即使是此刻，即使我的腦袋充滿了有毒的血液，我也無法忘記這件事。

尼克。

「你的名字是什麼？」

又是那個護士。

「你可以打電話給我兒子嗎？」

「他的電話號碼是？」

「三一〇。」

「然後？」

「我想不起來。」

護士幫我注射了一劑鎮定劑加止痛劑，然後一陣濃厚溫暖的潮水充滿了我的腳趾跟我的腿，注入我的四肢，像滾燙的柏油冒著泡泡。它灌滿了我的肚子和胸口，往上通過我的肩膀，流入我的手臂，進入我的頸子，來到我的頸背，往上進入我受損的腦袋，撫慰著我。死亡一般的睡眠召喚著，像一個死人腳上綁著水泥塊被丟進湖底一般往下沉，於是我往下沉再往下再往下，但此刻我仍壓榨著我受損的大腦，三一〇之後到底是什麼？

我有我自己的房間，但沒有隱私。門開著。燈永遠亮著。有一兩次我請凱倫或一個護士打開一扇窗戶透透氣，但之後我都覺得冷得要命。凱倫的姊姊在其他病房輪值，輪班之間有幾分鐘空檔，就會過來看我。她在的時候，我會覺得好一點。

而大部分時候，只要凱倫在，我就會覺得好一點。她在我的床上休息，在布滿了無數針孔大的小洞的正方形白色天花板下，包著塑膠燈罩的日光燈下。她在我身邊休息，唸書給我聽，直到我睡著。她一個人要照顧孩子們，面對其他所有人、所有事、我們的生活，但是我希望她陪我，我需要她陪我。她在這裡的時候，一切就離得遠遠的——擔憂、恐懼。凱倫躺在我身邊，握著我的手，跟我一起看我唯一能忍受的電視頻道——我唯一能了解的劇情——一座山的不變的影像。

我錯過了進階典禮日。我錯過了黛西的生日。

一連串的醫生問：你的名字是？今天是幾月幾號？你在哪裡？現在的總統是誰？他們叫我伸出手，手掌向上。我現在伸出幾隻手指？動一動你的腳趾頭。用力壓我的手臂。然後用腳壓。

一項又一項測試。他們透露我腦中沒有血管瘤。因為蜘蛛網膜下出血而住院的人當中，有百分之十的人沒有血管瘤。

更多測試。

今天我能夠回答醫師的問題了。

大衛・薛夫。

二〇〇五年六月十一日。

舊金山的醫學中心。

我整個人脫胎換骨，從覺得自己極度不幸——我怎麼會在這裡？——變成覺得自己是全天下最幸運的人。如果我還需要確認，那麼當他們告訴我，我可以開始下床走動時，就是最大的確認了。我試著走路。我搖搖晃晃。在一個護士的協助下，我勉強拖著自己走出房間，穿過亮著日光燈的土黃色走廊，經過一個「你的平安是我們的目標」的標語。我透過別人開著的房門朝裡看。一個昏迷的男人躺在病床上。他剃光的頭上有像足球縫線一樣的疤痕。另一個男人坐在床上喃喃說著話。一個服用鎮定劑而昏睡的女人。然後是一個男人，又一個男人，他們的眼眶都發黑，彷彿眼珠被挖出來了一樣。

我在練習走路時，看到了生病和肢體殘缺的人、驚恐和虛弱的人，都掙扎著要活下去。加護病房旁有一扇窗戶，可以眺望舊金山——你可以看到金門大橋公園裡，古銅外皮、形狀扭曲的新的德楊美術館，一排排維多利亞式的房子，和方方正正的公寓。我看著它們，然後回頭看著走廊上，從我身邊經過的臉孔——顫抖、萎縮，一頭黃髮，中風的鬼魂，蒼白的爪子抓著一個金屬助步器，還有一個滿臉皺紋的女人，兩眼僵直無神，躺在助理護士推著的擔架上。

傑斯柏和黛西到醫院來看我。他們的光芒照亮了房間。我安慰他們，我會好起來的。他們爬到我床上。我沒辦法有太多回應，而我擔心這會嚇到他們。但我只能一再告訴他們，我愛他們。我以為讓他們看到我，看到我平安無事，對他們比較好，但或許我現在的判斷力不如平常。

尼克有打電話來。

尼克有打電話來。

尼克。

平安無事。

自從我住院之後，尼克每天都跟凱倫通電話。他拿我頭上的洞開玩笑。他說他要上來看我。

尼克平安無事。

兩星期後，凱倫開車載我回家。我躺在床上，從房間的玻璃門看到花園。繽紛的色彩讓我震撼。每一片樹葉、花梗、柏樹針葉的綠色。柔和的白色，繡球花的顏色。陽光的黃色。玫瑰。薰衣草。從階梯式踏腳石的縫隙間長出來的紫蘿蘭。我看到一隻紫色羽毛的小鳥在鳥洗池裡梳理羽毛，拍動翅膀。

我吃成熟的桃子。別的我都不想吃。

我大多時間都在睡覺，但我會跟傑斯柏玩幼兒識字遊戲，而黛西會唸書給我聽。每天。尼克跟我講電話。凱倫跟我在床上並肩躺著，她看《紐約時報》，我則試著閱讀一本雜誌上的一個句子。我終於讀完了《紐約客》雜誌上一個小方格的評論。當我讀完一篇〈城市焦點〉專欄時，我覺得自己彷彿拿到了博士學位。

凱倫跟我手牽著手。我們在床上時，伴隨而來的那種轉瞬即逝的、純粹而珍貴的感覺，將我整個人淹沒。

凱倫跟我一起在花園裡散步。

「尼克打了電話來。他很快就會到這裡了。你想見他嗎？」

「我迫不及待。」

尼克出現在大門口，首先迎接他的是叫個不停的布魯特斯，接著是衝上前去的黛西跟傑斯柏。我可以從房間聽到他們的聲音。

「嗨，尼克。」

「尼克。」

「老弟！」

「尼克！」

「黛西！」

「嘿。」

「唉呦。」

「尼克。」

狗叫聲。

「搗蛋鬼。」

「愛哭鬼。」

然後是凱倫。

「嘿，小媽媽。」

「史普尼克。」

「ＫＢ。」

「好高興。」

「你也是。」

「看到你。」

「怎麼樣？」

「很快。都好。」

「太好了。」

「一路都？」

「你也是。」

「我有一顆足球。」

「桌上足球？」

「你要抽籤嗎？」

「但是……」

「足球？」

「要玩嗎？」

「好，但是……」

「我有粉筆。」

「粉筆？在哪裡。」

「你講烏龍偵探的故事好不好？」

「好，好，好。但是……」

「還有……」

「老頭在哪裡？」

在小鬼和凱倫的簇擁下，尼克走進我的臥室。我想好好歡迎他。我搖晃著站起來，我們擁抱。

「我來了。」

「你來了。」

「嘿，爸。」

「嘿，尼克。」

「真高興看到你。」

「我也是。」

我每天還是要睡很長的時間，但尼克坐在我身邊，握著我的手。我睡覺的時候，尼克會出去騎自行車。他帶了他的自行車來，放在他最近跟一個「匿名戒酒者」聚會的朋友買來的車子的後座。他穿著屁股有襯墊的騎車專用短褲、印著摩托羅拉標誌的上衣，還有長到小腿的襪子，以及可以扣在腳踏板上的騎車專用鞋。他從房子騎出去，往下到馬路上，然後沿著托瑪尼斯灣向西騎。我想像他騎過他曾經玩耍、長大、划獨木舟、游泳的海灣，曾與他朋友一起吸毒的，從半島延伸出去的沙灘，穿過漫長海灣旁的農場，以及我們曾衝浪過的伊斯特洛海灘。

騎車回來後，他會來看我，從外面偷瞄，然後在我身邊坐下。

他說：「我以為我們會失去你。」

我仔細看著他。「確實有可能。」

我準備上床睡覺，尼克就去孩子們的房間，陪傑斯柏跟黛西玩。然後，第二天，在我們所有人都覺得太快的時候，他已經得回去上班了。他在傍晚離開，往南開，回去洛杉磯。

我似乎每天都覺得身體恢復了一點，時間也更長一點。根據我在網路上找到的一個醫學網站所說：「許多蜘蛛網膜下出血的病人撐不到送達醫院。而來得及送達醫院的病人當中，大約百分之五十的人會在治療的第一個月內過世。」

每天早上和傍晚，凱倫都會勸我跟她一起到花園散步。我抱怨，但還是走到她的工作室，然後筋疲力竭地回到床上。

我在試著理解發生了什麼事，以及接下來會發生什麼事。我甚至不知道我希望發生什麼事。我似乎希望一切恢復正常，但似乎又不想。我不想一切恢復到跟原來一樣。事實是，我不希望恢復到跟原來一樣擔心尼克。

有時候我對未來感到驚慌。有時候我對過去感到虛弱痛苦。但是至少今天，傑斯柏跟黛西都平安健康。他這星期在夏令營。她則每天早上去游泳，然後回家。她唸書給我聽：《愛你，紅色薰衣草》。尼克又搬家了，這次是搬進好萊塢的一間公寓。他很興奮能跟朋友住在一起。他今天早上打電話來，說自己正要去跟藍迪碰面，到海邊騎自行車。

我在慢慢恢復的頭腦裡，一遍又一遍地回想在醫院的那段時間。我無法忘記我想不起他的電話號碼，我再度震驚地發現腦出血——即使是腦出血——也無法消除我對他的擔憂。我回想起許多次，他下落不明，不知道到底流浪到哪裡去的時候，也回想起我幻想可以將他從我的腦袋裡刮掉，期盼我可以切除一部分的腦葉，使腦子乾淨無瑕如沐浴在永恆的陽光中，那我就永遠不必再因他而心痛，為他而心痛。但現在我感激自己擁有這一切——甚至是擔憂和痛苦。我不再想要切除腦葉，不再想將他抹去。為了擁有在我腦出血時仍不會消失的，最重要的情感，我願意承受擔憂。

有些人可能會選擇放手。他們的孩子後來成為他們覺得無法面對的人——對有些人，是信仰錯誤的宗教；對有些人，是有錯誤的性傾向；對另外一些人，則是吸毒。他們把門關上。喀擦一聲。就像在黑道電影裡：「我沒有兒子。我就當他死了。」我有一個兒子，而我永遠不會當他死了。

我並不甘之如飴，但我已經習慣伴隨著尼克的毒癮而來的，一輩子的煩惱、揮之不去的焦慮，和間歇來襲的憂鬱。我已經不記得之前的自己。我已經習慣喜悅經常是稍縱即逝的，而我有時候可能陷入黑暗的深淵。然而，在長時間這樣生活後，我現在卻被容許——或者是我容許自己——爬出這個深淵，揭開覆蓋著它的罩子，而得以用強烈的視覺、聽覺，和觸覺，見證一個稍微不一樣的世界，稍微比較明亮、充實、有活力的世界。我因此淚水盈眶。為所有的一切。一方面是未知的未來。腦出血可能再度發生。我的孩子可能出車禍中死亡。尼克可能復發。還有其他一百萬個災難。但另一方面是愛與同理。對我的父母和家人。對我的朋友。對凱倫。對我的孩子們。我可能覺得更加脆弱和不堪一擊，但我也得到更強烈的感受。

跟我一樣經歷過瀕死經驗的人經常會說他們因此把一切看得更清楚。他們描述說，他們對什麼事情重要，什麼事情不重要，有了不同的看法。他們經常會說，他們比過去更珍惜親人和朋友。這些倖存者經常說他們學會除去生活中的枝微末節，活在當下。但我不覺得自己把一切看得更清楚。從某些方面看來，很多事情反而更不清楚。我要考慮的事並沒有變少，反而變多了——因為我更強烈意識到人難免一死。沒錯，我跟過去一樣確定我愛的人跟我的朋友比一切都重要。對我而言，這從來不是問題；我從一開始就很珍惜他們。我跟過去一樣確定我應該活在當下——珍惜我擁有的。我跟過去一樣相信我在很多方面都很幸運，尤其是能夠活下來。我也有幸瞥見偉大和奇蹟的時刻，即使我同時感覺到時光無情的推移。孩子們不斷長大，我為此感到憂傷和興奮。最重要的，是感受到這不可避免的事實。我感受到這一切。

我現在比較常出門了。我會在杳無人跡的神祕森林裡散步許久，更強烈地看到各種色彩——更多的、數不盡的綠色，還有樹枝上還沒綻放的嫩芽與花苞。我看到一隻兔子飛躍而過，還有頭頂上飛過的紅尾鷹、大型藍蒼鷺，還有一隻鴞。不論上帝存不存在，這難以想像、更不可能理解的複雜美麗的生物系，已經深刻到足以讓人覺得是奇蹟。清楚的意識感覺也像奇蹟。我們稱為愛的種種衝動，感覺也像奇蹟。這些力量了嗎？

奇蹟並不能抵消邪惡，但為了能參與這神奇的一切，我願意接受邪惡。尼克，你現在感覺到屬於你的至高力量了嗎？

他已經清醒超過一年了。跟上次一樣。一年半了。

他今天早上打電話來，正要去跟藍迪碰面，去海邊騎車。傑斯柏、黛西跟他們的表兄弟姊妹在外面玩自製的玩具，在長塑膠布上潑水滑行。他們的笑聲透過充滿陽光的枝葉灑落。我頭上有個洞，雖然醫生告訴我它會長回來。我心裡浮現對尼克的頭的一個樂觀想法。我想起藍頓醫師和她的電腦掃描圖像。從尼克上次吸食甲基安非他命或其他任何藥物，到現在已經滿一年半了，因此我想到藍頓博士電腦螢幕上的正子斷層造影掃描圖像——她的實驗控制組的腦部掃描，裡面有平衡的化學物質，以及跟生活事件相對應的分泌量正常波動的神經傳導素。我想，我兒子的大腦影像會不會也再度就像這樣了？

21

黛西坐在我旁邊，比格蘇河旁的一塊大石頭上。這是夏末一個清涼的傍晚，我們身處高聳大杉木形成的大教堂般的樹蔭裡。這些杉木的樹皮刻著像等高線圖一樣的溝紋，散發甜美香氣，伸入天空的樹冠則像中世紀教堂的尖塔。天空陰暗，有霧。我們坐在我跟傑斯柏好不容易搭起來的帳篷外面。這可是我們一項不小的成就。

我先是被關在醫院裡，之後又在家裡休養了一陣子，因此錯過了六七月大部分的時間。現在我正努力把握最後剩下的一點夏天，緊抓著逐漸消失的這個季節，希望讓它晚點離開。我已經完全準備好要重回生活軌道。時間到了。孩子們一星期後就要回學校。我的頭，根據他們所說的，也補好了。行李箱上的鎖已經修好了。因此我跨出了花園以外，出了茵莫尼斯。凱倫、傑斯柏、黛西，跟我安排了幾天，在比格蘇河沿岸健行遊玩。黛西坐在我們營地外的比格蘇河旁，在這些壯麗的樹蔭底下，宣布這天真是「風景如畫」。

我們計畫去健行，於是先到一間商店去買三明治。「這是便利商店，但是不怎麼便利。」傑斯柏發現。「店沒開。」我們繼續往前開，並且玩「二十個問題」遊戲的修改版。在跟這兩個孩子玩時，總共可以問七十個問題以上。

傑斯柏問的是名字用H開頭的「東西」。我們猜了半天也猜不到這東西是什麼。

我們試了另一家店，這次有營業了。

回到車上之後，傑斯柏提醒我們：「是H開頭的東西。」

「可以吃的嗎？」

「比布魯特斯還大嗎？」

「是人造的嗎？」

「是一個洞嗎？」黛西說。

「什麼？」

「一個洞。」

「你怎麼猜到的？」

「我偷瞄的。」

「你偷瞄我的腦袋裡面？」

我們背著裝滿野餐的背包踏上小徑，穿過香冠柏形成的森林。我們轉過一個轉角時，看到小徑旁的一塊大石上，停著一隻加州兀鷹。一九八二年時，這種美麗的生物在野外已經剩下不到二十五隻，但是在致力於保護牠們的保育團體努力下，現在野生的加州大兀鷹可能有兩百隻以上。現在我們眼前就有一隻：一個生存者，牠族類的希望，正昂起頭，盯著我們，然後牠突然展開寬闊的翅膀，滑翔進入太平洋上的一股氣流裡。

我們剛回到車裡，我的手機就響起來。

「嗨，你們好嗎？」是尼克。

我們聊了一會，然後他說要問候其他人。我把電話傳給大家。尼克講到跟他一起工作的人，孩子們跟凱倫則告訴尼克我們在比格蘇河的歷險。他祝他們新學年開心。

時間晚了，太陽正要落下。該回家了。我們的假期結束了。我們開車啟程。

「等一下。」黛西說。儘管我們一再訓誡，她還是經常把她的牙齒矯正維持器推進推出。

「我剛剛在想，」她毫無來由地突然說，「在我活著的最後一天，我要吃一大堆甜點，因為就算蛀牙也無所謂，或者吃這些東西對身體不好也無所謂了，對不對？」

她繼續說：「其實我老了以後會很傷心，因為你們兩個到時候都已經死了。」她指我跟凱倫。「連傑斯柏都會死了，因為我是最小的。但是你知道嗎？我覺得我應該不會很怕死。我覺得死掉應該就像今天一樣：假期結束了，要準備回家了。」

∞

星期二早上，傑斯柏跟黛西因為開學第一天而緊張不安。但到了星期二下午，他們已經興高采烈地跟我們說著他們的老師和朋友。傑斯柏現在上六年級了。從今年開始，他在上數學、英文、歷史、自然科學，和其他一些科目時，要換到不同的班上。黛西很喜歡她的新老師。他們的新老師請每個學生寫一封信給她，描述自己的生活，讓她可以更認識他們。

「親愛的蘿拉，」黛西寫道，「我真的很期待上四年級。我希望我的數學可以進步。西班牙文不是我的最愛，但是里昂老師很有趣。我喜歡自然科學。我真的很喜歡看書……我才剛裝了牙齒矯正維持器，所以很難發G這個音，不過現在已經越來越好了。但是我還是忍不住會在嘴巴裡玩維持器。」

除此以外還有很多——關於她最喜歡的食物和狗。「傑斯柏以前都叫月光狗『月亮眼』，」她寫道，「月光狗因為得了癌症過世了。」這封信的總結是：「我哥哥是個菸蟲，但他已經戒掉了。不要擔心，我講的不是傑斯柏，是尼克。他住在洛杉磯。我爸爸大衛之前腦出血，可是現在好多了。傑斯柏有一次騎腳踏車的時候摔倒。我不想跟你說太多壞消息，不過我上次拉夾克拉鍊時，弄到我的眼睛。但是現在好了。現在一切都很好。愛你的黛西。」

經過暑假的慵懶作息後，早上起床是一大挑戰，但我們今天準時把孩子送到學校。我又開始寫作了。之前我一個字都寫不出來，但現在又能寫了。

這天下午，傑斯柏要踢足球（他同時參加足球隊、樂隊，跟游泳隊），我則跟黛西去散步。接了傑斯柏，我們一起前往南希跟唐恩家吃晚飯。這是我們每週一次的例行活動。

孩子們在室內鞦韆上玩。「穿上鞋子。」南希罵他們。「腳會刺到木屑。」

吃了烤肉、約克夏布丁、豌豆，跟馬鈴薯泥之後，我們決定不開車回茵莫尼斯，留下來過夜。孩子們做功課——黛西練習九九乘法表，還有拼困難的字，例如「鵜鶘」，而傑斯柏則寫《付出者》的讀書報告——然後看書。之後，我們四個人集合到樓下的臥室，聽凱倫唸書。我們正讀到新一集的《哈利波特》。鄧不利多對哈利說：「痲痹痛苦一陣子，只會讓你最後感受到痛苦時，更加難受。」

然後我們讀到這段：

但無論如何，再喝一口幸運藥水的誘惑一天比一天更強，因為這肯定是像妙麗所說的：「折磨人的狀況」吧？

最後哈利喝下了藥。

「什麼感覺？」妙麗低聲問。

哈利沒有立刻回答。接著，緩慢但肯定地，一種充滿無限機會、令人亢奮的感覺鑽進他全身：他覺得自己什麼事都做得到，任何事……

他站起來，微笑著，充滿信心。

「棒透了。」他說。「真的棒透了。真的……」

孩子們睡了。

凱倫跟我走上狹窄的樓梯，來到風很大的三樓角落的臥室。從這裡可以遠眺像搖椅般嘎吱作響的樹林。我確認茵莫尼斯的電話答錄機裡有沒有留言。我聽到尼克的聲音。聲音很脆弱，斷斷續續。

他在哭。

不。為什麼。

「拜託打電話給我。」他說。

我查了時間。他在三個小時前打的。

尼克在第二聲鈴響時接起來。

他口齒不清，聲音像黏在一起。

「我想告訴你發生了什麼事。」他說。「我想告訴你實話。三天前，我們去一個派對，Z吸了一列甲基安非他命粉。她要我跟她一起吸。我就吸了。如果她要吸毒，我不想讓她一個人做。」

Z是短暫跟尼克在一起之後，讓他心碎的那個女生。那是他上次復發之前。現在他們又在一起了，他已經搬出他的新公寓，住到她的公寓去。

「尼克，不。」

「我們從那之後就一直在吸毒。Speed ball，還有甲基安非他命。」Speed balls是海洛因跟古柯鹼的化合物。

「現在我吃了一顆安眠藥，才能冷靜下來。我知道我搞砸了。我會停下來。」

我告訴尼克我唯一知道該說的話，也是我知道他沒有準備好要聽的話。

「你知道該打電話給誰。你要找人幫忙，趁還來得及的時候。你跟Z都需要人幫忙。你們必須先清醒，恢復健康，才能再在一起。」

他掛了電話。

不，不，不，不，不，不，不，不，不，不，不。

這次又是怎麼回事？他本來戒毒即將滿兩年了。研究人員說，吸毒者的腦袋可能要經過兩年，才能完全恢復正常。自從這一切開始之後，尼克就從來沒有撐到兩年過。

跟過去一樣的憂慮如火山爆發——擔心可能發生在他身上的所有事——但疲倦將我淹沒，我睡著了，我的憂慮隱退到我重新組裝好的腦袋裡，一個新開闢的角落裡。這或許反映了我在醫院時的另一項轉變——就算憂慮的量沒有變，它的特性也變了。躺在神經外科加護病房時，我很震驚地領悟到一件事：我突然想到，尼克——不只是尼克，還有傑斯柏跟黛西——在我死後，都會繼續活下去。並不是說他們不會受到影響，但他們會繼續活下去。或許是因為孩子曾在人生裡某一段時間仰賴父母而生存，因此我們經常會忘記即使沒有了我們，他們也能夠，也確實會，繼續活下去。我自己也是。但現在，經歷了尼克吸毒之後，我才終於學會，我其實與尼克的生存無關。我一直到瀕臨死亡，才真正了解他的命運——還有傑斯柏跟黛西的命運——與我的命運是分離的。我可以努力保護我的孩子，幫助他們，引導他們，愛他們，但我無法拯救他們。尼克、傑斯柏，和黛西將會活下去，然後有一天，他們將會死去，不論我在不在。

到了早上，我思索著是否該把尼克的狀況告訴孩子。黛西在寫給老師的信裡說：「我哥哥是個菸蟲。」我想這是她對毒品的總結。她還說：「現在一切都很好。」我希望對她而言一切都很好，至少有一段時間如此。

我多希望用尼克給傑斯柏的信，作為這本書的結尾。那將是再完美不過的句點。我多希望我們家與甲基安非他命的故事，有這樣圓滿的結局。我希望脫離它，向前邁進。我多希望此刻我們的人生已經處於尼克吸毒的階段之後。但事實不是。我仍舊如此容易忘記，毒癮是不治之症。它是一輩子的疾病，可能會暫時緩和，可能會因為罹患的病人努力做非常非常艱難的復健工作，而得到控制，但它是不會痊癒的。

尼克最近一次的復發，無可否認地見證了這種疾病多麼陰魂不散。這不是新的領悟，卻是全新的闡述。他生活中的一切都很順利。他有女朋友，所以我們不能怪罪是因為他孤單。我們也不能怪罪工作讓他厭煩，因為他似乎很喜歡他的工作，也欣賞他的同事。他認為他們是他的好朋友。他簽了一本書約，還可能有機會在一本雜誌擔任助理編輯。他寫的影評讓他得以幫《有線》雜誌寫了幾篇訪問和一篇評論。或許最重要的是，他還有了一群很親密的、似乎互相很關心的朋友。

但現在這一切都無關緊要了。

儘管我知道理性邏輯拿毒癮毫無辦法，但我還是抓著一個殘存的想法，認為生活中的羈絆——女友、工作、金錢、堅固的友誼、渴望善待愛你的人——可以讓一切好起來，但結果並沒有。

上帝，求你治療尼克。

我住院時，許多人告訴我，他們為我禱告，而我對他們無比感激。我從來不曾禱告。或許我無法禱告，是因為我從不曾禱告，我不知道怎麼禱告，也無法想像有個可以對他禱告的上帝。但就像約翰．藍儂說的：「上帝是個概念，我們藉此衡量自己的痛苦。」於是現在我面對尼克再度嗑藥，知道我束手無策，無法相信我們又走到這裡，無法相信下一通電話就可能是我過去六年來一直恐懼的電話，於是我禱告了。

上帝，求你治療尼克。上帝，求你治療尼克。上帝，求你治療尼克。

這是我的懇求，不論我乞求的是什麼樣的至高力量，不論是不是他們——在無止盡的戒毒中心、無止盡的諮商聚會裡的他們——承諾存在的，隨時都在傾聽的那個力量。我在腦袋裡不斷重複，有時候甚至是不自覺的：上帝，求你治療尼克。

甚至當報紙上的消息讓我的禱告相對顯得微不足道或全然自私時，我還是禱告。外面發生了傷亡慘重的颶風、水災、自殺炸彈攻擊、車禍、海嘯、恐怖主義、癌症、戰爭——永無止盡的血腥殘暴的戰爭——疾病、饑荒、地震，還有無所不在的毒癮，今天的天堂必定被禱告的聲音淹沒。

但這裡還有一個禱告。

上帝，求你治療尼克。上帝，求你治療尼克。

墜落的速度非常快。尼克在上班時嗑藥，丟了工作。他的電話被斷線，因為沒有付帳單。他拋棄了所有真正的朋友。最令人哀傷的是，他背棄了他最好的朋友和支持人，藍迪。

他在一次留言中說他跟他女朋友為了買吃的而賣掉衣服。我不知道他們之前怎麼付得起房租。我不知道他們要怎麼付下個月的房租，但是過不了多久，除非他們有贊助人，或者在販毒，他們就得流落街頭了。

今天維琪終於忍不住了。她從城西開車到他在好萊塢的公寓。她要親自親眼看到。她要看到他還活著。

我假裝自己不會守在電話旁等她的消息。

她把車停好，憂慮地走進公寓大樓。她一把拉開紗門，敲著門。沒人應門。窗戶的遮簾拉了下來。她再度敲門。沒人應門。她再度敲門。門開了一個縫。然後開大了一點。那地方很髒亂——污穢至極。地板上有一灘深褐色的水。到處都是垃圾。尼克用手擋住流瀉進來的陽光，搖搖晃晃地走進她的視線內。在他身後，他女友也同樣走過來。這是我很熟悉的場景，對他母親而言，卻是從沒見過的。她從來沒看過尼克這個樣子：憔悴、蒼白、近乎蠟黃，四肢顫抖，空洞的眼睛凹陷在黑色的眼眶裡。

Z的兩條腿在流血。她發現自己的腿沒有包紮，而維琪正盯著看時，支支吾吾地說：「一個燈泡破掉了，在地上，我們正在清理。」

尼克說出他熟悉的謊言：「我們一定得經過這一段。我們受夠了。我們會振作起來。」

他請他母親離開，不要再回來。

維琪打電話告訴我經過。她聽起來就像過去許多時候我的感覺一樣。她顯得憤怒、悲傷，又驚恐，情緒將她淹沒，她還哭不出來。

8

一個星期過去。

這天是星期天，我正開著車載黛西去城裡，去華盛頓廣場跟她母親和一個朋友會合。我們會合後一起走過公園，在那裡觀看哥倫布節遊行。一輛花車上載滿了十幾個裝扮成伊莎貝拉女王的女孩子。尼克也在這裡。他六歲的時候。伊莎貝拉女王的花車經過。這是我們的社區。尼克跟其他孩子一樣，跑到小朋友玩的攀爬架上，爬到最頂端，居高臨下地觀看遊行，對那些女王揮手。

我載著黛西跟她不斷咯咯笑的朋友到城的另一頭，去參加在一間陶瓷工作室舉行的生日派對。這兩個被安全帶綁在後座的女孩子玩著她們從瑞米．查理的圖畫書《真幸運》中得到靈感，發明的一個遊戲。

這本書上寫著：

真幸運，奈德被邀請參加驚喜派對。
真倒楣，派對離他家好幾千里。
真幸運，朋友借奈德一架飛機。
真倒楣，引擎爆炸了。
真幸運，飛機上有降落傘。
真倒楣，降落傘上有個洞。

「真幸運，她有很好吃的三明治。」黛西的朋友在她們玩的遊戲裡說。

接著輪到黛西。

「真倒楣，她把三明治掉在髒兮兮的路上，一隻流口水的狗走過來吃掉了。」

「真幸運，狗把三明治吐出來，而且跟新的一樣。」

兩個孩子咯咯笑個不停。

「真倒楣，一隻毛茸茸的黃金鼠跑過來，抓了三明治，然後鑽進牆上的一個縫裡，就消失不見了。」

我的版本在腦袋裡播放著。

真幸運，我有個兒子，一個美麗的男孩。

真倒楣，他嗑藥上癮。

真幸運，他正在戒毒。

真倒楣，他復發了。

真幸運，他又在戒毒。

真倒楣，他又復發了。

真幸運，他又在戒毒。

真倒楣，他又復發了。

真幸運，他還沒死。

22

又一個星期。

每天都跟我保持連絡的維琪說她已經麻木了。我也是。我並不是不擔心尼克——我一天到晚都想著他——只是我暫時不會失去生活能力了。

父母到後來都會這樣嗎？

我在街上走過更多人身邊，這一次是在聖拉斐爾。我走過他們身邊，跨過他們身上，孤單而被遺棄的人。當我這樣做時，總會一如往常，忍不住想，他們的父母呢？但這一次我懷疑，這是答案嗎？我是不是已經變成跟他們一樣——是已經認輸的父母？我的痛苦完全沒有幫到尼克。

我並不是在假裝這一切沒有發生。我是在盡我所有的能力。

我等待。

一個往下的漩渦。

這是一種會不斷惡化的疾病。我想像往下的漩渦。

不，我並沒有麻木。我但願我真的麻木。有時候我覺得自己已經承受不住。

我支撐自己不能倒下。

藍迪持續打電話給尼克，在他不通的手機裡留下訊息。藍迪是尼克的救命索。

尼克用還能用的Z的電話打電話來，留了更多訊息。「希望你知道，我們都很安全。我們要去參加聚會。我會戒掉毒品。」

他宣稱這次復發不過是為期三天的偶發錯誤，而他現在很好。但是他講得越多，就越容易從他的聲音聽出他嗑了某種藥。

我等待。

那就像是用鏡片不怎麼好的望遠鏡，在火車出軌撞毀前幾分鐘，從遠處觀看。所有愛他的人互相安慰。凱倫跟我。維琪跟我。藍迪。我們都知道。但我們什麼也不能做。我回電話給尼克。「尼克，別忘了，不去參加聚會有多危險。」我說。「別忘了，當你聽從你的大腦在藥物影響下的邏輯，會有多危險。」

在藍迪的協助下復健時，尼克自己就曾跟我解釋過吸毒會帶來多陰險的效果：「吸毒的人不能相信自己的大腦——你的大腦會說謊，它會說：『你可以喝一杯就好，抽一根大麻就好，吸一列藥粉就好，只要一次就好。』它會告訴他：『我已經比我的支持人厲害了。我不需要像剛從復發中復元時那樣，小心翼翼遵守那麼偏執的計畫。』它會說：『我比過去更快樂，更完整了。我獨立，而且充滿活力。』」所以尼克說他不能相信自己的大腦，而必須仰賴藍迪、聚會、十二步驟計畫，和禱告——沒錯，禱告——才能繼續前進。

尼克，你已經走了這麼遠了。

讓我引述你自己的話：「如果我不留在計畫裡，我擁有的一切都會消失。」

兩天後，星期三那天，尼克打電話來，口齒不清地請我借他錢繳房租。不。他說他知道我會拒絕。他把這件事留到最後才說，之前他只說了：「我好愛你。我很安全。我們真的搞砸了，但是我們現在一定會好起來。我只是吃一點東西，來幫我戒掉甲基安非他命、古柯鹼、海洛因，還有……」

維琪也拒絕了他。

到了星期五。星期六也毫無消息。星期天還是毫無消息。一直到星期一，一封電子郵件傳來。

「嘿，爸，我們在沙漠裡。Z在約書亞樹國家公園這裡拍一個廣告……我的手機在這裡收不到訊號，所以我跟劇組的一個傢伙借用一下他的電腦……抱歉……這件事真的來得很臨時……無論如何，等我找到可以用的電話，我會再打電話給你……這裡很熱，又熱又無聊……Z負責服裝，我則在樹蔭下寫信……不要擔心……我可能會有一些令人高興的好消息……愛你……尼克。」

約書亞樹。

一段喘息。一個綠洲。或許尼克可以自己停止。或許他會好起來。

又是兩天沒有消息，但尼克在沙漠裡，在樹蔭下寫東西。但沙漠裡也有毒品。

我跟凱倫暫時不在晚上唸書給孩子聽了。我們快要唸完《哈利波特》了，而鄧不利多教授死了。我們認識的小孩子當中，不只一個在讀到這段時哭了好幾個小時——阿不思・鄧不利多，陪這些孩子一起長大的哈利的保護者，死了。邪惡一方即將勝利，無止盡的戰爭也讓我覺得好虛弱。

星期四，傑斯柏放學後有一場足球賽。黛西則要去游泳。凱倫跟我分別開車送他們。

我在游泳池旁的俱樂部房間裡，找到一個安靜的角落可以寫東西。我抬起頭，透過百葉窗的縫隙，看到一個深色的人形彎起身體，然後穿入水面，接著是一雙踢水的腿：是黛西在進行來回的例行練習。神色沉著、皮膚黝黑、肢體柔軟的教練過去曾是美國國家代表隊的選手，我們家三個孩子都是由她教的。她正蹲在水道盡頭，激勵著黛西和其他孩子。我看著一群穿著藍色游泳衣的身影，找不到她是哪個，直到她在水道盡頭轉身回頭，有力的手臂以自由式的姿勢彎起往後划。我想起她的大哥尼克在水裡的樣子，他纖瘦如海豚矯捷的身體划過游泳池水面。

「嘿，先生，我們快溜吧。」

是黛西，她剛淋浴完，滴著水，裹著一條大浴巾。

他毫無音訊。

我過去經歷這些危機時必然有的恐慌，似乎已經減輕了。我擔心，但不會擔心到茶飯不思。我正在進步，我正在放手。我正處於悲慘的否定狀態中。

那感覺一定就像在大轟炸時，躲在壕溝裡的士兵一樣。我關閉了所有非必要的情緒——擔心、恐懼——在當下這刻，我將新的大腦中所有的神經元專注在求生。

我正在打一場無聲的戰爭，而對手跟魔鬼一樣無所不在，恐怖致命。魔鬼？我不相信魔鬼，就像我不相信上帝一樣。但同時我又知道：唯有撒旦才可能創造出一種疾病，其症狀就是自我欺騙，以至於受害者會否認自己受到感染，不肯尋求治療，並且中傷所有看到這一切發生的局外人。

晚餐後，傑斯柏請我幫他測驗數學和這星期的字彙。然後我們一起看滿是諷刺漫畫的《瘋狂》雜誌。

上床後，我從床頭桌上搖搖欲墜的一疊小說當中，隨便拿了一本。我永遠看不完這全部的書。我到了晚上總是累得不得了，因此看了一頁或兩頁就會睡著。凱倫也跟著上床。

一頁。兩頁。我睡著了。

電話鈴響。我不予理會。我在半夢半醒中認為，打電話來的應該是我們請來評估某些地方修理費用的水電工。我心想，明天再處理就好了。

電話又響了。我明天再聽留言吧。

不，凱倫說，你最好現在去聽。

第一通電話是尼克的教父。尼克剛打電話給他，留了一個留言。「他在奧克蘭。」我朋友的語氣顯得很緊張。「他說他有麻煩，需要幫忙。我不知道該怎麼辦。」

我的心臟狂跳。

下一個留言是維琪留的。尼克也打給她，留下類似的訊息。「我說我們在約書亞樹的事是騙你的，因為我不想讓你擔心我為什麼在奧克蘭。我很清醒。拜託，我們碰到了麻煩。我們需要機票飛回洛杉磯。」他講了一個錯綜複雜的故事，解釋他們為什麼會到那裡，但無論如何，重點是他跟Z在奧克蘭一個快克上癮者的家裡，而他腦筋不正常，所以他們必須趕快離開。

尼克在奧克蘭。

布魯特斯僵硬地跟著我走上樓，疲倦的腳掌拖在水泥地上。我把水壺灌滿水，放到爐火上。

我回了維琪的電話。她不確定該怎麼做——該不該幫他付錢買機票。我了解，但是不要，我說。如果是我，我絕對不會幫忙，除非他願意進入戒毒中心，那麼或許我會幫忙。

我掛了電話。

我打電話給我的朋友。他比留言的時候冷靜。他說：「你聽。」然後他透過電話，播放答錄機上的留言給我聽。我們都聽出他有些口齒不清。「我需要幫忙。我不能打電話給我爸。我不知道該怎麼辦，拜託你打電話給我。」他留了Z的手機號碼。

「我真的很難過。」我的朋友說。「一部分的我很想開車到奧克蘭去接他，但一部分的我又想把他的脖子扭斷。」

就像那次一樣，尼克又來到同樣的地方，又開始吸毒。不知道為什麼，我異常冷靜地思考著，如果他在這裡，他會怎麼做？他會不會來我們家？如果他來，我該怎麼做？他會不會回去凱倫父母家，就像那次南希在樓下的臥室發現他一樣？他會再偷闖進來嗎？

凱倫從我們的臥室走出來。她問：「你覺得他會回去南希跟唐恩家嗎？」

她也在擔心同樣的事。他可能不會去，但是，也有可能去嗎？我們辯論著是否該打電話給他們。這會讓他們擔心，但是如果不發出警告，而尼克突然就出現，結果只會更糟。我們打了電話。

他還可能怎麼做？

第二天，尼克留了留言給他的教父和他的母親。這次他說那個快克毒蟲的女朋友出現，給了他們錢買機票回家。

我在柯特．馬德拉的圖書館工作，一疊書放在我旁邊。

我帶了我的手提電腦來，正在不斷的寫著，企圖壓抑（再度）在漩渦中急速旋轉、快要失控的某種東西。

因為在圖書館裡，我的手機關成震動。這時候它像被附身似的，瘋狂地震動起來。我把手機從桌上拿起來，以免打擾到其他人。螢幕上，噁心的綠色字母顯示是尼克女朋友的電話號碼。

我不想再聽更多謊言。我把電話關掉。

之後，當我開車去學校接孩子時，我打開手機聽留言。尼克說他跟Z正從約書亞樹開車回來，終於到了手機收訊的範圍內。我在這裡照抄他說的話：「嘿，爸，我們正從約書亞樹開車回來，終於又回到手機可以收到訊號的範圍……」

令我訝異的不只是他的謊言，還有謊言的複雜度。他大可以說：「我回到洛杉磯了。」他大可以只打聲招呼，報平安就好。但是他仔細想過之前的謊言，然後由此延伸下去，點綴了細節，以防止我起疑。而如果不是因為我已經知道他在說謊，我確實也不會起疑。但是我已經聽說過上癮者會編造出無止盡的謊言。「上癮的人會對任何事撒謊，而且通常都很厲害。」史蒂芬·金曾這樣寫道。「這是騙子的疾病。」尼克曾告訴我「匿名戒酒者」的這句老生常談。他說：「一個酒鬼可能會偷走你的皮夾，然後對此事說謊。毒蟲可能會偷走你的皮夾，然後幫你找皮夾。」一部分的我相信，他還真的相信他會幫你找到。

我聽這段留言聽了好幾次。我想牢牢記住。

他忘了他打電話給他母親跟他教父，說他在奧克蘭碰到麻煩嗎？在經過這麼多事之後，他以為我親愛的朋友得知他在奧克蘭一個毒蟲家裡有生命危險時，不會打電話給我嗎？他到現在還不知道，跟我一樣搭上這趟地獄雲霄飛車的他母親，一定會打電話給我，跟我討論我們該怎麼做嗎？而且不只是為了討論怎麼辦，她也需要跟另一個同樣愛尼克的人談一談。

留言繼續。他不再口齒不清。他聽起來很好。他說他想我，愛我。

23

「嘿，爸，是我，尼克。我剛才發現，你已經知道發生什麼事了。」

我聽取留言。尼克又打電話來了。他又口齒不清。他已經跟維琪講過話，知道我知道他在奧克蘭，而不是約書亞樹公園，而他試圖解釋他的行徑。「我只是不想讓你擔心。」他說。「而且我也不想因為在灣區這裡，而被迫要去見你，而且我也不知道這個傢伙會是個神經病。Z也不知道會這樣。我們已經盡可能及早離開那裡了……我現在很安全……無論如何，我很抱歉對你說謊。」

我坐在客廳的沙發上，一樣東西吸引了我的視線：地板上的一疊報紙。最上面是《舊金山週報》。我看得更仔細。一份《灣區衛報》，還有他最喜歡的商店：「阿米巴唱片」的一張傳單。我盯著這堆東西，突然明白。不。

我問凱倫這些報紙是不是她的。不，不是你的嗎？

尼克又闖進來了。我很確定。

凱倫也很確定。

我們都很確定。

不。

我的心臟狂跳起來。我們開始察看房子四周。

凱倫停下來，問這些報紙會不會是上個週末從紐約過來，住在我們家的一個朋友留下來的。會不會是他的？我打電話給他。這些報紙確實是他留下來的。

我們都變得猜疑而瘋狂。不是只有吸毒的人變得猜疑和瘋狂。

我還沒有回尼克的電話，因為我還無法跟他說話，除非他清醒了、戒掉了所有毒品，而不是「我只是吃可那氮平，來戒掉甲基安非他命。」或「我只是吃一顆鎮靜劑，幫我鎮定下來而已。」

我愛他，而且永遠都會愛他。但我無法面對一個欺騙我的人。我知道尼克在清醒、頭腦清楚、精神正常、進行戒毒復健的時候，絕對不會對我說謊。從某個角度來看，我對他這樣明白的謊言感到感激，它去除了我心裡最後一絲的不確定。平常我都一直處於地獄般的試煉中，無法確定到底什麼是事實，什麼不是；他到底在吸毒，還是沒有吸毒；但現在我確定了。

我書桌上方的書架上，有幾張照片靠在書上。其中有一張是凱倫最近拍的，還有一張她小時候的照片，一個一臉沉思、深色頭髮深色眼睛的小女孩，留著短頭髮，穿著條紋水手裝上衣，在某個地方的沙灘上。她看起來很像黛西，或者應該說，眼神靈動、深色眼睛頭髮的黛西，長得很像她。上面也有黛西的照片。其中一張裡，她穿著平底鞋和藍色襯衣，正在細看月光狗忍耐的臉。還有一張是傑斯柏還是個嬰兒時，被抱在凱倫懷裡。他被精心打扮，穿著紅色棉絨外套和紫色絲質褲子，戴著有流蘇和毛絨絨毛球的綠色針織棉絨帽子，腳上則穿著繡了金線，尖尖鞋頭向上翹起的鞋子。另外還有黛西跟傑斯柏戴著游泳蛙鏡，跟游泳隊合照的照片。也有尼克的照片。其中一張是他大約十歲時，穿著牛仔褲、藍色拉鍊運動衫，和藍色球鞋。他雙手放在口袋裡，微笑地看著鏡頭。還有一張尼克比較近期拍的照片。他露出一臉微笑，穿著寬鬆的褲子，露出胸膛。那是他在夏威夷跟我們碰面的時候。那是我的兒子、我的朋友尼克，在復健中的時候，那時候的他一切都好。

我無法忍受那張照片盯著我。我把它收到抽屜裡。

傑斯柏把一個叫「車庫樂團」的錄音和混音電腦軟體弄得很熟練。他錄製了一首令人難忘而優美的歌。

「這首歌好悲傷。」我說。我走進他的房間，他正在播放這首歌。

「對。」他靜靜地回答。

「你很悲傷嗎？」

「對。」

「為什麼？」

「我們今天在學校參加一英里賽跑。我滿腦子都只想到尼克。」

我告訴傑斯柏，我們可以去一個地方。有些小朋友，因為哥哥姊姊或爸媽有吸毒或酗酒的問題，就會去那裡。

「他們去那裡做什麼？」

「你可以什麼都不做。你可以只是聽別的小朋友說話。這可能會讓你舒服一點。如果你想要的話，也可以說一些話。」

「喔。」

「你想試試看嗎？」

「想吧。」

他擁抱我，比以前都更緊，更久。

第二天早上，陽光從灰黑色天空中的一個洞射下，像是拍電影的強光燈照在花園裡。一叢叢零星的金黃色、紅褐色，和即將凋零的白色繡球花——即將凋零的秋色——在四周形成淡淡的黃色光圈。白楊木近乎光禿，葉子幾乎都掉光了，而赤裸的白色樹幹往天空伸展，伸向閃爍的灰色光線中。只有木蘭花還開著——三朵白色的火焰。

準備過冬用的一批柴火送來了。我這天早上的目標是跟孩子們一起把柴火疊好。我一邊工作，一邊想的，沒有別的，還是尼克。我既不樂觀也不悲觀。我不知道會發生什麼事。我深深相信他有美好的靈魂和頭腦，但同時我對他生的病的嚴重程度也不抱幻想。不，說實話，此刻我一點都不覺得樂觀。

最後關鍵都取決於尼克在什麼地方。當他在復健時，我就覺得樂觀——不是太過樂觀，但覺得樂觀，而當他不在復健時，我便抑鬱不振，極度悲觀。

奇怪的是，過去，一想到失去尼克的音訊，我就會感到恐慌，但是現在——至少是今天，或至少是此時此刻——我對這件事覺得還可以接受。但接下來我想到，尼克可能會死。尼克可能會死。我疊著木柴，一邊想，尼克可能會死。我停了一會。

我會很懷念尼克在我生命中的時光。我會懷念他好笑的電話留言和他的幽默、那些故事，我們一起聊天，我們一起散步，一起看電影、吃晚餐，還有我們之間那超越一切的感覺，那是愛。

我會想念這一切。

我現在就很想念。

然後我明白了一個事實：我現在並不擁有這些。當尼克吸毒時，我就不再擁有這些了。

尼克不在了，剩下的只是他的軀殼。我曾經很害怕——驚慌恐懼——會失去尼克，但我其實早已失去他了。

過去，我試著想像那難以想像的結局，試著想像承受難以承受的後果。我想像因為吸毒過量或意外而失去尼克，但現在我明白，我已經失去他了。至少在今天，他已經不在了。

我曾經被恐懼挾持，害怕他會死去。如果他死了，那將會在我的靈魂裡留下一道永久的裂痕。我將永遠無法完全復元。但我也知道，如果他將會死去，或者，如果他會一直吸毒，那麼我仍會活下去——帶著那道裂痕活下去。我會為此哀悼，我永遠都會為失去他而哀傷。但是自從毒品控制他之後，我就一直在為他哀悼——為消失的他的一部分哀傷。這一定就是哀悼的感覺。至少那感覺很像瓊・蒂蒂安在《奇想之年》中描述的：「哀傷如浪潮來襲，會週期性發作，突然的憂傷讓你膝蓋軟癱，雙眼全盲，徹底消滅日復一日的生活。」（啊，原來我的感覺就是這種哀傷。知道這點讓我鬆了一口氣。）

我哀悼，但我仍一直記得他身上沒有受到甲基安非他命或其他毒品毒害的美好部分。我絕不會讓毒品奪走這些。

「瘋狂就是堅持要求意義。」法藍克・畢達特在一首詩中寫道。沒錯，但是我平凡的大腦就是需要意義——至少是近似意義的東西。我最後得到的意義是，吸毒的尼克並不是尼克，只是一個幽魂。吸毒時的尼克是一個鬼魂，一個幽靈，而當他吸毒時，我親愛的兒子則沉睡著，被推到一旁，被隱藏起來，埋藏在他意識深處難以到達的角落裡。伴隨著這樣的信念，我同時可以相信尼克還存在，尼克——他的精髓，他的真我——仍舊是完整、安全、被保護。身體強壯，頭腦清晰，充滿了愛的尼克——可能永遠不會再出現的尼克。毒品可能會打贏爭奪他軀體的戰爭。但是我可以繼續活下去，相信尼克仍在某處，而在他所在的地方，毒品絕對碰不到他。

不論發生什麼事，我都會愛著尼克。在某處的他知道這件事。我也知道。

我望向還沒疊好的木柴。我們幾乎沒完成多少。孩子們在抱怨，說他們不想工作了。他們一臉的氣餒不悅。傑斯柏頭往後仰，閉上眼睛，大聲呼氣。他悶悶不樂地把一根木頭丟到鬆垮的柴堆上。我的腦袋嗡嗡作響。我聽到一輛卡車爬上山坡。

目前沒有適合傑斯柏和黛西這麼小的孩子參加的「戒酒者家人」團體。（Alateen是針對較大的孩子。）所以我到處打電話，詢問有沒有人可以推薦我們去什麼地方求助。我希望他們知道他們並不孤單，這不是他們的錯，而且即使毒品偷走了尼克，他們還是可以愛他們崇拜敬愛的大哥。我希望傑斯柏了解，尼克寫給他的信上的每句話都是真心的，但是尼克的病足以擊垮他原本的善意——他希望好好對待自己跟對待別人的意願。寫那封信的尼克已經不在了，至少暫時不在了。我們必須設法幫助兩個年幼的孩子為失去大哥哀悼。

他們學校裡熱心的圖書館館員向全國各學校圖書館的同事發出了詢問。結果反應非常熱烈。我收到他們轉來的一張書單，都是關於如何幫助孩子面對我們這種情況，包括孩子可能會有的罪惡感和責任感，還有連大人都難以理解、更何況是對孩子而言的諸多問題。他們學校的諮商師也找到一位經常協助家庭的心理治療師，其專長就在毒癮方面。凱倫跟我會先跟他見面，而如果我們覺得可能有用，就會帶傑斯柏和黛西一起去。

有一天，我正開車載黛西和傑斯柏放學回家。我們開到標示西馬林郡入口，秋天一片金黃乾枯的歐萊曼山丘頂端時，正在編織圍巾的黛西突然抬起頭，說：「這就像，尼克是我認識的哥哥，但另外一個是我不認識的人。」

她把編織的東西放到一邊。然後她說，昨天她們在「跑步女孩」社團裡討論到毒品。這個社團是一群

四、五、六年級的女孩子在一起跑步，並且討論個人和社會的問題——問題從身體形象到營養等等，包羅萬象。這些女孩子分成好幾組，討論為什麼小孩子會開始喝酒、抽菸，或吸毒。

「原因有哪些？」我問。

「因為他們討厭自己。」她說。「莫妮卡說是同儕壓力。有些人會覺得壓力太大。我覺得，是因為你不想當你自己。

「我們還討論怎麼樣應付壓力或難過，或其他這些東西，還說到比較聰明的方法應該是想辦法讓自己喜歡自己，做一些讓你覺得開心的事，例如跑步，而不是去吸毒。」

傑斯柏一直沉默著，若有所思。他說：「我去遠足時，跟朋友討論了毒品的事。」他們全年級的學生剛在天氣冰冷、濃霧籠罩的天使島過了一夜。他說他跟一個朋友，在漆黑的夜裡，整晚發抖地聊天。「他問我尼克現在怎麼樣。」傑斯柏說，「我說他又在吸毒了。」

他的朋友讀過那篇《紐約時報》的文章。他說：「可是你哥哥看起來很聰明，很像個好孩子啊。」

傑斯柏說：「我跟他說：『我知道，他真的是好孩子。』」他告訴對方那則漫畫，描述尼克的肩膀上分別站著天使與魔鬼，還說他要去跟某個人討論這件事——那個人會幫助有吸毒家人的人，學習怎麼面對這件事。

過去傑斯柏經常會用我的手機傳訊息到尼克的手機——互傳只有一行的問候訊息。此刻傑斯柏想到他的哥哥，又問我能不能傳一個訊息。

他寫道：「尼克，要聰明。愛你，傑斯柏。」

雖然尼克的手機已經被停用，他還是傳了訊息。「說不定他會再開機。」傑斯柏說。這種疾病帶來最多的莫過於哀傷。哀傷被希望打斷，希望又被哀傷打斷。我在床邊的《莎士比亞》中讀到：

哀傷充滿不見蹤影的我兒的房間，
躺在他的床上，與我形影相隨，
擺出他美麗的樣貌，重複他說過的話語，
提醒我他所有美好的部分，
用他的形體填滿他空虛的衣物；
然後我終於有理由喜愛哀傷。

我對他的掙扎痛苦，以及他的毒癮對我們的生活——我們的生活還有他的生活——造成如此多痛苦，感到無比憤怒。但我也對他，對尼克這個奇蹟，對他所有的一切，對他帶給我們生命的一切，充滿無盡的愛。我對這個上帝感到憤怒，但我依舊對祂禱告，感謝祂賜給我們尼克，感謝我還有希望——是的，即使到今天。或許是因為現在我的腦袋變大了：可以容納得比以前更多。它現在比較能接受矛盾了，例如復發可能是復元的一部分。就如羅森博士說的，有時候一個毒癮者要復發很多次之後，才能持續保持清醒。只要他們沒有死掉，或造成太大的傷害，就還有機會，永遠都有機會。

我回想起多年前一個護士給我的有關甲基安非他命上癮者的悲慘統計數字——個位數的成功率。我知道認為許多毒癮者會在嘗試戒毒一次或兩次，或三次，或更多次之後，就會永遠維持清醒，其實不切實際，但是或許比較有意義的統計數字，是戒毒中心的一個演講者說過的：「有超過一半進過戒毒中心的人，十年後仍保持清醒，雖然這並不表示他們不會時好時壞。」

這是非常悲傷的時刻，但我很感激尼克還活著、還有機會。這已經是一個奇蹟。但或許更大的奇蹟才能拯救他。我們幫他取名字的時候，請教了我父親的意見。他的全名是尼可拉斯．艾略特．薛夫（Nicolas Eliot Sheff），而縮寫就是希伯來文中「奇蹟」這個字。我祈禱發生更大的奇蹟，但同時我已經很感激現在我們擁有的這個奇蹟——尼克還活著。湯瑪斯．林區寫到他的兒子時，描述了為人父母者面對子女吸毒這樣難以承受的問題時，完全出乎意料的結論：「我甚至可能感謝這恐怖的疾病——這令人困惑，狡猾又強大的疾病——因為它讓我更能放聲地、真實地哭泣與歡笑。我也感謝，在所有致命的疾病當中，我兒子得的這種病還有一絲絲痊癒的希望。只要他投降，他就能獲救。」

早上時間，傑斯柏穿著漿果色的毛衣，坐在我的書桌前玩一個新的電腦遊戲。在電腦發出的音樂聲，包括鏗鏘作響的銅鈸、法國號，和低沉的貝斯以外，傑斯柏還一邊對著螢幕講話。「什麼？呃喔，抓到你了！」

黛西闔上她的書，走到凱倫正在做拼貼的圓桌旁。不久她也開始剪貼塗畫起來。

尼克昨晚又打電話留了一個留言。他說他跟他女友這次「太過火了」，現在打算戒毒。他還說他跟一個醫生談過，醫生開給他一些有幫助的藥。

我當然不相信。毒癮帶來的另一項悲哀的事實是，他這時候說的話都是毫無意義的，連他在清醒時說的真心話，也變得讓人難以相信。

我等待。等著尼克碰到某種谷底。在我們經歷過這一切，在我讀過聽過這一切之後，我終於覺悟，毒癮者必須在碰到谷底後，才可能真正復元。他們會覺得走投無路，萬念俱灰，驚慌恐懼；他們一定要到這麼走投無路，這麼絕望，這麼驚恐，才會願意盡一切努力挽救自己的人生。但是尼克在紐約服藥過量，被送進急診室——失去知覺而差一點死掉——的那次，怎麼可能不是他的谷底？他後來多次夢魘般的復發，怎麼可能不是他的谷底？我不知道。我只知道尼克又回到嗑藥時的幻覺中，緊抓著騙人的幻想，而能夠否認自己有多嚴重。毒癮者就是這樣。我很恐懼，知道尼克會一直耽溺在這樣的幻覺中，直到下一次重大事件發生為止。會是什麼事件？我們只能等待，同時知道，這件事或許永遠不會發生。許多毒癮者在碰到谷底之前，就已經死了。有些人則會中風，或發生類似的事，而變成行尸走肉，全身癱瘓，或腦死。大多數毒品都會導致這樣的結果，甲基安非他命尤其如此，因為它會讓大腦變成一團根本發動不了的爛泥。

父母都希望兒女只會碰到好事。但在這種情況下，在對抗毒癮的生死決戰中，父母卻希望某種災難降臨在自己兒女身上。我希望會發生災難，但是是可以挽回的災難。它必須嚴酷到足以讓他跪地求饒，足以讓他謙卑，但也必須溫和到讓他可以憑藉勇敢的奮鬥，和我知道還存在於他內心的美好，復元起來，因為我知道除此以外的任何事件，都不足以讓他拯救自己。

我有一個朋友，他母親是酗酒者，而他告訴我，他花了十年，期望「千鈞一髮」的事件發生——重大到可以讓他母親為此接受治療，但不會太過嚴重——不會造成永久的失能。但這千鈞一髮的事件始終沒有降臨。他母親兩個月前過世了。我朋友和他的姊妹清理父母的房子時，在碗櫥的碗盤後面找到藏起來的空伏特加酒瓶，在衣櫥整齊折好的毛衣下面看到更多的空酒瓶。他母親過世時，體內的酒精濃度是法定酒駕標準的三十倍。

我希望尼克發生千鈞一髮的事。

我祈禱千鈞一髮的一刻趕快降臨。

24

我們什麼都不能做，或者我們什麼都必須做做看。我們已經盡了一切努力，或者我們還有更多可努力的。維琪跟我反覆在其中掙扎。

尼克再度打電話，明顯嗑藥而亢奮地跟我們要錢。維琪說：「我們得試試看。」

我考慮是否該採取「干預療法」，但一想到我們做過的一切，就覺得這個方法太可笑，根本不可能有用。

「你無法控制。」

但是我無法對尼克放手。還不行。快了嗎？還不行。

我無法對尼克放手。

我不會對尼克放手，除非我被強迫非放手不可。但我可能不得不放。

你沒有導致，你無法控制，你無法治療。

我知道。

很多事我不知道，但我確實學到了關於毒癮的一些事。雖然有些方向肯定是錯的，但並沒有一個肯定對的方向。沒有人知道什麼方向一定對。既然復發經常是康復的一部分，那麼尼克還是可能康復。尼克還是可能好起來。

我回憶我在戒毒中心團體中，和「匿名戒酒者」與「戒酒者家人」聚會中遇到的人的故事，還有朋友，跟朋友的朋友的故事，而他們都試過不只一次。有些人碰到了谷底——難以置信的恐怖谷底——真的是把自己從毒窟、貧民窟、毒販窩藏的地方，和自己的鮮血中拖出來，進到戒毒中心、解毒診所，或「匿名戒酒者」聚會，或父母的門口。也有人去戒毒中心，是因為他們的太太下了最後通牒，或受到法院強制命令，或被父母逼迫，或他們的朋友家人一起加以干預。一位女士在聽到我們的困境後，打電話來說：「我只是想說，不要放棄。如果我當初放棄，我兒子一定已經死了。那時候我決定再試最後一次。之前他已經七次進出戒毒中心、醫院、警察局，還有兩次企圖自殺。但現在他二十五歲，已經清醒三年，狀況比他過去這一輩子的任何時候都好。許多人叫我放棄他，但我沒有。做母親的怎麼可能放棄自己的兒子？如果我當初放棄了，他現在就不可能還在。這點毫無疑問。他一定早就死了。我打來，只是想告訴你這個故事。不要放棄希望，也不要放棄他。」

如果合法的話，我會雇用人綁架尼克，強迫他進醫院解毒，希望他清醒之後——至少在嗑藥而瘋狂自欺欺人的狀態中開一扇窗之後——他會願意嘗試。我確實聽過有些父母雇用人綁架他們已成年的孩子。如果我認為這會有用的話，我也可能考慮犯法並承擔後果，但我不認為這會有用。尼克會逃走。如果他還沒準備好接受治療，他一定會逃走。但是我覺得，要等他碰到谷底，實在太冒險了。

我跟凱倫決定只要尼克肯去，我們會幫忙支付戒毒中心的費用。再一次。他母親也說她會支付。我們已經決定再付一次錢。是，我們知道這可能是浪費錢。我們也同意這是最後一次，因為有些上癮者會習慣把戒毒中心當作一種生活方式。在這次之後，如果尼克再度復發而希望得到幫助，他就必須自己設法，只能仰賴公家機構提供給上癮者的有限資源。如果他靠自己的力量，卑躬屈膝地到公家資助的計畫求助，或許會比較有效。他會這樣做嗎？許多城市都有公家的戒毒計畫，但都人滿為患，還有很長的等候名單。尼克可能需要等上兩個月到四個月才能進去。

我們可能沒有那麼久的時間可以等。

有時候我覺得自己還好。這就是他們說的放手嗎?如果放手的意思就是有時候還好，那麼我已經放手了。每天會有一些時候，我會把這些危機拋在腦後。我可以享受跟凱倫、黛西、傑斯柏，還有我的朋友在一起的時光。昨天我跟黛西進行我們的讀書會。昨天傍晚我跟傑斯柏一起去騎自行車，在柯特・馬德拉沼澤的小徑上遇到白鷺鷥和麻鷸，一路驚險刺激。有時候我還好，但有時候並非如此。

我諮詢了更多的專家。在經歷這些經驗後，我已經不會天真地相信有任何專家會知道如何解決我們家的問題。我也不會傲慢地以為我知道解決之道。我更不會盲目遵循任何人的建議。但我會收集資訊，加以衡量，決定是否該做什麼，該怎麼做。我比剛開始時知道得多。我知道沒有人知道怎麼樣對尼克，或對其他任何一個上癮者最好。沒有人知道什麼方法肯定有效。沒有人知道要幾次才有效。這一切既無法強迫愛他的人採取行動，也無法驅使愛他的人袖手旁觀。

過去幾年來，我越來越認識、尊重，和信任其中幾位專家。而加州大學洛杉磯分校的李察・羅森博士可能是對甲基安非他命所知最深的。身為一位研究者，他只對事實與真相有興趣。他沒有別的目的，他對工作全心奉獻，都是為了幫助上癮者。

我寫電子郵件給他，問他是否認為在我們經歷過這麼多事之後，嘗試干預療法是瘋狂的想法，只會白費力氣?我完全預料他會給我最普遍的明智勸告——尼克得碰到谷底才行。我預期他會告訴我，我應該盡力讓自己放手。

但結果他在回信中警告我，干預療法不是萬靈丹，可能會有風險，並表示他不知道支持（或駁斥）干預療法的研究資料。「但是，」他寫道，「在我印象中，有些干預治療師確實很善於組織家人的回應，創造出適當的干預流程和事件，讓抗拒的上癮者較早接受治療，而不必等到他們『碰到谷底。』而這已經是不小的幫助，因為所謂『碰到谷底』其實是無意義的廢話。當一個人終於清醒過來，並且保持清醒一段長時間之後，在此之前發生的最後一些壞事就被說是『碰到谷底』。但是嚴重程度不相上下的糟糕時期，如果沒有導致當事人清醒過來，就不會被稱為是碰到谷底。有些人在『碰到谷底』前就已經死了。所以我不認為『碰到谷底』是一個有用的概念。所以我確實認為干預療法可能有助於讓抗拒的上癮者去接受治療。但是並沒有證據保證當事人會在受到干預後一年、五年，或十年後保持清醒。而且干預療法可能所費不貲。」

但他接下來的話讓我下定了決心。不管理論，不管統計數據，不管功效研究，如果尼克是他的兒子，他會怎麼做？

「如果我有一個孩子染上甲基安非他命的毒癮，而我已經盡了我所能想到的一切方法來幫助他，但他還是繼續吸食甲基安非他命（或海洛因，或古柯鹼，或酒精），繼續從事這樣危險、會危害到他性命的行為，那麼我會認真考慮雇用干預治療師。我對這件事的想法，就像我的孩子有其他會復發的慢性疾病一樣，我一定會耗盡所有的資源，持續逼迫他去接受治療。為了讓他接受治療，我會給予所有必要的支持。」

再度嘗試似乎是瘋狂的行徑——你怎麼幫助一個不想被幫助的人？但無所謂，我們會再試一次。他母親、他繼父、凱倫，跟我，會再試一次。

「匿名戒酒者」有一句格言是，重複做同樣的事卻期望有不同的結果，是最瘋狂的事。但是戒毒中心常說的一句話則是，一個人通常要嘗試好幾次，才能清醒過來並保持清醒。我想到那些寫信給我的人的兒女——「我美麗可愛的女兒只有二十歲，有全世界最溫柔的靈魂，但她去年嗑藥過量而死。」一個父親寫道——於是我思索我們該在什麼時候，該用什麼方法，再一次嘗試讓尼克接受治療。羅森博士寫道：「如果我有個孩子染上甲基安非他命毒癮……」我就有一個這樣的兒子。

一天早上，尼克打電話給我，說他有新的計畫。上癮者永遠都有新計畫。他們一次又一次地重新定義世界，以符合自己的幻覺，以便相信事情還在他們控制之中。尼克告訴我，他跟他女友吸完了他們僅存的甲基安非他命存貨，所以就到此為止了，結束了。他不會屈服於我的操控，再回去戒毒中心。他保證這一次不一樣——「她不會讓我吸毒，我也不會讓她吸毒，我們發誓，如果我們再犯，我們就會互相報警抓對方，如果我再犯，她就會離開我。」——等等他以前保證這次不一樣時說過的話。

他掛了電話。

我打給羅森推薦的幾位干預治療師，和海瑟頓基金會免付費專線的一位顧問。然後我接到另一通電話。這次是一個朋友打來，提供了相反的意見。他已經戒掉毒品和酒精將近二十五年。他說採取干預療法和進戒毒中心都是錯的。「戒毒這個行業就跟汽車維修業一樣。」他說。「他們都希望你回來，而大家也都會回來。這個行業很興盛，就是因為沒有人因此好起來。他們會跟你說：『繼續回來喔。』」他陰沉地笑了笑。「他們就希望你回來。我後來還是得墜落到谷底，變得一無所有，沒有任何人在身邊，失去一切，失去所有人。這才真的有用。你必須孤單一人，支離破碎，絕望無助才行。」

沒錯，或許這才真的有用。沒錯，干預療法或再一次進戒毒中心可能都沒有用。但也可能有用。我們不會一直回去，因為我們沒有足夠的金錢或情感資源，可以一直回去。我的腦袋已經爆炸過一次，有時候我覺得它可能又要爆炸了。

但是我現在在這裡，又開始打電話給干預治療師，同時尼克則在我們的答錄機上持續留下顛三倒四的訊息。而在經歷這麼多事之後，我仍舊很困惑，仍舊再次回到熟悉的地方，被來自外界和內心的各種矛盾的訊息夾擊——不要理他，讓他承受自己行為的後果，盡一切努力去幫他。

我連絡上的第一位干預治療師說他有百分之九十的成功率，我便禮貌地謝謝他。或許他說的是實話，但我很懷疑。另一位比較謙虛。「我無法保證一定會有結果，但是值得一試。」他說。他建議尼克的母親、我、凱倫，還有他的朋友，以及他的女友——如果她願意的話——一起面對尼克，給他一個機會進戒毒中心。他會先安排好床位。尼克會被鼓勵立刻坐進車子裡，到戒毒中心去。

「我無法想像他會去。」我說。

「這個做法通常有效。」他說。「干預法的心理學邏輯是上癮者通常會在家人朋友面前感到脆弱，無力承受。他可能會因為愧疚感或罪惡感，或因為家人突破心防，讓他稍微看到自己的真正處境，而同意去戒毒中心。因為愛他的人不會說謊，他們都只有一個動機，就是要救他。」

接下來他暫停了一會，然後問了一個例行的問題：

「他選擇的毒品是什麼？」

「他會吃他能在街上找到的任何毒品，但最後總是會回去吸甲基安非他命。」

電話那頭的聲音深深地嘆了口氣。

「我的當事人包括各種毒品上癮者，但是我很討厭聽到甲基安非他命。這種毒品實在太具破壞力，又太難以預料。」

我告訴他，我會跟尼克的母親商量，然後回電給他。

以下這段話摘錄自《家裡的上癮者》：「沒有任何事是簡單的。上癮者的家人走在一條不快樂的路上，路上滿佈陷阱和虛假的開端。錯誤無可避免。痛苦無可避免。但如果家人願意開放地面對上癮症，願意學習，和接受這段跟上癮一樣漫長而複雜的復健過程，那麼成長、智慧，與寧靜，也同樣會不可避免地隨之而來。家人永遠都不應該放棄康復的希望——因為康復的例子每天都可能發生，也確實在發生。但家人在等待康復的奇蹟發生時，也不應該放棄過自己的人生。」

奇蹟什麼時候會發生？究竟會不會發生？但

在此同時，似乎同樣神奇的是，太陽每天還是照常升起照常落下。地球並不因此停止轉動，我們也要繼續幫孩子準備拼字測驗；開車送孩子和鄰居小孩去參加游泳隊的訓練，幫忙孩子做數學功課；做晚餐，和晚餐後洗碗。此外還有工作——要在不可更改的截稿日前把文章寫出來。

一星期後，尼克又留了一個訊息。

「現在已經滿十一天了。我很清醒。十一天了。」

真的嗎？他可以撐到十二天嗎？

我曾經答應自己多少次，再也不要這樣做，再也不要活在恐慌中，等著尼克出現或不出現，跟我們連絡或不跟我們連絡。重複做同樣的事情，卻期待不同的結果，就是瘋狂的定義。我絕不再這麼做。

我又再次這麼做了。

七上八下。煩躁沮喪。心神不寧，然後又恢復正常。

我手邊隨時帶著干預治療師的電話號碼。

某個星期六，傑斯柏游泳之後，出門去參加一個男生的生日派對，他要在他們家過夜。凱倫在城裡，指揮如何掛她的畫，為明天的畫展開幕準備。所以茵莫尼斯的家裡只剩我和黛西兩個。布魯特斯剛結束每天例行的追逐遊戲，追逐在花園裡永久定居下來的一群鵪鶉後，現在正在壁爐旁的沙發上大口地喘著氣。牠或許已經垂垂老矣，但牠顫巍巍的腿也無法阻止牠放棄這個耗費體力的運動。此刻牠已經累到沒辦法躲開黛西，只能由她擺佈。她用無毒的指甲油——紫色跟紅色——塗牠的爪子。她之前常做摺紙算命遊戲。現在她幫布魯特斯做了一個。通常裡面會寫著顏色、數字，和命運，但是布魯特斯則以「打呵欠」，「腳抽一下」，或「喘氣」來做選擇。「過來啊，大咖啡毛球。」她說。牠的命運包括：「你將會有美好的一天，整天睡覺跟吃東西。」「你會遇到一隻大丹狗，跟牠變成朋友。」「你會偷吃一塊牛排，碰到大麻煩。」像蒸氣和厚棉花一樣的濃霧遮住了陽光，但蒼白的爐火仍燃燒著。

到了晚上，我跟黛西一起看書——書的作者是我們最喜歡的童書作家之一，艾娃·伊波斯頓。黛西靠在我肩上。她把她的牙齒矯正維持器從雙唇推出來，吸進去，喀擦一聲恢復原位。然後她再度鬆開維持器，推出來，又喀擦一聲固定。

「不要再玩你的維持器了。」

「很好玩嘛。」她再度扣上。

「牙齒矯正師說過這樣不好了。別玩了。」

「好吧。」她再度扣上。

我們闔上《喀山的星星》，我在黛西的額頭上親了一下。她回房間睡覺。

我在我的床上看書，電話鈴響。

尼克。

他說他很好，一切都很順利，但我聽得出他吃了藥。

我說出來。

他堅稱他吃的藥是為了戒斷甲基安非他命、古柯鹼，跟海洛因。

「我只有吃可那氮平，舒倍生，思銳跟贊安諾[13]而已。」

「只有？」

他堅稱是一個醫生開給他的。如果這是真的，那我不了解這個醫生跟尼克的其他藥頭有什麼不同。

尼克說：「我知道我吃這些藥，就不算是『「匿名戒酒者」聚會那種清醒』，但反正那都是狗屁。我現在很清醒。」

「等你是『「匿名戒酒者」聚會的那種清醒』，再打給我。」我說。「我們到時候再談。」

到了早上，我出門去傑斯柏的朋友家接他回來之前，先收了電子郵件。

「他今天早上把我留在市場裡，說他要去他媽媽家，還說他十五分鐘就會回來。他開走我的車，我的皮包跟我治療氣喘的氣管擴張器都在裡面。他一直都沒回來。我在市場等了四個鐘頭，一直到我朋友幫我叫來一輛計程車為止。

「請打電話給我，我的電話是XXX。這是緊急事件。」

13 舒倍生(suboxone)，戒斷毒癮用藥；思銳(strattera)，過動症藥物；贊安諾(Xanax)，抗焦慮藥。

25

已經是十一月，早晨卻還很溫暖。一抹纖瘦的月亮仍掛在天空中。黛西之前盯著月亮，說那是斜斜的微笑。凱倫已經帶黛西一起進城，我則正要開車去接前一天在朋友家過夜的傑斯柏。我們安排好在金門大橋公園內水車旁的那個足球場接他。

我到達歐萊曼山丘的山頂時，撥了Z的電話號碼。她上氣不接下氣，情緒激動——憤怒又擔心。在這種情況下，她透露了比電子郵件裡更多的細節，解釋說尼克在早上五點四十五分，讓她在帕利塞德的一間市場下車。他開著她的車去他母親家。他要闖空門進維琪家，偷走她的電腦。她說得好像尼克只是去借一點糖。尼克答應十五分鐘就回來，但他去了四個小時都沒回來。她以為他一定被逮捕了，但她打電話給警局，而他們並沒有他的紀錄。

她泣不成聲。

「從市場到他媽媽家只有五條街，怎麼可能會發生什麼事？」

我告訴她，我跟尼克相處多年後的經驗。每次他失蹤，我都會想像所有可能的狀況——他碰到嚴重的意外，或者很荒謬地，他被綁架了——就是不願想像他復發了。

我問：「他可不可能開車到舊金山？」

「他沒有錢。」

「那麼他可能就是去找洛杉磯的毒販了。」

「所以就這樣把我丟在街上？」

「為了毒品。不然還會是什麼原因？」

我告訴她，我會跟尼克的母親連絡，然後回電給她。

電話吵醒了維琪。我解釋之後，她說尼克沒有出現。「根本沒看到他。」她說。

半小時後，她打回來。

「他在這裡。他在車庫裡。他闖進來，正在洗劫我們的東西，把東西都塞進購物袋。但是他弄錯了，不曉得怎麼回事，結果把自己鎖在裡面。他很驚慌又抓狂。他一直在咆哮。」

「他是急性發作。」我釐清。

等到我打電話給Z時，她已經接到尼克的消息，因為尼克用車庫裡的一支電話打給她。她怒火中燒地打包了他的衣服。「我受夠了。」她說。「如果你跟他連絡，告訴他，他的衣服會放在門外。」

維琪跟她的丈夫討論過後，告訴尼克，他有兩個選擇。他們會報警，讓警察逮捕他，或者他可以重回戒毒中心。

我在這陽光普照的早晨開車進城去接傑斯柏，卻覺得天旋地轉。

他闖進他母親的家。他發瘋了。又是甲基安非他命。急性發作。自從他復發之後，我就知道會發生類似這樣的事，但此刻水壩仍舊決堤，我被情緒淹沒。

上帝，求你治療尼克。

一切都太遲了嗎？

復發是復健的一部分。

求求你治療尼克。

傑斯柏跟他的朋友在足球場上。他一看到我就大力揮手，跑向車子。他把裝著衣服跟運動用品的袋子丟到後座，然後爬進前座。

「我們打枕頭戰，一直到半夜才睡。」

「你累壞了吧？」

「我一點都不累。」

幾分鐘後，他就睡著了。

傑斯柏在我旁邊睡著之後，我又打了更多通電話——決定要把尼克送去哪裡，如果他同意去的話。我打給傑斯，「賀柏特之家」的主任。他認識尼克，也關心他。傑斯幫助過許多上癮者。他熟知戒毒中心。他說無論如何，我們都應該讓尼克離開洛杉磯，進入至少為期三或四個月，最好是更久的住院復健計畫。他說：「海瑟頓是很貴，但也很值得。」海瑟頓有一個為期四個月的計畫，於是我打了他們的免費電話。一位負責入院諮詢的諮商師告訴我他們在明尼蘇達的中心沒有空床，但是在奧勒岡有。電話被轉接到那裡的一位諮商師。

他必須先跟尼克談過，但是如果尼克願意的話，他似乎可以去那裡。

凱倫的畫展在城裡舉行。在傳教街的傑克．漢利畫廊擠滿了人。戴著一頂針織羊毛帽的黛西，和在冷風中仍穿著短褲的傑斯柏，在外面跟其他孩子玩，直到他們跟我哥哥和他的家人先離開。

我到外面去透透氣。我在附近散步。凱倫最初搬進來跟我們住時，我們就住在距離這裡幾條街的地方。我們會走過這條街和附近的街道，去吃墨西哥市場裡的蛋餅跟芒果。週末時我們則去茵莫尼斯。

我回憶起那一年——一九八九年——的十月，某個學校的放假日，我們在街角的食品店採買，然後開車去鄉下過夜。下午時，我們跟一個朋友碰面，一起去長達幾英里的李曼圖海灘散步。我們在蔚藍的天空下健行。突然，尼克指出波浪起伏的海面上冒出來的一隻海豹的鼻頭。然後，又冒出另一隻。接著又一隻。不多久，就有十幾隻海豹從水面上伸出長長的脖子，黑色的眼睛盯著我們瞧。接下來，忽然就像有人把整片海灘抓起來，像抖一條舊地毯似的上下抖動。沙灘劇烈起伏，就像海浪一樣波濤洶湧，忽上忽下，又再度上升，然後跌落。

我們穩住腳步，試圖了解發生了什麼事。地震。

我們回頭，回到小木屋，用手機（家用電話已經斷線）打電話給朋友家人，確定大家都平安無事，也跟他們保證我們沒事。小木屋有一具發電機，可以供應幾個燈泡和一台黑白電視的用電。我們看著電視播出舊金山慘重的災情，包括馬林區的公寓建築夷為平地，以及連接到灣區大橋的一個斜坡道倒場，壓垮好幾部車。

學校停課了，因此我們在茵莫尼斯待了幾天。最後，當一切恢復正常時，我們才回家。老師告訴孩子關於地震的事，和其他令人害怕的事物。孩子們寫出他們的親身經驗。「我在海灘上。」尼克寫道。「我盯著一個沙坑裡面看。我聽說有一個人被丟出游泳池外面。地震讓我頭暈。」在下課時間，一個孩子站在遊戲場中，不斷搖擺。校長問這小男孩還好嗎？他點點頭，回答說：「我在跟地球一起動，那如果地震又來的話，我就不會有感覺。」

我走在擠滿了週六外出人潮的街道上，想起那個小男孩，有跟他一樣的感覺。我跟他一樣度過每一天，隨時保持警戒，提防著下次的動亂。我盡可能保護自己。我跟地球一起動，以防還有下一次地震。就像現在，我鼓足勇氣，打開手機蓋子，打給Z，準備面對任何結果。

她把電話交給尼克。

「奧勒岡州的海瑟頓中心似乎有一張空床。你得在明天早上打過去，跟一個諮商師談。」

「我想了很久。我不需要去。我可以自己來。」

「你試過了，結果行不通。」

「但是現在我知道了。」

我嘆氣。「尼克……」

我可以聽到Z在後面的聲音。「尼克，你一定得去。」

「我知道，我知道。好吧，好啦，我得去。我知道。」

除了一開始的虛張聲勢之外，尼克似乎真的認輸了。他似乎也顯得很困惑。「我以為我可以保持清醒，因為我真的想。」他說。「我以為像這樣墜入愛河，會讓我保持清醒。但事實上不是，我反而嚇壞了。」暫停了一會後，他說：「我想上癮就是這個意思。」

像地球一樣動，這樣我才不會感覺到地震——這是最近的一次復發。我走在街燈下，頭頂是樸實無華的天空。車子如流光一閃而過。我走回畫廊。

週一時，尼克跟海瑟頓的一位諮商師談過，然後他告訴我，他要去奧勒岡。

我訂了機票，心知他可能不會出現。

下一次我聽到他的聲音時，他已經打包好，準備去了。

Z要開車送他到機場。我打給海瑟頓，確定他到時，有人會去接他，但是接電話的那個男人說他們沒有尼克要過來的紀錄。在我抗議之後，我被轉接給一位督導諮商師，而她解釋說尼克沒有被允許入院。

「你說他沒有被允許入院是什麼意思？他已經在路上了。」

「為什麼他會在路上？他並沒有獲得准許。」

「沒有人跟我們講啊。」

「我不確定為什麼，但我們的決定是如此。」

「但是你們不能……他已經在去機場的路上了。我們必須在他願意的時候，讓他進入復健計畫。」

「很抱歉，但是——」

「他可以今晚先住進來，開始解毒過程，讓我們搞清楚接下來他要去哪裡。」

「我很抱歉。」

「那我該怎麼辦？」

「如果他飛來這裡，沒有人會去接他。」

「那我該怎麼辦？」

「我們可以推薦其他計畫。」她給了我名字。

我掛掉電話，打給傑斯。他說他會打幾個電話。傑斯回電，告訴我聖費南多山谷一間醫院的名字，尼克可以在那裡解毒。

我打給這間醫院的負責醫師，安排尼克入院。然後我打了Z的手機，解釋發生了什麼事。我說不要送尼克去機場，送他去醫院。我給了她地址。至少他在醫院裡很安全。如果他出現的話。

約翰·藍儂唱道：「沒人告訴過我，會有這樣的日子。」沒有人告訴過我，會有這樣的日子。別人是怎麼活下來的？

午夜過後，Z在醫院裡放下尼克。醫生給了他一些藥，開始解毒過程。根據護士的解釋，他頭幾天都會在睡覺。如果不服用藥物，另一個選擇就是許多人詳細描述過的突然戒斷的痛苦地獄，而大多數上癮者都熬不過去。他們會在過程中坐立難安，憂鬱沮喪又心神狂亂，覺得絕望又極度痛苦，他們會想盡辦法，只希望好過一點——他們會設法找到毒品。

我固定跟病房的護士連絡，而對方不斷向我保證他都還好。其中一個說：「以他身體裡的藥量和藥的種類而言，他能撐到進來真的是奇蹟。我認為他的身體本來恐怕撐不過一個月。」

他母親跟我研究他接下來能去哪裡。我再度尋求羅森博士的建議。他詢問了一些朋友跟同事。我也研究了海瑟頓的督導推薦的計畫。我們還請教幫尼克解毒的醫師的意見。在這段時間，我跟維琪都打了幾十通電話。我們跟入院諮商師談話，在網路上搜尋網站。我們一直得到互相矛盾的建議。有些計畫一個月收費四萬美元，但專家都認為尼克這次需要在戒毒中心待好幾個月，而我們不可能連續好幾個月負擔每個月四萬美元的開銷。跟我們談過的某些人像二手車推銷員一樣咄咄逼人。海瑟頓推薦的一個地方聽起來很適合，也比其他許多地方來得便宜。但有人告訴我，那是一個嚴格的戒毒計畫，違反規定的懲罰包括用剪刀剪草。這對某些人而言或許是有用的治療，但尼克肯定會發瘋。但或許我錯了。我把很多事都想錯了。

至少他這個週末會平安無事。

我跟照顧尼克的另一個護士講話。他的血壓今天雖然高一點，但還是非常低。他住院之後幾乎沒吃什麼東西。

她問尼克能不能起來，過來接電話。他走到護士站，接了電話。

「嘿，爸。」

他的聲音小到幾乎聽不見。他聽起來非常非常憂鬱。

「你還好嗎？」

「像在地獄裡。」

「我知道。」

「但是我很高興來這裡。謝謝。我猜這就是他們說的無條件的愛。」

「撐過去就好了。這是最難過的階段，之後會好一點的。」

「接下來我該怎麼辦？」

「我們等你好一點再討論。你媽媽跟我正在努力。」

事實上，維琪跟我為了找一個可能對尼克最有幫助的地方，真的是絞盡腦汁。羅森博士繼續幫我們打電話，寄電子郵件給他在全國各地的同事。他告訴我：「給你們建議的這次經驗，讓我更相信在心理醫療和藥物濫用服務體系中，要做出正確的選擇，簡直跟看杯底茶葉算命沒兩樣。」

尼克在進行解毒的第三天早上打電話給我，請我打走廊上的公共電話回去給他。

「我覺得更糟了。」他說，聽起來虛弱又悲慘。我想像他站在醫院走廊上——亮晃晃的白色走廊——經由金屬話筒線，跟電話拴在一起。他彎著腰，靠牆壁支撐自己。

「我好累。所有的恐懼都回來了。我不懂，這是怎麼回事？為什麼？為什麼這些事一直發生在我身上？」

他哭起來。

「我是怎麼了？我覺得我的人生好像被偷走了。」

他哭著。

「我做不到。」

「你做得到。」我說。

今天我們又打了更多電話。維琪跟我和全國各地，包括佛羅里達、密西西比、亞歷桑那、新墨西哥、奧勒岡州、和麻州的入院訪談人員進行電話會議。

我們最後終於選擇了在聖塔菲的一家戒毒中心。我並不確定。在細細檢視羅森博士所說的「謠言、行銷鬼話、大膽猜測，和財務投機主義組成的不成系統的系統」之後，我們盡我們所能做了最好的選擇，但我還是不確定。這是對的選擇嗎？有人會知道什麼是對的選擇嗎？

尼克又打電話來。他說他應該待在洛杉磯，而且，最多也是參加門診戒毒計畫，並且繼續工作。

我反對：「我知道，但我認為一部分的你也知道，你需要去一個地方，待在那裡，直到你完成最艱難的工作，弄清楚自己到底怎麼回事，可以怎麼做為止。」

「為什麼你還在乎？」

「我當然還在乎。」

「為什麼我不可以自己來？為什麼我還要進另一個戒毒中心？」

「因為這樣你才有未來。上個星期，我知道你隨時可能死掉的時候，我真的受不了。我每天都想到你可能會昏迷，或用藥過量，或精神分裂，或造成某種不可挽回的傷害，或死掉——隨時都可能。」

他回答：「我也是。」

我們一起哭了起來。這一刻讓我很驚愕。過去幾個月來，我彷彿躲在壕溝裡，一直忍住淚水，但現在淚水瞬間湧出。尼克在某個地方的醫院走廊上，靠在牆上，而我坐在廚房地板上。兩個人都在哭。

掛電話之前，他說：「我無法相信這是我的人生。」然後他深吸一口氣，說：「我會做所有必要的事。」

週二早上一大早，他母親到谷地的醫院去接他，然後直接載他去機場，並且說服機場安全人員讓她過檢查站，送他到登機門，登上飛往新墨西哥的班機。

她在登機大廳打電話給我。尼克已經坐上飛機，飛機正在離開空橋。我看到她站在那裡，手機貼著耳朵，隔著窗戶眺望。我看到尼克在飛機上。我看到他真正的樣子——虛弱、頭腦昏沉、噁心想吐——我親愛的兒子，我的美麗男孩。

「全部的全部。」我對他說。

「全部的全部。」

真幸運，有一個美麗男孩。

真倒楣，他得了可怕的病。

真幸運，有好多愛與歡笑。

真倒楣，有好多痛苦哀傷。

真幸運，故事尚未結束。

飛機離開登機門。

我掛了電話。

∞

我看到一個淡紫色的小盒子，側面和上面都畫了鬱金香。一個音樂盒。黛西的。我打開盒子，一個芭蕾舞伶就彈起來站直，開始跳舞。我察看盒子內部。裡面有很多小隔間，全都是空的。

就像各色各樣席爾斯糖果的大集合一樣，這個盒子還有隱藏的夾層。我小心掀開最上方的絨毛淺盤。下面，一只塑膠針筒放在黑色毛氈上，像博物館裡的一件藝術品。我把針筒拿起來，在手心上翻來翻去，仔細察看，然後放到一旁。我掀起下一層鋪了毛氈的夾層，在一個狹小的夾層裡，看到一個個小石頭大小，用面紙包起來的小包裹。我拿起其中一個察看，慢慢打開。那是尼克的牙齒。牙根上還有血跡。我拿起另一個小包，打開面紙。另一根牙齒。

我醒來。

我走進廚房，布魯特斯攤平趴在地板上，後腿伸展開來。牠沒辦法移動。凱倫把一條毛巾放在牠的肚子底下，當作掛帶，慢慢地將牠抬起，幫助牠站起來。牠虛弱的後腿在發抖，但牠終於能夠往前移動。

獸醫開了一種新的藥。我們不可能考慮讓牠安樂死。不可能這樣對布魯特斯。黛西每天晚上上床前，都要整個人纏在牠身上抱著牠，我不認為她能夠接受。我也不認為凱倫能夠接受。還有傑斯柏。他以前可以每天坐在花園的一張椅子上好幾個小時，丟網球給布魯特斯，讓牠跑去撿，然後回到傑斯柏面前，把球吐到他膝上。我們都受不了。但是如果非這麼做不可，我們也會這麼做。即便是安樂死。

放學後，凱倫、傑斯柏、黛西，跟我走進家庭治療師的辦公室。我們都覺得手足無措。孩子們彎腰駝背地窩在一張皮沙發上。他們侷促不安地扭來扭去，幾乎要鑽進自己的運動衣裡，像是烏龜要縮回自己的殼裡。

治療師是一位年輕男人，留著修剪整齊的鬍子，一雙深色眼睛。他的聲音柔和，令人安心。「你們的爸爸媽媽跟我見過面。」他對孩子們說。「他們跟我講了一些你們家的事。他們也告訴我，你們的哥哥尼克，還有他的毒癮的事。你們之前似乎很辛苦。」

傑斯柏跟黛西盯著他，專注聽著。

「有一個會吸毒的哥哥，真的很讓人害怕。」治療師繼續說。「原因有很多。其中一個原因是你們不知道會發生什麼事。我知道你們都很擔心他。你們知道他現在在哪裡嗎？」

「他在戒毒中心。」傑斯柏說。

「你知道戒毒是什麼意思嗎？」

治療師解釋之後，告訴孩子們，還有其他孩子也跟他們有同樣的處境——以及這種處境有多艱難。

「如果你有一個哥哥，你很愛他，但是又可能會怕他，你當然會覺得很困惑。」

孩子們眼神銳利地看著他。

醫生身體前傾，手肘撐在膝蓋上。他專注看著傑斯柏跟黛西。「我要告訴你們一個以前你們可能沒聽過的詞。」他說。「這個詞是矛盾情緒。意思是，你有可能同時有兩種感覺。也就是說……你可能同時愛一個人，但是又討厭他——或者是討厭他對你的家人，跟對他自己，所做的事。還有一個意思是，你可能同時很想很想看到他，但是又很怕他。」

孩子們還是顯得不自在，但是已經好多了。然後傑斯柏開口。「大家都擔心尼克。」他看著我。

「你在看你爸爸。」治療師說。「他會擔心尼克嗎？」

傑斯柏點頭。

「那你擔心你爸爸嗎？尤其是在他那次住院以後？他們也跟我說過這件事。」

傑斯柏看著地上，幾乎看不見地點了一下頭。

在這個蕭瑟的傍晚，在治療師的辦公室裡，孩子們一開始的猶豫消失了，取而代之的是我和凱倫認為的，謹慎的放鬆。隨著我們談得越多，他們也在沙發上坐得越直。我們談著無可否認、但至今從沒有被好好正視的一些事。

治療師說雖然尼克現在在戒毒中心，暫時平安無事，但想到未來可能還是會讓人害怕。而且雖然尼克現在安全，也不表示一切都很好。

「自從那次尼克偷東西之後，每次家裡有東西不見，我就會恐慌起來，認為尼克又偷溜進來了。」凱倫說。

「恐慌這個詞用得很對。」治療師回答。「你覺得受到攻擊時，就會進入這種狀態。」

我們描述了我們在火爐旁看到那疊報紙，而兩個人都認為是尼克帶進來的。但在我們互相討論之前，兩個人就都進入警戒狀態。我不想讓她擔心，她也不想讓我不高興。但我們都在心裡想：尼克來過了。他會再闖進來嗎？結果後來發現根本沒事，但這件事確實造成了影響。

醫生解釋像報紙這類引發事件會如何導致我們回到恐慌狀態。接著他問到有沒有其他引發事件，而我立刻恍然大悟。當然了。

「我覺得電話響的時候就會發生。」我說。

「電話？」

孩子們看著我。

「電話，每次電話響的時候，就會引發同樣的恐慌。我老是擔心又會收到發生危機的消息。或者打電話來的是尼克，而我不知道這次他是頭腦清醒還是嗑藥亢奮中。或者打電話來的不是他，我又會覺得失望。我整個身體都會緊繃起來。我們在吃飯，或者晚上聚在一起的時候，我經常會讓電話一直響，直到答錄機接起來，因為我不想面對可能傳來的消息。我認為大家都感覺緊繃。傑斯柏經常問我為什麼不接電話。我想這件事讓他很緊張。」

傑斯柏點頭。

醫生說：「所以會引發恐慌的，不只是偶爾才會發生在你們家的事，例如那疊報紙。電話一定經常響，所以你們都處在擔心和緊張的狀態。那種感覺一定不太好。」他轉向孩子們，「這樣說對嗎？」

他們兩個都猛點頭。

這似乎是很深刻的領悟。醫生對我說：「或許你可以在某些時段，把電話鈴聲關掉。反正你都可以之後再回電。」然後他說：「既然尼克現在在戒毒中心，或許對你們跟對尼克都比較好的做法是，約定好講電話的時間——隨便什麼時間，每星期一次或更多次。這樣你們就知道什麼時候可以接電話。建立類似這樣的界限，對你們雙方都有幫助。你們都不必擔心他應不應該，或有沒有打電話，讓彼此都擺脫持續的焦慮。這可能對你們所有人都有好處。你的家人會知道你跟尼克什麼時候會講話，然後他們也可以放心，知道他平安無事，而不會覺得好像隨時受到威脅。」

我回答：「這個主意很好。」但隨即承認：「但我現在已經心跳加速。關閉溝通管道的想法讓我覺得很可怕。」

「你不是關閉溝通管道，你是讓每個人都比較安全。」

我們結束療程，走下這棟沒什麼特色的建築物的水泥階梯，孩子們像是解脫了一層束縛。他們臉頰泛紅，眼睛發亮。

「你們覺得怎麼樣？」凱倫問他們。

黛西說：「我覺得——」

傑斯柏接話：「棒透了！」

「真的。」黛西說。

我開始監控自己打電話的次數，在晚上和週末關掉電話鈴聲。我跟尼克約好一星期打一次電話。這都是瑣碎小事。但差別如此巨大。

尼克進戒毒中心已經三星期了。他聽起來不太好。他解釋說，他在治療頭幾個星期的主要目標是要穩定下來。在谷地一星期的解毒沒有清除掉他體內所有的毒素。即使是現在，三個星期過後，他還是一直感受到強烈的身體和心理痛苦。他偶爾還會痙攣，有一次甚至被緊急送去當地的醫院。他身體痛苦，意志消沉，而且無法入睡。痛苦持續不斷——彷彿我還需要更多證據，證明毒品如何頑強地控制了他的身體。

尼克在週日打電話來。他的口氣冷漠而憤怒，責怪我害他去那裡。他要求我給他飛機票飛回來。「這是個錯誤。」他說。「大錯特錯。浪費時間。」

「你得有耐心一點。」

「你寄不寄機票來？」

「我不會寄。」

他掛了我的電話。

第二天他打電話來說，他覺得好一些了。自從他從洛杉磯過來之後，昨天是他第一次睡得好。他對昨天的事很抱歉。「我還是不敢相信我復發了。」他說。「我還是不敢相信我做了那些事。」他說，他對這一切的愧疚感超過他能說出的程度。

「我完全不敢說什麼，因為我不知道之後會怎麼樣。我不想再讓你、凱倫，和兩個小鬼敞開心胸，然後又讓你們失望。」

他告訴我一點這個治療計畫，跟其他戒毒中心不同的地方。「在我第一次參加的團體諮商中，一個諮商師問我為什麼會在這裡。他問說：『你的問題是什麼？』」

「我說：『我是吸毒者和酗酒者。』」

「但是他搖搖頭，說：『不，那是你面對你的問題的方法。我問的是，你的問題是什麼？你為什麼會在這裡？』」

好吧，我想，但是我已經過了滿懷希望的階段了。我不知道他是否已經走得太遠，也不知道毒品是否已經造成太大的傷害。即使沒有，我也無法容許自己再抱著希望。

又一個星期。然後再一星期。聖誕節。新年。

再一個星期。一個月了。尼克安全地待在戒毒中心裡，但我還是懷疑。

這天是星期二。我到學校去等傑斯柏練完「世界節奏樂團」的練習。我坐在劇院的上方角落，聽他們演奏。傑斯柏在〈Oye Como Va〉樂曲中負責敲打康加鼓。一個八年級的男孩子像山塔那樂團的靈魂人物卡洛斯．山塔那一樣，彈著吉他發出淒厲的聲音。

我載他回家，然後跟他、黛西和凱倫道別。他們要去參加他們表親的十一歲生日派對。我把我的行李箱丟進車裡，在繁忙的尖峰交通中開到奧克蘭機場，在這裡登記登機，並匆匆吃了晚餐。

我搭上滿載的西南航空班機。抵達阿布奎基機場後，我走過機場內的登機門。我可以清晰想見大約八週前，尼克的母親看著他的飛機在洛杉磯起飛後，他來到這裡的樣子。我透過他的眼睛觀看這座機場大樓：西南部藝術、印第安織毯，和「歡迎來到歐姬芙的家鄉」的標語。在我腦海裡，他抬起眼睛瞄了一下印第安織品店和大莊園墨西哥菜餚的招牌。我想，尼克一定會很不屑這座裝飾主題鮮明的機場大廈，如果他頭腦清醒到能不屑任何事的話。

來到外面後，我想像「生命療癒中心」的司機拿著「尼克．薛夫」的牌子等著他，但是他一定可以一眼認出誰是尼克。搭乘從洛杉磯來的班機，連續幾個月嗑藥，然後在解毒過程中飽受折磨，去除十幾種藥物毒性後，臉上毫無血色，眼神呆滯，身體無力的那個年輕人。

我租了一輛車。這應該是一輛無菸車，車內卻充滿菸味。我開在一條寬闊的馬路上，扭開收音機，耳邊響起的就是〈給我避風港〉的開場小節。

我開了一個小時，找到我的汽車旅館，登記住房。我試著睡覺。如果我是來參加牙醫科學生實習大會，讓他們在我身上首次練習做根管治療，我可能會更自在些。

游泳或許能讓我鎮定下來。我離開房間，開車到處繞，直到找到一間購物中心，買了泳衣。然後我回到旅館，卻發現游泳池關閉了，像是犯罪現場似的，被用黃色膠帶圍起來。

回到房間裡，我拿起《紐約客》雜誌，看小說、賀茲柏的政治評論，跟安東尼．連恩的影評。我在想，不曉得尼克的戒毒中心是不是也有《紐約客》？最後我終於睡了一會，在八點醒來，然後準備出門。

我從六月離開加護病房之後，就沒有再見過尼克了。我幾乎不記得他來看我的時候，只記得之後遭受一連串的猛烈砲火攻擊。那口齒不清的聲音、那些電話、謊言、恐懼、他母親到他公寓看他、他——表面上從約書亞樹寫來——事實上我卻知道是從奧克蘭寫來的電子郵件。

我為什麼在這裡？一個週末無法抹滅過去這麼多年地獄般的生活，一個週末也不可能徹底扭轉尼克的人生。我所做的一切都沒有帶來任何改變。我為什麼在這裡？

他戒毒計畫裡的治療師希望他邀請他母親跟我一起過來。既然我們要最後一次嘗試，最後一次給他機會，我願意做他們叫我做的任何事。我知道什麼方法都沒有用，很可能什麼方法都不會有用，但我還是會做到我該做的部分。而且老實說，非常誠實地說——不要告訴任何人，不要告訴他——我來也是為了見他。我一直很害怕，但在我心底一個戒慎恐懼的角落裡，我卻想他想得快瘋了，我想念我的兒子。

早晨的天空一望無際，只染上一架噴射機留下的煙。

我開車穿過城中，循著治療中心來信中告知的方向。我轉上一條泥土路，兩旁種著山艾和骨瘦如柴的松樹。四周彷彿老西部電影中的場景。那地方過去似乎是一座農場，包括幾座工寮、一間食堂、一間彷彿搖搖欲墜的主屋，跟用劈開的木頭建造，散布在周圍的畜欄。此外山脊上還有一列小木屋俯瞰高處的沙漠。這地方很鄉村而簡樸，不同於歐霍夫伯爵的古老維多利亞豪宅，或酒鄉裡嚴肅現代的醫院，或曼哈頓司徒佛遜廣場那棟華麗的褐石建築，或傑斯在洛杉磯的，如《飛躍情海》影集中的美麗社區。

我在一間小辦公室裡填好表格，然後在戶外等尼克。天氣很冷，但我穿著厚外套。

尼克出現了。

深呼吸。

一間破舊小木屋的低矮門廊上，下垂的遮篷下，站著尼克。

尼克穿著褪色的T恤，上面有小塊皮補丁的燈芯絨褲子，和黑色的皮製球鞋。

他金褐色夾雜的頭髮長又卷曲。他撥開眼睛前的頭髮。

尼克走下搖搖晃晃的階梯，走向我。他的臉：瘦削，稜角突出。他的眼睛在我身上一閃，表情帶著——？

「嘿，爸。」

如果我承認我有多高興見到他，或許會被說是忘了我多年來的憤怒和恐懼，但是我確實很高興見到他。即使我滿懷恐懼。

他走過來。他伸出雙臂。我聞到他身上的菸味，擁抱了他。

我們一邊等維琪，一邊閒聊。然後尼克怯怯地看著我，說：「謝謝你過來。我本來不知道你願不願意來。」

我陪他走到戶外一個吸菸區。木頭遮篷下擺著幾張風吹日曬過的椅子，還有一個火坑。

我很害怕，我不希望自己想見他，我不希望高興見到他。

我們見到他跟他的一些朋友。一個女孩留著只有一吋長的頭髮，染成淺色，還穿了耳洞，還有一個沒有頭髮的男孩子，跟一個一頭卷曲黑髮的男孩子。一個看起來像是一輩子都在太陽下的男人走過來，跟我握手。他的皮膚粗糙，像滿布皺紋的褐色牛皮。他跟我握手，告訴我，我有個很棒的兒子。

尼克抽菸。我們坐在火坑附近，他告訴我一切正在改變。

「我知道你聽過這句話，但這次不一樣。」

「問題是這句話我也聽過了。」

「我知道。」

我們進到室內，跟他的主要治療師見面，並在這裡等候他的母親。她很快便到了。維琪穿著米色外套，留著一頭直長髮。我瞄了她一眼。即使經過這麼多年，我還是很難直視她的眼睛。我覺得愧疚。我們認識的時候，我還是個孩子——才二十二歲，比現在的尼克還小一歲。不論她是否原諒我，我都可以試著原諒自己，因為那時我還是個孩子，但是有些事你得一輩子背負著，因為你無法重來一次。我對要見到尼克感到焦慮，但是對於見到維琪也是。過去這幾年來，我們或許變得比較親近，事實上確實如此，但我們雖然常常講電話，彼此安慰，互相支持，爭論該如何干預，並擔心缺少足夠的保險（她正在努力讓尼克重回她的保單保險範圍），卻在離婚後的這二十年來，從來不曾共處一室超過幾分鐘。想到這裡，我才想起上週是我們的結婚週年紀念日，或者說本來應該是。上次我們在一起超過五分鐘以上，是在尼克的高中畢業典禮。當時維琪跟我並肩而坐，傑斯柏則坐在我另一邊。之後傑斯柏低聲對我說：「維琪好像人很好。」

治療師說，她覺得尼克的狀況很好，在種種條件考量下，他已經到達他應該到的進度，並請我們注意跟他前幾次在戒毒中心比較起來，狀況有沒有什麼不同。她也請我們所有人思考我們希望這個週末有什麼收穫。她祝我們好運。

我跟尼克、維琪一起吃午餐。桌上擺了各種食物。墨西哥玉米粽、沙拉、水果。尼克吃了一碗綜合穀物。

午餐後，他帶我們來到另一棟建築的一個房間。房間裡兩面有木頭飾板的牆和兩面白牆，掛滿了病人的藝術作品。地磚是灰白色，其中有些已經彎曲變形。房間裡有種咖啡在咖啡壺上煮了一早上的氣味。圍成一圈的椅子等著我們。

我望向維琪。她已經擔任記者二十多年了，但我們認識時，她是在舊金山的一間牙醫診所工作。這間診所的樓上就是剛創立的《新西部》的北加州總部。我在《新西部》擔任助理編輯，也是我大學畢業後的第一份工作。這間診所崇尚所謂的新世紀牙醫醫學，特別強調愉悅、無痛，空間設計十分開闊，圓拱形天花板由暴露在外的粗獷木梁支撐。義大利的吊燈吊在縱橫交錯的鐵絲網上，垂掛的蕨類盆栽形成一片叢林。音樂——維瓦第，和新世紀音樂——經由病人的耳機放送，含笑氣的氧氣經由面罩送出。維琪在英國鄉村風品牌「洛拉」的印花洋裝上套著一件白色工作罩衫。她的眼珠是淺藍色的，頭髮經過仔細造型打理。她剛從曼斐斯搬過來。她有一位叔叔在那裡當牙醫，而不知道為什麼這就表示她有資格當牙醫助理。她試了四次才照好我的X光片，但是我心想，誰在乎？我吸著笑氣，看著她在我眼前飄來飄去，就已經心滿意足。我們第二年就結婚了。我當時二十三歲——正是尼克現在的年紀。我們開了支票給那間美麗白色教堂的牧師，但支票跳票了。到半月灣來觀禮的只有我們的兩位朋友。我們之後再也沒有見過他們。那時候我二十三歲，而再過三個星期，我就要滿五十歲了。我的頭髮不再斑白，而是全白了，跟我父親的頭髮一樣，變得像棉花一樣雪白。

椅子都坐滿了人。我環視整個圓圈。病人、病人的父母，還有其中一人的弟弟。我們又要從頭再來一次了。

兩位治療師帶領我們。其中一人是深色頭髮，另一人是淺金色頭髮，而兩個人都圍著圍巾，兩個人的眼神都溫和而專注。他們輪流講話，訂下基本規則，並說明他們的預期。

我心想，這些都是屁話。我早就到過這種地方，做過這些事了，結果一點用都沒有。

首先每個人都要填一張問卷。我專心填寫。過了大約半小時後，我們輪流唸出自己的答案。對於「你的家庭有什麼問題？」，一位母親唸道：「我本來不覺得我們家有什麼問題，但是我想如果我們沒問題，應該就不會在這裡了。我本來以為我們家很好。」她哭了起來。她女兒把一隻手放在母親的膝上。「我們家確實很好。」我再度跟一群和我相似的人共處一室，被毒癮傷害、茫然無措的人——困惑、愧疚、憤怒、難以承受、飽受驚嚇。

接下來是藝術治療。

藝術治療！

坐在地上跟尼克和我前妻一起用手指塗顏料，這種事我實在做太多了。我覺得怒火中燒。我為什麼要來？我在這裡幹什麼？

我們被分到一張紙，畫面依照我們家的人數，分成三個楔形。尼克、維琪跟我圍著這張紙，坐在地上，形成一個三角形。一個三角關係。

我照著指示開始畫畫。我選了粉筆，就開始在紙上用力塗抹。

暖氣開得太強。房間裡空氣不足。

維琪用水彩畫了一幅漂亮的景色，海灘之類的。我還在憤怒。她在畫夕陽。明亮輕柔的藍色和漩渦。她在畫一幅美麗的圖畫，好像我們是在尼克的幼稚園裡，參加藝術家庭日，畫著藍色的天空和綠油油的草地。但接下來我看到尼克的那三分之一紙張。他用墨水畫了一顆心。不是情人的那種愛心，也不是丘比特的愛心，而是一顆有肌肉、組織、連接到一條大動脈的心室，在一個身體裡跳動的心臟。他的身體。接在那條動脈上的，是一張臉，然後從不同角度連接到更多臉，臉上的表情有憤怒、淒涼、恐懼和痛苦。我用我的粉筆繼續畫。我在紙張最下方畫了很粗的線條往上，像一條河往上流，但河流一分為二，分別流到紙張上方的兩個角落。我推得很用力，以至於粉筆分解成粉末。

這有什麼意義？這根本是浪費時間。現在維琪的水彩筆上——終於來了——沾了黑色的水彩，美麗的淺藍色天空不見了，被潮濕的一抹抹黑色，橫掃傾瀉而下地一筆筆塗抹掩蓋。尼克開始用力寫字，「我」，第二個字，「很」，第三個字，「抱歉」。然後又寫了一遍，又寫了一遍，又寫了一遍。他似乎無法停下來。這是狗屁，想用如此廉價的方式——但這不是狗屁，我可以感受到他正飽受煎熬，痛苦絕望想說些什麼，想說出他難以說出的話。

我們很容易忘記，不論我們有多痛苦，他其實比我們更痛苦。

我的畫——現在從那條河的兩道分支和上面的六個圈圈，湧出了一點點水滴，淚水。然後我知道了——我畫的是我頭上的開口，還有我腦袋裡的東西——淚水痛苦，鮮血憤怒恐懼。畫著圈圈的行李箱，裡面裝的東西——我，以前的我——全都撒了出來。

他母親在中央抹了一小點紅色，然後從中流下水滴——那裡也有鮮血。

尼克仍在寫著「我很抱歉」，而我好想哭。不，我想，不要再讓他進來。不，不要再讓他進來。不，不要再讓他進來。

我們一個家庭一個家庭輪流描述紙上畫的內容，以及跟彼此並肩畫畫是什麼感覺。維琪的紅點不是鮮血，而是一個紅色氣球，她希望抓著這個氣球，讓氣球帶她脫離這場黑色風暴。尼克看著她，說她在這裡是多棒的一件事。我看著她，她就在眼前。我看著尼克。尼克跟他的父母在一起。我感到哀傷，排山倒海的哀傷，哀傷她經歷了這麼多，更哀傷尼克經歷了這麼多，然後是我，我們，我恨自己感到哀傷，恨自己感到……喔，尼克，我也很抱歉，非常非常抱歉。

尼克說他在這裡所做的工作不是要為自己的放蕩和瘋狂找藉口，也不是要責怪任何人。而是要療傷。他的治療師們告訴他，不論是什麼原因導致他傷害自己，讓自己陷入危險，背棄那些愛他的朋友、攻擊他的父母和其他愛他的人、攻擊他自己，而且最主要是攻擊自己、試圖摧毀自己，他都必須設法化解這些原因。他是個上癮者。但是為什麼？除了不幸的基因遺傳弱點以外，還有什麼原因？他們希望他面對原因，才能療傷止痛，往前邁進。

其他家庭的成員也談論他們的圖畫、這些畫面喚起的想法，以及畫畫的感覺。然後我們評論彼此的作品。一個女孩子，尼克的朋友，說我們家每個人的畫面差別好大，也都好強烈，但她說尼克的心臟通往動脈，而我的粉筆河流則很像斷裂的動脈。

不知道為什麼我哭了起來。尼克把手放在我肩上。

我們在日落前走出戶外，一彎傲慢的月亮掛在山上。我看著月亮，明白了我原本對這個新的計畫並不抱希望，不是因為我不希望它有用，也不是因為它不可能有用，而是因為我打從心底害怕再度抱著希望。

我到書店買了莎娣・史密斯的小說《白牙》。今晚我想暫時逃開，我想躲到別人的故事裡。我回到汽車旅館的房間，一打開書，首先看到的是引用自佛斯特，《天使裹足之地》的題辭。我讀了一遍又一遍。

「每一件芝麻小事，不知道為什麼，都是難以估計的重要，而當你說某一件事情『根本無關緊要』，聽起來彷彿是褻瀆。我們永遠無法知道——我該怎麼說呢？——無法知道我們的哪些作為，或哪些不作為，會帶來某些永久的影響。」我幾乎顫抖起來。我想，我們對自己犯的錯多麼無辜，卻又對自己的行為有多大的責任啊。

重要的是療傷，而非責怪。我們有可能超越責怪的層次嗎？維琪曾說過，她以前總是背負著對我的憤怒，就像背著裝滿磚頭的背包。「不用再一直扛著那些磚頭，真是讓人如釋重負。」她說。在我們下次的團體諮商中，她說了一些話之後，我告訴她：「或許你心裡還有一些磚頭。」她承認：「確實有。」但我們現在同心協力地在這裡，做一件最原始的人類的行為，試圖拯救我們的孩子。那位治療師說這個週末的目的不在於責怪，而是在擺脫殘留的怨恨，往前邁進。一位父親說：「怨恨就像自己吃下毒藥，然後等待對方死去。」

第二天早上，我再度開車到治療中心。尼克穿著紐約藝術學院的T恤，和褲腳磨損破舊的喇叭牛仔褲，跟一件色彩繽紛的外套。他戴著針織的棒球帽，帽簷壓得很低。我們一起喝咖啡。

所有家庭都要參與一場集體的團體諮商。這種處境實在很恐怖——有觀眾的團體諮商。但是我承認，說出心裡的話真的會讓人如釋重負。當尼克說話時，我感覺到各式各樣的情緒——焦慮、恐懼、惱怒、氣憤、哀傷、懊悔——也會突然間感到一股驕傲，和閃過一些危險的記憶，記起我們曾經有過的一切，記起愛。我想要敞開心胸，聽尼克說話，並相信他，但我不願意拆除我建造起來保護自己的脆弱堤防。我怕自己會被淹沒。

父母是笨蛋。我是笨蛋，才會考慮接受這種療傷的想法。但是……我突然記起我曾經為尼克禱告。我從來不打算禱告。我只是回想起來，發現自己一直在禱告。我禱告什麼？我從來沒有祈禱說不要再吸毒。從來沒有說遠離甲基安非他命。我說，上帝，求你治療尼克。我祈禱，上帝，求你治療尼克，求你治療這房間裡每一個飽受蹂躪的人，這個地球上所有親愛的飽受蹂躪的人，這些親愛的，受傷的人。我環顧四周，他們很勇敢。他們在這裡。不論他們如何來到這裡，他們現在都在這裡。他們在這裡，所以才有機會。

在最後一天的最後一堂課上，我們被要求想像未來。未來。未來充滿了危險。我們描繪出未來的方向。真的描繪出來。諮商帶領者給每個家庭很大張的紙，左下方角落畫著一個形狀，代表一塊土地——我們現在所在之處——而右上方的另一個形狀則代表我們的目的地。兩者中間有一些小圓圈，代表踏腳石。

我們得到的指示是：指出你們今天所在的地方，以及你們想去的地方。指出你們可以採取哪些步驟——確切的步驟——以便到達那裡。想著接下來幾個月就好，不是你將來一輩子。你想去哪裡，以及你會採取哪些步驟，以便到達那裡。「喔，還有，」治療師說，「紙張上其餘的地方都是沼澤。你們必須利用這些踏腳石，避開沼澤裡的危險，才能從你們現在在的地方，跨過沼澤，到你們想去的地方。請指出隱藏在沼澤中等待你們的陷阱。」

尼克用一枝粗的紅色麥克筆，毫無困難地寫出這些危險。好多危險——所有過去的錯誤、習慣、和毒品的誘惑。他畫出一支皮下注射針筒。紙上畫了好多紅色，以至於我們幾乎沒辦法在那些小圈圈裡、那些踏腳石上寫字。那些石頭相對而言看起來好小，好不穩固。但是尼克在上面寫了我們家的計畫，和他的計畫。我們將如何緩慢地，一小步一小步地前進。我們將互相支持，而非彼此妨礙。尼克的踩腳石包括了「匿名戒酒者」聚會和其他的自省工作，希望這些工作能修復他的人際關係。他提到凱倫，而抬頭看我。「我真的愛凱倫。」他說。「我們是朋友——我很想她。」對於傑斯柏和黛西，「我知道要花很長的時間。」他說。要寫的東西太多了。完成後的地圖很清楚地顯示，他母親和我的任務並非微不足道——退到一旁，給尼克支持，但讓他為自己的復健治療負責，同時努力建立像尼克所說的健康的關愛而支持，但獨立的關係。但最艱難的工作還是落在尼克肩上，因為許多危險在等著他，引誘他陷落。猛烈揮灑的紅色麥克筆痕是會致命的，無所不在，邪惡詭譎。這是一片險惡沼澤，尼克需要奇蹟才能安然渡過。我心裡這樣想，同時望向尼克的母親，然後望向尼克。我想到，我們三個人一起在這裡，這就是一個奇蹟了。期盼更多奇蹟，會是一種奢求嗎？

我飛回家。我覺得好像有人把我的胸膛鋸開，從我的鎖骨到肩胛骨劃開好幾道，然後回到中間，從我的胸口和肚子中央往下劃，一直到我的鼠蹊部上方，然後從一邊髖骨尖端，劃到另一邊的尖端。接下來，他戴著塑膠手套，把手伸進一片片肉之間，把肉全推到兩邊，然後扯開肌腱和肌肉和皮膚，讓我五臟六腑全都暴露出來。

這種感覺並沒有逐漸減退。我回到家了，凱倫帶黛西去看牙齒矯正醫生，因此剩下我單獨跟傑斯柏在家裡。傑斯柏在彈吉他——這是他在「車庫樂團」軟體上錄製的一首歌的「撥弦樂器」部分。他加入了鼓、其他樂器，然後加以混音。接著他錄下自己的聲音，即興唱著好笑的歌詞。副歌的部分，他重複唱著「甜甜圈」，彷彿這是歌劇中大結局的部分。當這首吵雜的歌曲完成後，他把歌燒錄在CD裡。

到了該送他去練棍網球的時間。我們在車上聽他的音樂，然後聽白線條樂團。我們一到球場，他就跳下車，套上制服，跑到他的朋友身邊。

我站在球場邊。因為天氣很冷，這些男孩子穿著像羅馬武士般的護具，像惡龍一樣呼著白氣。他們追著那個小白球跑，把球撈進他們球棍末端的小網袋裡，在球場上互相丟擲接送。

我的手機在口袋裡，但是關著，這是以前我難以想像的狀態。就如那位治療師發現的，電話連結了我跟尼克，而每一聲尖銳的鈴聲都會像電擊器般讓我的心臟狂跳一下。顯然也會讓我們家的每個人心臟狂跳。每一次尼克保證一切都好的令人安心的電話，和每一次確認他並不好的電話，都更助長我的執迷。我對尼克上癮症的上癮，對他跟我身邊的每個人都毫無幫助。尼克的毒癮比我生活中所有的事都更迫切。子女的生死掙扎怎麼可能不成為最迫切的事？現在，我自己也在進行我的復健計畫，設法擺脫我對他的毒癮的執迷。在心理治療中有深刻的功課要做，但我也採取實際的做法。例如關掉我的手機。

傑斯柏練習完之後，我們一起去一間運動用品店。他的釘鞋已經穿不下了，需要買新的。他用了聖誕節禮物中的一張禮券卡，幫忙付一部分的錢。他站在收銀台旁，從皮夾拿出禮券卡時，一張紙掉到地上。

「那是什麼？」我問傑斯柏。他彎腰把紙撿起來。

「以前尼克寫給我的信。」

他很快把信紙折好，放回皮夾裡。

現在孩子都睡了。我跟凱倫在床上看書。布魯特斯在睡夢中跑步。我放下書，躺在床上，試著了解我現在的感覺究竟是什麼。上癮者的父母學會壓抑希望，即使我們從來不曾完全放棄希望。但是我們不敢樂觀，唯恐樂觀只會受到懲罰。封閉起來比較安全，但現在我又對他敞開心胸了，因此我又感受到對過去的痛苦和喜悅，對未來的擔憂和希望。我知道這就是我的感覺。全部的全部。

結語

喔，你現在要怎麼辦，我藍眼睛的兒子？
喔，你現在要怎麼辦，我親愛的孩子？

——巴布．狄倫，〈暴雨即將來臨〉

哈金寫道：「有些偉大的男女經由痛苦而強韌，而獲得救贖。他們甚至會尋求哀傷，而非快樂，就如梵谷所稱：『哀傷好過歡樂。』巴爾扎克也宣稱：『磨難是人的導師。』但這些格言只適用於特殊的靈魂，那特別的少數。對於如我們這樣的凡人，太多磨難只會讓我們更刻薄、更瘋狂、更狹隘、更悲慘。」我不是偉大的人，但我並不覺得更刻薄、更瘋狂、更狹隘，或更悲慘。曾經有些時候，我確實這麼覺得，但現在我覺得還好，至少大多數時間是這樣。

尼克完成了在聖塔菲的三個月療程，而他的諮商師建議他接下來去參加亞利桑那州北部的一個計畫，繼續復健治療，同時找一份工作並擔任志工。但他拒絕了。他告訴我：「我知道這會讓你擔心，但是我必須往前走。」他試著安慰我。「我會好好的。」

一開始我說：「不行，你不能這樣。」但後來我記起來：這是你的人生。

尼克搭了巴士到東岸去。他去找他在計畫中認識的一個朋友。有一段時間我們互不連絡，但後來我們又開始講話了。現在我們相當頻繁地連絡。他認識了一個新的女朋友，一個學藝術的學生。他們一起租了一個地方。尼克在一間咖啡館工作，（據他自己說）會按照顧客的要求，給他們去咖啡因的咖啡。而且他又開始寫作了，回去寫他的書。現在他又有更多親身體驗可以描述保持清醒有多困難。

我們會聊彼此寫作的狀況，聊我們的生活、新消息、我們看的書，還有音樂和電影（《小太陽的願望》）。

我算了一下，他離開洛杉磯已經——多久了？大約一年。而據我所知，他也保持清醒一年了。經歷這一切之後，我相信他這段時間真的維持清醒嗎？我會否認我們的經歷嗎？我會忽略這有多麼困難，而且以後仍會繼續這麼困難嗎？絕對不會。但我保持希望。我仍相信他。

在我剛剛腦出血過後，我曾抱怨我沒有得到我想像中經歷瀕臨死亡經驗後——越過最後的山頭，仍然存活下來時——可能會有的一項好處。如我所說的，我經常聽到或讀到倖存者描述自己在悲劇中萌發的頓悟。他們的生活完全改觀，變得比較單純，事情的優先順序變得比較清楚，他們比以前更感激人生的一切。但如我所說的，我一向都對人生充滿感激。所以對我而言正好相反，腦出血讓我覺得人生更可怕。我體會到悲劇可能在任何時刻，毫無預警地，降臨在我們任何人身上——或我們的孩子身上。

但我太快下定論。在那之後事情有了轉變。或許就像哀悼或死亡也分成許多階段一樣，創傷後的感受一定也會經過不同的階段，因為我在神經科加護病房得到的啟示隨著時間逐漸沉澱。

我在十二月滿五十歲。那時候，我正在跟一位治療師談論過去幾年。當我告訴他，所有神經科醫師都不認為我的腦出血跟生活中的壓力有關，他溺愛地說：「嗯，至少也沒有好處。」他點出說，在我的腦袋真的爆炸之前，我就經常覺得腦袋像是要爆炸一樣。許多年裡，我的生活時時刻刻都脫離不了對尼克強烈的擔憂。我為這樣的擔憂找理由：任何有良心的毒癮者父母，都不可能長時間的快樂。我很感謝那些稍獲喘息的時刻——當尼克似乎好一些的時候，至少是當他還好的時候。同時我也盡可能享受生活中的一切——凱倫、傑斯柏、黛西，我其他的家人朋友，跟喘息的時刻——不論多麼稀少而短暫。

但這位醫師指出，我可以做出不同的選擇。他沒有提到「匿名戒酒者」或「戒酒者家人」，基本上只是重新講述寧靜禱告。我可以毅然決定，接受我無法改變的，有勇氣改變我能夠改變的，以及有智慧去區分這兩者。關鍵在於其中第二點。我有勇氣去改變我能夠改變的嗎？

「我試過了。」我說。「我試了好幾年。」

「顯然你嘗試得還不夠。」

醫生問我為什麼一週只來一次心理治療。我說因為我沒有錢也沒有時間做更多次。

關於經濟上的藉口，他回答：「如果在過去這幾年裡，有人告訴你，尼克需要接受更多治療，才會好起來，你會設法支付費用嗎？」

我誠實地回答：「會。」

「所以他的心理健康比你的重要嗎？」

我懂他的意思了。

至於沒有時間做心理治療的問題，他問：「結束一個人的痛苦，值得花多少時間？你現在浪費多少時間受苦？」以及：「你差點死掉。你才五十歲，你希望自己下半生的日子怎麼過？這都要由你自己決定。」

我的腦出血最終還是讓我更了解，而非恐懼，一項老生常談背後的深刻真理：我們在這世界上的時間是有限的。這個領悟驅使我聽這位醫生的話，盡我所能地超越我對尼克過度偏執的擔憂。我不可能改變尼克。我只能改變自己。所以在那之後，我開始專注在照顧自己，不再那麼專注於尼克的戒毒復健。

我參加「戒酒者家人」的聚會，一週進行兩次心理治療療程，並且生平第一次在醫生的沙發上躺下來。這帶來極深刻的改變——就像拆解用樂高積木建造的有隱藏的閣樓和房間的多層建築，拆下一塊又一塊磚塊，逐一檢視——那一絲不苟的過程經常讓人害怕。我發現到了某個時候，專注於尼克永不間斷的危機，已經變得比專注在我自己身上，更為安全。連經歷幾乎致死的腦出血也比較安全。

任何接受密集心理治療的人都知道，雖然這過程並不容易，但確實可能帶來讓人脫胎換骨的益處。我就揭開了自己一層層的愧疚和罪惡感，而有助於解釋為什麼我這麼願意為尼克的毒癮——事實上，甚至是尼克的人生——扛起責任。也因此，「戒酒者家人」和戒毒計畫中其他那些老生常談也不再感覺像是陳腔濫調。但我還是沒有完全接受頭一個C，也就是「你沒有導致（cause）毒癮」。相反的，我體認到，我永遠都不會確知這件事的起因和演變當中，有多少可以歸責於我。記者比爾．莫耶的兒子，威廉．莫耶也是戒毒中的復健者，他最近在《紐約時報雜誌》上說道：「戒毒的重點……是處理靈魂中的那個洞。」是什麼原因造成那個洞？沒有人知道。我們在犯錯時多麼無辜，卻又要為自己的錯承擔多大的責任。我接受我在養育尼克時犯過很嚴重的錯。我不會赦免自己——即使到現在。尼克，你知道的，我很抱歉。

我也接受其他那些C。對於毒癮，我無法控制（control），也無法治癒（cure）。「大多數上癮者的家人不管再怎麼流淚、心痛、不顧一切只希望他好，到頭來還是只能舉手投降。」貝芙麗．康耶斯寫道。「上癮者仍會持續自我毀滅的上癮行為，直到『他們內心的』某種東西——與任何人的努力都無關的某種東西——劇烈改變，讓渴求亢奮的慾望逐漸遲鈍，最後終至死亡，取而代之的是渴望更好生活的慾望。」現讀到這段文字是一回事，但演變到真的接受這段話，又是另一回事。我相信我已經盡我所能幫助尼克。現在要由他自己決定。我接受我必須放手，而他或許會、也或許不會，把一切想清楚。我想，我不再試圖掌控尼克的復健，或許也讓他鬆了口氣。這讓我們有機會培養出不同的關係——就像他在聖塔菲描繪的那種關係。我們的關係將不再是相互依賴、驅使對方，包括我試圖控制他——即使是為了救他——而能夠變成獨立、接納、同理，包含健康的人我疆界。而愛是不須多說的前提。

腦出血的意外幫助我了解這之間的區別。這是我理智上知道的事，但它現在才沉澱下來，讓我在情感上真正了解。不論我在不在，我的孩子都會繼續活下去。對父母而言，這是令人驚愕的領悟，但這項領悟最終將會讓我們自由，放手讓孩子長大。

我真希望自己當初早點抵達這裡，但我沒辦法。真希望當父母容易一點，但永遠不可能。真希望人生輕鬆一點，但人生並不輕鬆——而且這也不再是我的目標。我曾經一度迫切希望事情簡單一點，但在尼克吸毒的過程，和我自己待在加護病房的期間，我的世界觀被粉碎。從這些經驗中，我學到另一個教訓——原來我可以接受——事實上，是如釋重負地接受——充滿矛盾的世界，裡面一切都是灰色的，幾乎沒有什麼東西是黑白分明。裡面有很多美好的事物，但要享受美與愛的部分，你就必須接受痛苦的部分。

我也學到一些務實的教訓。自從我們家經歷的事傳開之後，朋友、朋友的朋友、朋友的朋友的朋友，甚至連陌生人，都會來找我們。顯然我的文章還有人看，因為我收到更多信。似乎每兩個人裡就有一個處於某種形式的上癮症地獄裡，上癮的人包括自己、兒女、配偶、手足、父母，或朋友。他們經常會尋求忠告，但即使到了現在，我還是只能給一些嘗試性的建議。

我真心誠意地贊同所有理性的反毒宣導中最首要的建議：及早並經常與你的孩子談論毒品，別等到讓別人來教他。你應該坦承自己吸毒的經驗嗎？這取決於個人的決定，畢竟每個父母和每個孩子都是獨一無二的。我會很小心，避免美化吸毒或喝酒的經驗，同時會考慮到孩子的年齡，所給的資訊絕不超過他們當時年齡能理解的範圍。但是總結來說，我不知道，是否把自身經驗告知孩子，以及告知多少，是否真的有影響？關於這點，我對我自己的家人是什麼做法？我相信孩子不需要（也不應該）知道我們生活的所有私人細節，但我絕對不會對自己的孩子說謊，一定會誠實回答他們的問題。傑斯柏和黛西遲早都會讀到這些紀錄。他們不會驚訝——他們實際經歷過這些日子。我們一直持續跟他們談話，內容不只是關於尼克，也關於毒品、同儕壓力，以及他們生活中其他的問題。他們將會知道他們的父親吸過毒，以及所承受的後果。他們也已經知道自己哥哥吸毒的經歷。

為人父母者最想知道的，莫過於他們的孩子什麼時候不再只是嘗試而已，不再只是典型的青少年，不再只是經歷過渡階段或成年儀式。由於這個問題實在不可能有答案，我的結論是，我寧可太過謹慎，太早干預，也不願等到太遲——不要等到孩子已經放縱地危害到自己和他人。現在回想起來，我真希望自己當初曾強迫尼克——在他年紀還小，我還能依法強迫他時——進入長期的戒毒計畫。在一個孩子——當然還有成人——還沒有準備好，還無法了解戒毒復健的原則之前，把他送進戒毒中心，或許無法預防復發，但是從我的經驗看來，至少不會有害，而且可能有益。除此之外，在身心養成的青少年時期，一段時間被強制遠離毒品酒精，總是好過把這段時間花在吸毒上。在好的戒毒中心強制治療，至少能達成一個立即的目標：讓孩子在接受治療期間遠離毒品。既然吸毒的量越少，就越容易戒除，那麼他待在治療計畫裡的時間，也是越長越好。

該把孩子送去哪裡？什麼類型的戒毒計畫比較好？雖然實施嚴苛管教的計畫或許對某些孩子有幫助，但我會審慎為之。我不是不了解想把孩子送去軍事訓練營的那種衝動。父母確實可能放棄，說：「拜託你們治治我的孩子。」但是並沒有令人信服的證據顯示軍事訓練營或類似的計畫可以幫助孩子，這類營隊甚至可能造成傷害。美國司法研究院曾經贊助一項研究，評估八個州的戰鬥營。該報告的結論是：「戰鬥營的共同元素，例如軍事化的管理，體能訓練，和嚴苛勞動，並不會減少再犯率。」堪薩斯州柯賀犯罪研究院的一篇報告也發現：「害怕被關進戰鬥營的恐懼，並無助於遏止犯罪。」而且四分之三的孩子在離開戰鬥營一年後，曾經受到某種形式的逮捕和拘留。國家心理健康協會的網站寫道：「運用威嚇和羞辱的策略，對大多數年輕人而言，都只有反效果。」「戰鬥營的畢業生比其他犯罪者更可能再度被捕，也確實更快被捕。」此外，該網站詳述戰鬥營會帶來更嚴重的問題，表示其中有許多「令人不安的」虐待事件。一九九八年，美國國家司法部在喬治亞州進行的一項調查也做出結論說：「準軍事化的戰鬥營模式不但無效，而且有害。」除了一些死亡和虐待的案例以外，我跟凱倫曾為了尼克去請教以青少年諮商工作知名的作家和心理學家邁可．雷拉，他說：「這種戰鬥營經常會造成危險的情境，帶來嚴重的心理傷害。如果孩子問題背後的憤怒和困惑被迫隱藏起來，就很可能會導致病態，顯現出來的問題可能會是無法與人維持親密關係，或是暴力、憂鬱，或自殺。而且，虐待只會滋長更多虐待。」

所以呢？我聽過許多父母講述成功的故事，他們送孩子去的地方包括各式各樣的計畫——住院的、門診的，像歐霍夫復健之家、聖海倫娜醫院、土桑山脈、海瑟頓基金會那樣一個月的計畫；三個月的野外營隊計畫；「歐霍夫」、「海瑟頓」和全國各地許多治療中心提供的半年計畫；還有一年的高中或高中後計畫。對許多上癮者來說，長時間生活在清醒生活社群裡，例如賀柏特之家，也等於拯救了他們的人生。沒有任何單一的或簡單的答案，因為沒有人知道對某個特定的人而言，什麼方法才會有效。要得到可靠的專家建議相當困難，但我會盡全力去找。我會堅持尋求第二個和第三個專家的意見。我會找醫生、治療師，校裡校外的諮商師商量——同時確定他們有處理毒品和酒精上癮的經驗。我會衡量他們的建議，同時記著這不是精確的科學，每個孩子每個家庭都是獨一無二的。

幾乎在所有例子裡，違背孩子的意願，把孩子送進戒毒中心，都是父母所做過最困難的決定。尼克一個小學時代的朋友的母親告訴我，她雇用一個男人綁架她吸食跟販售甲基安非他命的十七歲兒子。受過訓練的專家把他抓起來，銬上手銬，送進為期三個月的野外營隊計畫。她整整哭了三天。從那個計畫畢業之後，他又復發過一次，但他現在說，母親的介入救了他。

我跟尼克去參加「匿名戒酒者」聚會時，也聽過類似的故事。復健中的上癮者回憶他們的父母如何設法干預，或強迫他們接受治療。「我那時候好恨他們。但他們救了我一命。」我也聽過失敗的例子。「我試過，但我兒子死了。」面對上癮症，沒有人能保證會有什麼結果。統計數字幾乎毫無意義。你永遠不知道你的孩子會不會是那百分之九，或十七，或四十，或五十，或任何比例的成功的人之一。然而，統計數字還是有令人清醒的效果。這些數字提醒我們敵人的可怕，也防止我們非理性的樂觀。

有時候，當尼克復發時，我會責怪他的諮商師、治療師、戒毒中心，當然，還有我自己。但此刻回想起來，我終於了解復健是一個持續的過程。他或許復發了，但戒毒中心打斷他吸毒的循環。如果沒有這些戒毒的階段，尼克很可能已經死了。但現在他有復元的機會。

這讓我想到另一個問題的答案。是的，我願意在我的孩子復發後，幫助他回到戒毒中心。我不確定我能做多少次。一次？兩次？十次？我不知道。有些專家會反對我的做法。他們會建議你完全不要幫他們。他們認為，上癮者必須自己願意接受復健。對某些孩子而言，他們或許是對的。不幸的是，沒有人能確定。

我學到幾件事。戒毒中心並不是十全十美，卻是我們能有的最好的選擇。藥物可能可以幫助某些上癮者，但是無法取代戒毒中心和持續的復健工作。對於一個吸毒的人，除了幫他回到戒毒中心以外，我絕對不會幫他做任何事。我不會幫他付房租；不會保釋他出獄，除非他出來後直接進戒毒中心，而且即使如此，也不會一再保他出來；不會幫他還債，也絕對不會給他任何現金。

一九八六年時，開啟「對毒品說不」反毒宣導運動的南西．雷根曾說過一段名言：「這裡沒有道德的模糊地帶。冷漠忽視不是一項選擇……為了我們的孩子，我懇求每一個人，堅決頑強，絕不妥協地反對毒品。」

我不知道有任何成熟的人會支持像甲基安非他命這樣的毒品。但是我們必須了解我們的孩子成長在一個複雜的世界裡，並盡可能幫助他們。

很多人對尼克說：「不要吸就好了。」

我已經學會，事情沒有那麼簡單。

很多人叫我放下擔憂，因為我根本不能做什麼。「不要去想。」但我從來都做不到。如今我終於學會去做這項艱鉅的功課，正視這個問題，因為當憂慮成為你生活中唯一的一件事，任何人都不會從中受益——上癮者本身、其他家人、你自己。所以我的建議是：盡一切努力——心理治療，參加「戒酒者家人」聚會，不斷參加「戒酒者家人」聚會——學會控制憂慮。同時對自己有耐心。容許自己犯錯。寬待自己，並對你的配偶或伴侶加倍關心。不要隱藏祕密。就像「匿名戒酒者」聚會裡常說的，隱藏多少祕密，就會有多重的病。坦誠開放雖然不是解藥，卻能讓人鬆一口氣。分享彼此的故事，讓我們記得自己在對抗什麼。上癮者需要持續不斷的提醒和支持，而他們的家人也是。閱讀別人的故事會有幫助。寫作也有幫助，至少對我而言是。如我所說，我瘋狂地寫。我會在午夜開始寫，一直寫到天亮。如果我跟凱倫一樣是個畫家，我也會把經歷的一切畫出來。她經常如此。我則寫作。

我不再一心一意想著尼克。或許我的想法還會改變，但至少此刻我接受，甚至欣賞他以他自己的方式過他的生活。我當然永遠希望他能保持清醒。我希望我們的關係持續癒合，也知道唯有他保持清醒，這才可能發生。

我的憂慮去了哪裡？我在腦海裡創造了一個意象。藝術家查克．克羅斯曾說：「整體會把我淹沒。」他學會將影像分割成一格格可以駕馭的小方塊。他一次只畫一格，藉此創造出整面牆大小，令人目瞪口呆的人像畫。我也經常被整體淹沒，但是我學會控制我對尼克的憂慮。如果克羅斯要畫我的人生，這些憂慮就會被收藏在其中一兩個小格子裡。我每過一段時間就會回去檢視這些格子。在我檢視時，我還是會感受到那所有的情緒，但這些情緒不會再將我淹沒。

有時候我想到未來，還是會覺得驚慌失措，但頻率已經比以前少得多。我現在比較擅長過一天算一天。聽起來或許太過簡單，卻是我所知的最深奧的概念之一。我還是會擔心尼克——或傑斯柏，或黛西——未來五年內、十年內會發生什麼事，但之後我就會回到今天。

今天。

六月到了。黛西的生日。她今天十歲了。十歲！今天也是晉級日——黛西要升上五年級，傑斯柏則是七年級。

他們今年的畢業歌是：〈我相信愛〉，歌詞是孩子們在老師幫忙下寫的。世界節奏樂團演奏著。「四年級是一扇門。」黛西跟她的朋友唱著，「知識是一把鑰匙。這場盛宴精采萬分。我們齊聲高唱。黃金之鄉和奧隆印第安日讓我們神采飛揚。四年級時光飛逝而過；我們是將振翅高飛的五年級生。我相信音樂。我相信愛。」

傑斯柏這個年級的學生站起來，唱他們的歌詞：「六年級真是難搞得要命，嚇得我膽顫心驚。古埃及中國和希臘哲學文明。美索不達米亞根本找不到字押韻。我相信音樂。我相信愛……」

到了晚上，我們每週例行在南希和唐恩家的晚餐就用來慶祝孩子們的畢業、南希和黛西的生日，以及我的週年紀念。從我腦出血到現在，剛好整整過了一年。

孩子們跟南希在廚房桌上玩象棋，南希快要輸了，而且不願服輸。「不公平。」傑斯柏贏的時候，她忿忿地說。

傑斯柏、黛西，跟他們的表姊把一個綁著繩索的鋼琴移動架拉出來。他們輪流站在上面，其他人負責拉，像是在滑水一樣。站在上面的人在客廳裡橫衝直撞。廚房裡，南希將一把切好的冬蔥丟進平底鍋裡正在融化的奶油當中。等到冬蔥變成乾脆的褐色，她再把紅酒醋倒進去。拌炒之後，她讓醬汁在爐子上小火燜煮，然後走到陽台。她抬頭看著樹上，發出一聲好笑的鳥叫模仿聲。烏鴉和樫鳥便下來吃餅乾屑。

唐恩從通往花園的小路走上來，他之前在花園裡澆水。他戴著耳機，聽著小型收音機。孩子們衝進廚房，後面跟著一群吠叫的狗，包括行動緩慢、落在最後面的布魯特斯。南希做了搭配紅酒醋——青蔥醬的小羊腿，以及配芥藍菜、新鮮百里香，跟洋蔥的白鳳豆。凱倫的哥哥負責切肉。凱倫的姊姊做了檸檬口味的蛋糕當甜點，上面有淺粉紅色和藍色的糖霜，還有插著蠟燭的小小的猴子、大象、小熊燭台。我們為黛西跟南希唱生日快樂歌，看她們吹熄蠟燭。之後，在餐桌上，坐在我旁邊的傑斯柏說：「真不敢相信夏天又到了。」

夏天。在聖塔克魯茲衝浪。我們在一個安靜的日子，跟親近的朋友來到快樂岬。浪很小，所以大部分厲害的當地人都待在家裡。但是絲綢一般溫柔掀起的浪潮最適合小孩子。海水清澈溫暖。我坐在衝浪板上，等著下一波浪，花一點時間探索頭腦裡的方格，直到找到尼克所在的那些格子。他跟我在這裡共度過這麼多時光。

沿著海岸北上回家的車上，傑斯柏選了一張CD。傑斯柏跟他大哥小時候一樣，在這個年紀時最喜歡的樂手都是貝克，因此他拿《午夜禿鷹》專輯給我放進音響裡。車子裡都是沙子，我們身上也都是沙子跟鹽。海風從開著的窗子吹進來，貝克唱著——我跟傑斯柏也跟著唱。黛西抱怨，要我們把音量轉小。我望著窗外的藍色大海，強烈地感覺到尼克。

回到家後，傑斯柏跟黛西坐在陽台上，安慰她。她看了一部關於全球暖化的影片在難過。「我覺得我好像靠著一面牆站著，一個巨大的怪獸正慢慢朝我走過來，我想讓牠停下來，卻沒有辦法。」她說。她事實上已經淚眼汪汪。「我好想飛上天空去，把臭氧層的洞補起來。」而且糟糕的還不只是這樣，她還聽說冥王星不被認為是行星。「這個可憐的小個子。」她說，掉下一滴眼淚。但是她很快就把對地球和冥王星的哀傷拋在腦後，隨著傑斯柏的指導，跟傑斯柏一起演起他們寫的名為「惡毒皇后」的一齣戲。

我在辦公室裡寫作，正好尼克的女友寄來一封電子郵件。她附上他們最近一次旅行的照片。尼克的頭髮比之前長，戴著大大的太陽眼鏡、報童帽，穿著黑色T恤和喇叭褲。他站在一條河旁。他在黃石國家公園的一座間歇泉前面。他微笑——開心地微笑。

第二天早晨，花園被絲緞般的霧氣籠罩。凱倫早起載黛西去參加游泳隊的練習。傑斯柏在樓上隨意撥弄吉他。我打電話給尼克。我們聊了一會兒。他聽起來——聽起來就像尼克，我兒子，回來了。接下來呢？看著辦吧。掛電話前，他說：「告訴凱倫、傑斯柏，跟黛西，我愛他們。」然後他說他得走了。

後記

自從《美麗男孩》出版十年以來，我收到上千人的回應。其中許多是有毒癮的人，或者愛著某個有毒癮的人。他們就像我剛開始經歷這一切時一樣，覺得孤立無援，充滿恐懼。許多人說我的故事給了他們慰藉，也鼓勵了他們分享自己的故事。

《美麗男孩》的前身是我為《紐約時報雜誌》寫的一篇文章。一個朋友在文章刊出之前讀了，勸告我最好不要發表。她說傑斯柏跟黛西就讀的小學的人會對我們家另眼看待，甚至會改變對這兩個孩子的態度。他們一定會批判我們。所以我做了很大的心理準備。後來文章刊出來了。結果你知道怎麼樣嗎？

如果孩子就讀的學校或其他地方真的有任何負面的評斷，至少我自己從來沒目睹過或感受過。我親身感受到的是潮水般湧來的關心、幫助、同理跟善意。我甚至會跟素未謀面的人有深刻的共鳴。那篇文章刊出後的某天，我走在孩子的校園裡，一個我不認識的媽媽抓住我的手臂，把我拉到一旁。她還來不及開口，就哭了起來。她小時候就經歷過父親酗酒，現在則要擔心她念八年級的兒子，因她抓到她兒子抽大麻。在此之前，她從來沒告訴任何人這件事。

一個父親告訴我，他女兒正因為飲食障礙跟毒癮在接受治療。他說話時聲音哽咽，雙手顫抖。他聲音很小，彷彿有個生了重病的孩子是很丟臉的事。自從這本書出版以來，我聽了上千個這樣的故事。這些故事的細節讓我心碎，但我很榮幸能聽到每一個故事。

安．拉莫特說：「不要拿你的內在去跟別人的外在比較。」意思是說，你也許覺得別人看起來都過得很好，他們的孩子都一帆風順。但事實上沒有人是一帆風順。

當我們對別人訴說自己的掙扎時，會覺得如釋重負。我們會得到慰藉，獲得幫助。我們會被提醒每個人的人生都是困難的。我們所有人都因為受苦及我們給予彼此的支持而連結在一起。

也有許多人寫信給我，因為他們迫切需要幫助，就像我在尼克吸毒多年裡的感覺一樣。有些人對於要在毒品無所不在的文化裡養育小孩不知所措。許多人問我，要怎麼防止孩子開始吸毒，或者如果孩子已經開始吸毒，要怎麼中斷，要如何避免吸毒的早期階段演變成根深蒂固的毒癮。他們跟我一樣，根本不曉得要去哪裡求助，而且當中許多人只能忍受如災難一場的美國毒癮治療系統。

我在《美麗男孩》之後寫了另一本書，《無毒人生：戰勝毒癮及終結美國最大的悲劇》（*Clean:Overcoming Addiction and Ending America's Greatest Tragedy*）。我在該書中繼續研究毒癮，發現其實有百分之九十需要幫助的人根本從來沒得到幫助。事實上，毒癮患者最後更可能進到監獄，而不是戒毒診所。而即使能獲得治療，他們也只能進入一個很容易讓人迷失方向的破碎的系統。不論是想幫助自己所愛的人，或為自己求助，大部分人在一開始接觸這個系統的時候，都處於重大的危機中。他們被困在恐懼和焦慮中動彈不得，卻必須在這樣不理想的狀態下做出人生中一些最複雜而重大的決定。

由於不知道該去哪裡求助，許多需要幫助的人只好上網。在GOOGLE上搜尋毒癮治療計畫，會出現七百三十萬個結果。這些計畫會承諾奇蹟般的治療結果，誇大他們的成功率。許多號稱提供客觀資訊的網站其實只是偽裝，實際上是為某些治療計畫打廣告，其中某些計畫每個月要價超過五萬美元。

有人可能會尋求專家的建議，但是極少人知道值得推薦的專家。他們經常會像我一開始做的一樣，依靠朋友的朋友的證言——但這實在不是為可能致命的嚴重疾病尋求醫療的好方法。

就如同我在《無毒人生》裡寫的，許多人推薦去戒毒中心，但究竟戒毒中心是什麼？這並沒有標準定義。所謂戒毒中心是一個很概括的字眼，包含了各式各樣的治療方法，其中有些治療還可能有害。有些戒毒中心會使用威脅恫嚇，甚至嚴厲而羞辱人的處罰。有些治療中心的經營者是自己標榜的專家，完全沒受過訓練或有任何資歷，除非把他們自己戒毒成功算是一項資歷。在許多州，隨便誰都可以開戒毒中心。網路上還有類似「如何開一間戒毒中心」的指南。有些計畫是由極端教派運作，而且許多計畫都完全拒絕有科學根據的治療，例如舒倍生跟美沙酮等藥物的治療，即使這些藥物是目前對鴉片類毒癮最有效的治療方法。

「許多人得到越多資訊，就越覺得徬徨……他們變得越來越幻滅，懷疑，失去信心，因為大部分治療方式只是把一堆通常無效的治療計畫胡亂湊在一起，這些計畫通常毫無醫學根據，只是仰賴傳統、臆測、自以為是的期待、假科學，甚至接近巫毒的程度。（我曾聽過一個計畫宣稱他們是以驅魔法跟來世再融合來治療毒癮。）」

最後，還有許多讀完《美麗男孩》為尼克感到擔憂的人跟我接觸，因為書的結尾並沒有明確的結局。這些人或是親自，或是寫信，或是經由臉書跟推特的私訊，盡可能溫和而技巧地跟我探問。有些人還先表示歉意，擔心他們可能在無意間揭開一個傷口。他們問我，尼克是否還活著。

我感謝他們寫信給我，並向他們保證尼克活下來了。

這趟旅途還是充滿挑戰。尼克在保持清醒兩年後，又在二〇一〇年復發。當然就像他每次復發時一樣，我再度覺得崩潰瓦解，充滿恐懼。但是這次發生了一個重大的改變。過去他的復發最後都會導致大災難，讓我不得不介入，但這次尼克靠自己停下來。他意識到自己復發，知道自己需要幫助，然後自己參加一個需要住宿的治療計畫，之後再加入門診治療的計畫。

這次復發之後，凱倫跟我開始陪尼克去看一位新的精神科醫師。這位醫師跟尼克談了一小時後，把我跟凱倫叫進去。他說出我們的恐懼：尼克最新的這次復發證明了他的毒癮仍舊是重大的威脅。

我們常聽到復發是康復過程的一部分這種說法，但這位醫師完全相反，他說我們不應該接受復發是無可避免的。他說我們應該假定除了毒癮之外，還有其他因素導致尼克持續復發。這位醫師要求要看尼克的心理鑑定結果。

我問說：「什麼心理鑑定？」

這位醫生露出不可置信的樣子。「你是說尼克去過十幾個治療計畫，看過這麼多治療師，至少也有十幾個治療師，居然從來沒有人要求他做過心理鑑定？」

從來沒有。

他指出毒癮治療領域的一個大問題：絕大多數有毒癮的人同時伴隨有心理障礙，並曾經歷過重大創傷。如果這些問題沒有處理，患者就很可能持續復發。

這位醫生安排了心理鑑定，結果很明確：尼克有嚴重的躁鬱症及憂鬱症。在他母親跟我離婚後那幾年裡，我曾帶他去看過治療師，其中有些治療師診斷出他有憂鬱症跟焦慮症，但沒有人指出這些情緒障礙的嚴重程度，或提出有用的治療方法。

在確診之後，尼克搬回洛杉磯，開始由一位醫師治療他的心理障礙以及他的毒癮。到現在他還是會去找她做心理治療，並服用她開立及監督的藥物。他照表操課地服用抗憂鬱跟治療躁鬱症的藥物，以及我前面提過的，可以緩和吸毒渴望並防治鴉片類藥物吸食過量的丁基原啡因。

從那之後他就再也沒有復發了。

尼克跟我曾揣測過如果他在年紀小一點的時候就接受心理鑑定，他的人生可能會有多不同。如果他的疾病在當時就被診斷出來並治療的話，一切會有何不同？他還會染上毒癮嗎？即使他染上了毒癮，他的吸毒方式會這麼極端嗎？他的毒癮還會這麼難以治療嗎？他還會復發這麼多次嗎？

我們無法得知答案。但我們都相信，如果他在孩童時或青少年初期就被診斷出來，應該可以讓他免於一部分或大部分他曾承受的折磨。

我在研究毒癮問題時，發現有證據證明許多吸毒的人是想自己吃藥解決心理問題。一個有憂鬱症跟躁鬱症而未獲得治療的人，會想要吸毒，其實是有道理的。當尼克感到憂鬱時，利用吸毒讓情緒亢奮，並不只是最容易的方法，而是唯一的方法。當他焦慮到難以忍受時，他也會吸毒來緩和那焦躁跟痛苦。當他承受躁鬱症帶來的極度亢奮或極度低落的情緒時，他也會用吸毒來讓自己感覺正常。但是自從他就心理障礙問題接受持續治療後，他就沒有再復發了。

六年前，尼克結婚了。他的太太潔緹，是從他唸六、七年級時到現在最好的朋友。她就是我在《美麗男孩》裡寫道我載尼克跟他的一些朋友到海灘，然後回我們家過夜時，其中提到的一個女孩。當時我叫她「絲凱」。他們當時一起玩耍時，感覺像比實際年齡小許多的孩子，不自覺的大笑，在沙灘上翻滾打鬧，那青少年前期的尷尬困窘就都消失了。我們在天黑前開車回家。回家之後，他們繼續玩扭扭樂跟真心話大冒險，問一些例如「你覺得絲凱可愛嗎？」這樣別有含意的問題。（尼克確實覺得她可愛。她是個有著棕色頭髮跟大眼睛的女孩，尼克每次提到她的名字就會臉紅。他每晚都跟她講電話，有時候一講就是一個多小時。）

現在絲凱——潔緹——是我的媳婦。

染上毒癮之後，尼克有十年沒見過潔緹。尼克就跟許多染上毒癮的人一樣，疏遠以前的朋友，取而代之的是同樣吸毒的朋友。

之後尼克跟潔緹剛好都回來舊金山灣區看父母，而在城裡一家畫廊為凱倫辦的畫展的開幕派對上巧遇。我一個目睹他們重聚的朋友在開幕派對上走到我身邊，對我低聲說：「他們一定會結婚。」

一年後，他們真的結婚了。

傑斯柏是尼克的伴郎。黛西則為她大哥做了一件絕對不會為別人做的事：穿上一件有花朵裝飾的粉紅色洋裝。

尼克跟潔緹住在洛杉磯。尼克以寫作維生。除了兩本自傳《無處安放》跟《我們都會墜落》（*We All Fall Down*），他還寫了一本長篇小說以及幫好幾部電視劇寫劇本。他有時也會對學生或其他團體演講關於毒癮跟痊癒的主題。（我們經常一起演講。）

當然，長大的不只是尼克而已。傑斯柏現在是二十四歲，黛西則是二十二歲。他們三個人住的地方都距離不到十五或二十英里。他們經常到彼此家裡玩，或一起去看電影，或去海邊。

這聽起來像是夢魘般的毒癮故事的快樂結局。這的確是。我想說的是，儘管狀況可能很糟，但通常還是有希望。有毒癮的人通常都會痊癒。對於那些在劇痛當中的人，我想說：毒癮是一種複雜的疾病，而且經常因為伴隨而來的心理問題而變得更加複雜。跟毒癮共存永遠都是一大挑戰，有時候甚至是一種折磨。但這些疾病都是可以治療的。我要再說一次：不要放棄希望。

當我寫下「不要放棄希望」這幾個字時，我開始渾身顫抖。我腦中突然充滿了各種人聲混雜的聲響跟洪水般的眼淚。那是我所見過或通信過的許多人的聲音跟淚水，那些已經沒有希望的人。

我每天都會收到這些上癮者的父母或其他親人傳來的信息。我也會親眼見到他們——這些被擊潰的人。他們還沒開口，我就已經從他們眼裡看出來了。他們會給我看照片，然後說：「他曾是我生命裡的光。」「她曾是我的天使。」一個又一個因為沒得到所需的治療，而被這種疾病殺死的孩子。

他們已經沒有希望了。

雖然我很感恩我的兒子還活著，但我還是為失去摯愛的父母、兒女、兄弟姊妹、丈夫妻子和其他人感到心碎。

在寫完《美麗男孩》之後，我本來計畫回去寫之前已經著手的一本商業書籍。但是為了這些失去摯愛的人們，我無法這麼做。我看到太多苦難。這個問題正在摧毀許多家庭，但卻幾乎沒有人討論這件事。我開始投入去了解吸毒跟毒癮，去了解為什麼我們阻止這場災難的努力失敗得如此徹底。

我的研究最後彙整成《無毒人生》這本書。我在裡面報導了這場災難，但是也講到目前已經有的進展，這讓我對未來充滿希望。我描述到關於毒癮預防跟治療的典範正在改變，而這個典範的基礎在於認識到毒癮是一種疾病，而非人格上的缺陷。雖然改變很慢，但我看到變化，從古老的毒癮預防與治療法演化到有科學根據的現代模式。

我本來相信一切正在好轉，事實也的確如此。但之後狀況又惡化起來。

《美麗男孩》出版那年，全美有三萬六千人死於吸毒過量。二〇〇四年我寫出《無毒人生》時，這個數字大約是四萬。到了二〇一七年卻有六萬四千人。一天有七十五人死亡，也就是每小時有八個人。二〇一八年的數字預計會更高。最主要的罪魁禍首是鴉片類藥物，包括需要醫生處方的止痛藥，例如奧斯康定（OxyContin）或維柯丁，以及街頭藥物，例如海洛因跟吩坦尼（fentanyl）。它們是五十歲以下的人的頭號殺手。死於鴉片類藥物過量的人數還多於死於車禍、自殺，或其他非自然因素的人數。在此同時，當全國焦點集中於鴉片類藥物危機時，甲基安非他命跟古柯鹼的施用狀況也在惡化。

鴉片類藥物施用過量之所以變得如此常見，有幾個因素。藥品公司宣稱它們的鴉片類藥物不具成癮性，一部分導致了醫生過度開立這類藥物。即使開立的時候是妥當的，這類藥物也經常太容易被小孩子取得。他們最常取得這些藥物的地方就是他們父母的藥櫃。（請把你的藥丟掉，不然就鎖好！）在許多案例裡，則是濫用止痛藥物的人因為藥太貴或醫生不開立，而無法再取得，他們於是發現相關又便宜的海洛因跟吩坦尼，這就解釋了為什麼這些藥物的濫用與過量會如此急遽增加。吩坦尼的藥效比海洛因強五十倍。另一種令人擔憂的藥物是叫做卡芬太尼（carfentanil）的鴉片類藥物，這種藥的藥效比吩坦尼還強一百倍。根據《紐約時報雜誌》的報導，比一片雪花還小的分量就足以殺死一個成年人。

當前的危機其實根源自美國半世紀以來對抗毒品的戰爭。

大部分的人都知道尼克森總統承繼越戰，但是極少數人知道他也在一九七一年開啟對毒品的戰爭。這場戰爭毫無疑問是徹底失敗，耗費遠超過百萬兆美元，但吸毒的人口，以及因此帶來的病態與死亡，仍在穩定上升。

政府處理這個問題的方式簡直令人笑掉大牙，然而其導致的結果如此恐怖，實在讓人笑不出來。除了死亡，想想看吸毒還可能導致哪些悲劇：犯罪、意外、自殺、性侵害、虐待、毒品跟酒精引發的疾病、喪失的生產力。想到這裡，你或許就能稍稍意會到這問題有多龐大，而且其中絕大部分是隱藏起來的。

問題會被隱藏，部分原因是許多跟毒癮相關的死亡在官方統計上都被歸於其他原因：自殺、他殺、意外、心臟病、高血壓、肺病變、中風跟其他腦溢血狀況、肝炎或其他感染、ＨＩＶ病毒跟愛滋病、肝病、呼吸道疾病、腎臟病、敗血症等等。如果是毒品或酒精濫用導致死亡，保險公司可能就會拒絕給付壽險理賠金，因此醫生跟檢驗員會「幫忙」死者家屬，在文件上填寫最近的死因，某種意外或疾病，而不是背後最主要的原因。除了這些比較實際的理由之外，在於毒癮仍舊被認為是羞恥的，見不得人的祕密。某個知名的中西部企業家族的繼承人猝死時，報紙的報導引述驗屍人員在死亡證明書上寫的死因是機車意外重傷。但這個年輕人血液裡足以致命的海洛因量卻從未被提起。

當我們繼續否認毒癮無所不在時，我們等於是把毒癮受害者邊緣化也汙名化。根據一項名為「康復的面貌」（Face of Recovery）的全國調查，在戒毒成功的人當中，有四分之一的人曾在找工作、尋求升遷，或要投保時碰壁。十個人當中有七個人說他們曾覺得羞愧或在社交場合被羞辱。在我們的社會裡，吸毒者被認為是有人格上的缺陷，而非嚴重的疾病。我們經常忽略他們的狀況，只將這種疾病跟它可能導致的危險行為罪刑化。更嚴重的是，可能遭逮捕和追訴的威脅讓吸毒者更不可能承認自己的問題並早點尋求治療。於是疾病持續惡化，讓吸毒者更容易變成罪犯。

鴉片類藥物的氾濫成災終於讓政治人物開始討論全國性的毒品問題，也讓其中一些人承認對抗毒品的戰爭實際上產生反效果。歐巴馬總統就說對抗毒品的戰爭是「徹底的失敗」。就如我在《今日美國》的專欄特稿上所寫的：「他的政府將落實建立在科學基礎上的治療與預防計畫，如今科學進展已經證明毒癮是一種由生理、心理跟環境因素共同影響所導致的腦部疾病。總統挺身支持這項有里程碑意義的法案，撥款支持心理健康與毒癮的治療及研究計畫……。患者保護與平價醫療法案即歐巴馬健保（Patient Protection and Affordable Care Act，簡稱 ACA）明定涵蓋其他疾病治療的保險方案也應該納入對心理疾病的治療，毒癮治療等同視之，這對藥物濫用患者簡直是天賜的禮物。」

我也報導到歐巴馬的第一任檢察長艾瑞克・霍德（Eric Holder）終結了殘酷的法定最低刑罰，這法令讓監獄裡充滿因非暴力的吸毒相關犯罪定罪的人。歐巴馬的抗毒最高首領麥可・博蒂切利（Michael Botticelli）則起而號召淘汰「失敗的政策與失敗的做法」，轉以有科學依據的防治、治療與傷害降低方式取代。歐巴馬的公衛委員會首長魏維克・莫西（Vivek Murthy）更公布了一篇有關酒精、毒品與健康的報告，使有科學依據的防治與治療計畫成為全國性的首要執政計畫。

唐納・川普還是總統候選人時，曾宣稱毒品問題是「重創美國的問題」。他說，「這是一個沒有邊界，毫不留情的傳染病，我們會以最大的同理心與決心一起努力解決這項問題。」

但我在專欄中提到，「但他成為總統之後，就等於拋棄了毒癮者跟他們的家人。」

在當選之後，川普簽署了一項行政命令，成立反毒癮及鴉片危機總統委員會（President's Commission on Combating Drug Addiction and the Opioid Crisis）。該委員會發布了總計五十六項建議的清單，包括應讓治療更為普及等，但是直到《美麗男孩》新版出版的此時，政府並沒有撥出任何一毛錢。事實上，川普還提出要刪除某些致力於解決毒品濫用與毒癮問題的局處六十億美元預算。

我寫道：「符合成癮症診斷的美國人，以及經常性濫用酒精跟其他藥物而可能生命受到威脅，需要治療的四千萬人，都應該嚴重關切我們的總統正決心要瓦解歐巴馬健保法案。更有甚者，至少三十七個州政府正試圖終結法令，不再要求保險給付應涵蓋心理疾病的治療，包括毒癮治療。」

在此同時，川普又重啟早就失敗的對抗毒品戰爭。檢察總長傑夫・賽申斯（Jeff Sessions）又恢復了最低刑罰制度。他說：「你必須能逮捕人，才能開始干預他們的毀滅性的習慣。許多人從來沒有從毒癮中康復——唯一的終結是走進墳墓。」

但事實上大部分人如果受到適當的治療，是可以康復的。我寫道：「任何將病人丟到監獄裡的政策都是不人道且有害無益的。」

此時此刻毒癮仍持續摧毀家庭與社區。但當毒癮來襲時，我們根本毫無防備。面對這項疾病帶來的龐大折磨，我們——整個群體的我們——居然在對抗它時做出這麼多完全錯誤的事。在藥物濫用與成癮的教育上，我們敗的一塌糊塗。學校提供為期一天或一週的課程，跟鼓勵濫用與成癮的那些訊息比起來，在質跟量上都遜色許多。我們在預防上也是一敗塗地，因為我們在診斷跟治療心理與社會問題上都極不適任，而這些問題正是滋養毒癮的肥沃土壤。

汙名及偏見也限制投入毒癮研究的經費，更限制成癮者接觸有證據支持的治療。因此毒癮症的康復希望很不樂觀，也更進一步強化了污名。（許多人以為吸毒成癮的人是不會康復的，但我要再次強調，只要有適當的治療，大部分是可以康復的。）

有些成癮者即使設法找到好的治療計畫，也可能發現他們無力負擔。儘管歐巴馬健保法案規定保險公司必須跟給付其他疾病治療一樣，同等給付心理疾病的治療費用，包括藥物濫用障礙，但事實上極少有保險計畫給付真正需要的治療。而公共經費贊助的治療計畫則是少之又少。

如此造成的結果是極少有成癮者可以得到所需的長期全面性治療。而且如果他們真的尋求治療，那麼等到他們尋求治療時，通常也已經處於危急狀態，需要的治療也就更困難，更昂貴。到了這個階段，許多人已經變得好鬥、憤怒、憂鬱、甚至暴力，導致醫生、護理師、諮商師跟社工都不見得願意治療他們。就像一位護理師說的，有些醫療人員坦承他們寧可將精力花在「會感恩的病人身上，而不是跟他們作對的，可能一週或一兩個月內又會回來急診室的病人身上。」

尼克森在一九七一年宣告的戰爭不只是對毒品的戰爭而已。他在當年的聯合國演說中還表示要對癌症宣戰。「我要請求撥款……來發動一場緊鑼密鼓的戰役，以尋找癌症的療法。」他宣布。「美國已經無法再坐視不管，我們必須用投注在分裂原子，以及帶領人類登陸月球這樣密集的努力，投注在征服這項恐怖的疾病。讓我們全國一心，致力於達成這項目標。」當年年末，他就簽署了「全國癌症法令」，宣布「希望我們多年後回頭看今天這項行動時，會認定這是我執政任內最重要的一項行動。」

當然癌症並沒有被根除，但這項曾經被視為死刑宣告的疾病現在經常是可以治療的了。癌症的發生率在一九九〇年開始下降，並且從那年開始持續下降。從二〇〇四年開始，癌症的死亡率比起二十年前已下降一倍。

我相信我們需要像跟對抗癌症一樣，對毒品發動相同模式的全面性戰爭。我們可以拯救數百萬的性命，節省下數十億購買毒品或因為毒品而浪費的金錢。但是我們必須先決定打正確的戰爭，否則根本不會有任何成果。

這樣的戰役會是甚麼面貌？就像對抗癌症的戰爭一樣，這場戰役必須是協調整合，有充足資金，全面性的，多面向的，並且長期的。「對癌症宣戰的法令對基礎研究提供了充分的資金支持，」耶魯癌症中心的文森．達維塔（Vicent DeVita）醫學教授表示。「該法令設立了應用計畫與美國臨床實驗計畫，讓全國衛生研究院下的全國癌症中心有獨特的自主性，可以自行資助並協調各項研究。」

對抗毒品的戰爭應該包含資助研究的大量資金，以及類似的應用與臨床實驗計畫。研究人員有數百個關於藥物、認知與行為治療，以及綜合式治療的前途無限的靈感，若有大量資金湧入這個領域，一定能促成更大範圍的研究，並吸引新的研究者，而能更加瞭解毒品成癮的機制，並發展及測試可能成功的療法。

除此之外，整個治療系統也需要全面整修。就像醫師跟醫院一樣，毒癮治療的實施者跟計畫都需要先獲得執照，並接受監督。一項計畫如果提供不合乎標準的治療，就應該被勒令停業。任何有需要的人都應該能得到以證據為基礎的醫療——包括在診所、定期回診跟住院的治療計畫。保險，包括對中低收入者的醫療補助（Medicaid）都應該給付有品質的長期的醫療。

此外，一些現有最有效的治療方式也受到抗拒。例如我提過尼克現在服用的基原啡因可以減緩對毒品的渴望，阻斷鴉片類藥物帶來的亢奮感，並防止吸毒過量。這種藥物跟其他一些毒癮藥物是目前為止最成功的鴉片類毒癮療法，但許多治療提供者仍忽視這個證據，而拒絕使用。

對抗毒癮的戰爭最後一個組成元素應該是預防勝於治療，這也是當前對抗肥胖、心臟病及其他許多疾病的通用行話。如果我們能及早介入，預防毒癮惡化及它帶來的影響，我們將能省下數十億美元，並拯救難以計數的生命。

除了降低發病率跟死亡率之外，對抗癌症的戰爭也改變了我們看待疾病以及治療病人的方式。癌症不再是不治之症，不再是羞恥的祕密。去除污名之後，毒癮也將被視為是最好能早期發現早期治療的嚴重疾病。這可能是最大的突破。

毒癮有可能被治癒嗎？即使經過四十年來積極的研究，許多種類的癌症還是難以治療。但我們確實有了長足的進展。在此過程中，我們已經緩解難以計算的痛苦，省下數億元的金錢，也拯救了數百萬的性命。對抗毒癮的戰爭也會有一樣的貢獻，而且更多。藉由大幅降低急診室就診率以及進監獄的人數，我們最終就可以省下許多經費，來治療其他疾病，並全面的改善醫療體系。我們將可以大幅減少遊民及暴力犯罪，包括兒童虐待、家庭暴力、性侵害、跟暴力案件。

儘管面臨當前的危機，我還是抱持希望，一部分是因為科學持續進步，而治療專業人員也開始採用有證據支持的治療方法。一部分也是因為越來越多人了解毒癮是一種疾病，而非個人選擇的結果。對抗毒癮的全國性機構的成立，以及失去子女的父母們發起地方運動的努力，都讓我看到希望。在全國各地的城市，都有這樣的父母集結起來，成立組織，教育社會大眾了解毒品跟毒癮，並在許多州，成功地遊說立法者資助預防宣導、治療計畫，並制定了吸毒過量緊急求助法案[14]。過去許多人在吸毒過量時，身旁的朋友會因為害怕被逮捕而不敢打緊急電話求救。而該法案就可以保護為了拯救性命而打電話給相關機構求助的人。他們也成功遊說立法者讓一種名為納洛酮（naloxone，Narcan）的藥物很容易取得。這種藥物可以讓吸食鴉片類藥物過量的人暫時甦醒，讓他們可以撐到緊急救護人員抵達。

我在全國各地都遇到許多這樣的父母，他們將自己的人生致力投注於終結毒癮。他們將自己的痛楚化為力量，希望其他父母不用受他們受過的苦。他們要表達的是：「夠了！」他們不想再容忍社會對這種疾病的忽視。他們對污名宣戰，拒絕躲入陰影中。他們互相支持，日夜不懈，致力於終結這個危機。

那麼我呢？我沒有一天不由衷感到我們有多幸運——我、尼克，跟我們的家庭。我知道當其他人必須埋葬他們的孩子時，我的兒子還能活著，純粹是運氣使然。即使在我們往前邁進時，我還是每天都會想到這些人。

我很為尼克已經做到以及持續在做的一切引以為傲，但是當然一切並沒有絕對的保證。我感到樂觀，因為研究顯示，脫離毒品的時間越長，將來遠離毒品的時間也越長。但是風險永遠存在：我也聽過有人保持清醒二十年後，又重新開始吸毒。

在我寫下這些話的當下，尼克是三十六歲。

在經歷我們經歷的一切之後，三十六歲宛如奇蹟。

14 911 Good Samaritan Law，該法案是用於確保自己吸毒或喝酒過量而需要緊急救助的人或目睹該狀況的人可以安心打緊急電話求助，不需要擔心因此被逮捕。

謝詞

我要懷著崇高的敬意，感謝加州大學洛杉磯分校整合藥物濫用計畫的史蒂芬・沙柏特（Steve Shoptaw）、艾迪絲・藍頓（Edythe London）、華特・林（Walter Ling），特別是李察・羅森（Richard Rawson），感謝他們幫助我了解毒癮。此外，我也要感謝審查本書各個章節，提供糾正與建議的許多人。除了羅森博士、沙柏特博士、和藍頓博士之外，還包括了朱蒂斯・沃勒斯坦（Judith Wallerstein）博士，以及國家藥物濫用研究院科學政策與通訊部門之科學政策分處副處長葛亞瑟瑞・道林（Gayathri J. Dowling）博士。

這本書衍生自最初刊登在《紐約時報雜誌》上的一篇文章。我對該雜誌編輯的感謝與深刻敬意，實在是言語難以形容。他們以無懈可擊的技巧與毫無瑕疵的良知給我許多指引，包括凱薩琳・波頓（Katherine Bouton）、葛瑞・馬索拉提（Gerry Marzorati），以及尤其是薇拉・提圖尼克（Vera Titunik）。

對於本書編輯艾蒙・杜倫（Eamon Dolan），我的感激更是難以言喻。多少言辭都不足以形容他對此書的貢獻。在寫作此書的每個階段，他的智慧、聰敏、和優雅的編輯潤飾，都讓我獲益良多，深受啟發。我也要感謝珍妮特・西佛（Janet Silver）的敏銳、溫柔，和對《美麗男孩》的奉獻。此書優雅而純熟的排版編輯，則要歸功於林恩・安布里德（Reem AbuLibdeh），和賴瑞・古柏（Larry Cooper）。米雪拉・蘇利文（Michaela Sullivan）和瑪麗莎・羅特菲（Melissa Lotfy）更分別為此書打造了書衣，以及設計封面。此外我也要感謝在美國的布麗姬・瑪米安（Bridget Marmion）、羅麗・葛來茲（Lori Glazer）、梅根・威爾森（Megan

Wilson）、卡拉・葛瑞（Carla Gray）、路易・瓦索夫（Lois Wasoff）、大衛・法克（David Falk）、沙夏・席克斯——賀若（Sasheem Silkiss-Hero）、切斯特・邱卡（Chester Chomka）、桑吉・卡班達（Sanj Kharbanda）、伊麗莎白・李（Elizabeth Lee），以及黛比・安傑（Debbie Engel），以及在英國的蘇珊娜・巴邦諾（Suzanne Baboneau）、伊恩・查普曼（Ian Chapman）、羅瑞・史考菲（Rory Scarfe）、艾瑪・哈洛（Emma Harrow），和傑若米・布契（Jeremy Butcher）。賓奇・厄班（Binky Urban），我的經紀人，親身經歷了這個故事的絕大部分，也始終堅定不移地支持我，幫助我走過地雷區。我也要感謝同樣在ＩＣＭ經紀公司的朗恩・伯恩斯坦（Ron Bernstein）、賈桂林・夏克（Jacqueline Shock）、麗茲・法瑞爾（Liz Farrell）、卡洛琳娜・蘇頓（Karolina Sutton）、茉莉・亞特拉斯（Molly Atlas），以及艾麗森・史瓦茲（Alison Schwartz）。另外我還要特別感謝傑斯柏・薛夫的建議與糾正，以及黛西對於書封照片的建議。

過去這幾年來，我不得不由衷敬佩那些盡心盡力、致力於幫助上癮者和上癮者家人的勇者。不斷給予我們諮詢、指引，和支持的，包括了賀柏特清醒之家的大衛・法藍可（David Frankel）、理察・羅生（Richard Rawson）、保羅・艾利（Paul Ehrlich），和傑斯・霍維茲（Jace Horwitz），以及不想被提到全名的謙虛聖人藍迪和泰德。此外我還要對瑪麗・瑪格瑞特・麥可克雷爾（Mary Margaret McClure）、唐・亞歷山大（Don Alexander），以及我孩子們了不起的老師們，表達無限而特殊的感激。

最後，我要感謝雷斯岬站鎮和茵莫尼斯這兩個美好的社區，當然還有我最親愛的家人與朋友。就算他們厭倦了我們無止盡地發生危機——他們怎麼可能不厭倦？我自己都厭倦——也不曾顯露出來。謝謝你們，莎拉、麥克、吉妮、安妮、珮姬、女牛仔蘇和南、阿米斯德、克里斯多佛、李、史蒂夫、海蒂、波、珍妮、邁可、馬歐爾、珍妮佛、蘇尼、潔妮、佛瑞德、潔西卡、彼得、伊萊、傑若米、泰勒、維琪、蘇珊、巴迪、黛柏拉、馬克、傑妮、貝卡、貝爾、蘇珊、露西、史迪夫、馬可、南希、唐、桑納，還有瓊——還有傑米、凱爾、迪倫，和李納。在最糟的某一天，我聽語音信箱的留言時，發現傑米從紐約打了電話來。「我想飛回家，在你周圍築起一道擋土牆。」他說。你跟凱爾確實這麼做了（也仍在這麼做）。

最後，我要用無邊無際的愛，（再次）謝謝你們，黛西、傑斯柏、尼克，跟凱倫。

藍小說285

美麗男孩

作　者—大衛・薛夫
譯　者—李淑珺
主　編—嘉世強
編　輯—張瑋庭
企　劃—何靜婷
封面設計—徐睿紳
內頁排版—吳詩婷

發 行 人—趙政岷
出 版 者—時報文化出版企業股份有限公司
10803台北市和平西路三段二四〇號三樓
發行專線—（〇二）二三〇六—六八四二
讀者服務專線—〇八〇〇—二三一—七〇五
（〇二）二三〇四—七一〇三
讀者服務傳真—（〇二）二三〇四—六八五八
郵撥—一九三四四七二四時報文化出版公司
信箱—台北郵政七九～九九信箱
時報悅讀網—http://www.readingtimes.com.tw
電子郵件信箱—liter@readingtimes.com.tw
法律顧問—理律法律事務所　陳長文律師、李念祖律師
印　刷—勁達印刷有限公司
初版一刷—二〇〇九年七月二〇日
二版一刷—二〇一九年一月二日
定　價—新台幣四〇〇元
（缺頁或破損的書，請寄回更換）

時報文化出版公司成立於一九七五年，
並於一九九九年股票上櫃公開發行，於二〇〇八年脫離中時集團非屬旺中，
以「尊重智慧與創意的文化事業」為信念。

美麗男孩/大衛・薛夫(David Sheff)著；李淑珺譯．– 二版．– 臺北市：時報文化, 2019.1
面；　公分．–（藍小說；285）
譯自：Beautiful boy : a father's journey through his son's addiction
ISBN 978-957-13-7640-0
1.吸毒 2.戒毒

548.8252　　107021429

ISBN 978-957-13-7640-0
Printed in Taiwan